Entwürfe

einer

Landgemeinde-Ordnung für die sechs östlichen Provinzen der Preußischen Monarchie

und

eines die ländliche Polizei-Verwaltung in diesen Provinzen betreffenden Gesetzes,

nach

den Vorschlägen einer Anzahl Mitglieder
der zweiten Kammer.

Berlin,
Druck und Verlag von Georg Reimer.
1854.

Das Gesetz vom 24. Mai 1853, welches die Gemeinde-Ordnung vom 11. März 1850 aufhob, setzte zwar für die Landgemeinden der sechs östlichen Provinzen der Preußischen Monarchie die früheren Gesetze und Verordnungen über die Landgemeinde-Verfassungen wieder in Kraft, erkannte aber zugleich eine Fortbildung dieser Verfassungen als nothwendig an und verhieß dieselbe im Wege besonderer, provinzieller Gesetze. Um eine solche Fortbildung herbeizuführen, wurden der zweiten Kammer am 14. December 1853 durch den Minister des Innern sechs Gesetz-Entwürfe, betreffend die ländliche Gemeinde-Verfassung

1. in der Provinz Preußen,
2. = = = Brandenburg und den vier altmärkischen Kreisen,
3. = = = Pommern,
4. = = = Posen,
5. = = = Schlesien,
6. = = = Sachsen, mit Ausschluß der vier altmärkischen Kreise

zur verfassungsmäßigen Berathung und Beschlußnahme vorgelegt (Nr. 31 bis 36 der Drucksachen) und einer für diesen Zweck besonders gewählten Kommission zur Vorprüfung überwiesen.

Diese Entwürfe, von denen der 2. und 4. aus 23, der 3. aus 24, der 1. aus 26, der 6. aus 50 und der 5. endlich aus 63 Paragraphen bestanden, waren keineswegs vollständige Landgemeinde-Ordnungen und kündigten sich auch nicht als solche an; sie hatten vielmehr nach dem überall gleichlautenden Eingange derselben lediglich den Zweck „die bestehenden Gemeinde-Verfassungen und die im Allg. „Landrecht Th. II. Tit. 7. §§. 18—86 enthaltenen Vorschriften durch „einzelne Bestimmungen zu ergänzen." — Was dabei in den verschiedenen Provinzen und Landestheilen überall als die neben den landrechtlichen Bestimmungen bestehende Gemeinde-Verfassung angesehen wurde, — worauf es beruhte, daß zur Ergänzung des Bestehenden in einigen Provinzen nur sehr wenige, in anderen weit ausführlichere und speciellere Vorschriften für erforderlich erachtet wurden, — wie es sich rechtfertigte, daß die für alle sechs Provinzen gleichlautenden Bestimmungen des Landrechts in einigen Provinzen in diesem, in anderen in einem davon wesentlich abweichenden Sinne ergänzt oder abgeändert werden sollten, — war nicht ersichtlich, indem den Entwürfen Motive oder erläuternde Denkschriften überall nicht beigefügt waren.

Nach einer vorläufigen Durchsicht der eingebrachten Gesetz-Entwürfe gelangten mehrere Mitglieder der zweiten Kammer zu der Ansicht, daß dieselben weder ihrer Form, noch ihrem Inhalte nach den wirklichen Bedürfnissen des Landes zu entsprechen geeignet seien und daß sich auch von der mit der Vorprüfung beauftragten Kommission, nach deren Zusammensetzung, eine jenen Bedürfnissen vollständig Rechnung tragende Umgestaltung der Vorlagen schwerlich erwarten lasse. — Diese Ansicht wurde in größeren Kreisen von Abgeordneten besprochen, fand in denselben allgemeinen Anklang und führte dahin, eine Anzahl von Mitgliedern zu beauftragen, in freien Besprechungen, gewissermaßen als ein von den größeren Kreisen gewählter Ausschuß, die Regierungsvorlagen einer gründlichen und umfassenden Prüfung zu unterwerfen und die dabei sich als nothwendig oder zweckmäßig ergebenden Abänderungsvorschläge zusammen zu stellen.

Die beauftragten Mitglieder, welchen sich im Laufe der Besprechungen noch andere anschlossen, so daß die Zahl der Anwesenden sich in der Regel auf 20 bis 30 belief, haben sich der ihnen übertragenen Prüfung in der Zeit vom 21. Decbr. 1853 bis zum 11. Jan. 1854 unterzogen und die Resultate ihrer Berathungen in einer Reihe von Protokollen und demnächst in einem Gesetz-Entwurfe niedergelegt. — Die Protokolle wurden durch metallographischen Umdruck allen Mitgliedern der Kammer, welche für die Arbeiten des Ausschusses ein Interesse hatten, zugänglich gemacht, der Gesetz-Entwurf aber unter dem Titel:

> Vorschläge für eine anderweitige Redaktion des Gesetz-Entwurfs betreffend die ländliche Gemeinde-Verfassung in der Provinz Schlesien,

als Nr. 70 der Drucksachen der zweiten Kammer, zur Kenntniß der Staats-Regierung und sämmtlicher Mitglieder beider Kammern gebracht.

Die in diesem Gesetz-Entwurfe gemachten Vorschläge sind in dem Ausschusse fast sämmtlich ohne irgend einen Widerspruch angenommen worden und für die wenigen Punkte, bei welchen die Bedenken einzelner Mitglieder nicht vollständig erledigt werden konnten, hat sich wenigstens überall eine überwiegend große Majorität herausgestellt. — Von Anfang an bestand namentlich bei sämmtlichen Theilnehmern der Berathungen darüber keine Meinungsverschiedenheit, daß ein, alle für die Regelung der Gemeinde-Verhältnisse und die Gemeinde-Verwaltung erforderlichen Vorschriften umfassendes Gesetz, also eine vollständige Gemeinde-Ordnung dem Lande Noth thue, mithin die von der Regierung gewählte Form zusätzlicher Bestimmungen zu den bestehenden Gemeinde-Verfassungen und dem Allg. Landrecht nicht zum Ziele führen könne. — Auch darüber herrschte vollkommene Uebereinstimmung, daß aus den vorgelegten Gesetz-Entwürfen selbst kein genügender Grund zu entnehmen sei, für die sechs östlichen Provinzen statt einer gemeinsamen Landgemeinde-Ordnung sechs verschiedene provinzielle Gesetze zu erlassen. Wenn der Ausschuß dessenungeachtet, den von ihm redigirten Entwurf zunächst nur als einen für die Provinz Schlesien bestimmten vorlegte, so beruhte dies lediglich darauf, daß in der Kammer, nachdem ihr einmal provinzielle Entwürfe von der Regierung vorgelegt waren, nothwendig mit deren Berathung der Anfang gemacht werden mußte und bei dieser Berathung abweichende Ansichten nur dann zur Erörterung kommen konnten, wenn sie speciell einem dieser Entwürfe als Abänderungs-Vorschläge gegenübergestellt wurden. — Der Ausschuß legte seinen Besprechungen den Regierungs-Entwurf für die Provinz Schlesien zu Grunde, weil derselbe ein vollständigeres Material darboth und in vielen Beziehungen speciellere und zweckmäßigere Bestimmungen enthielt als die anderen Vorlagen. Er vergegenwärtigte sich aber auch bei jedem Paragraphen dieses Entwurfes die entsprechenden Vorschriften der übrigen Entwürfe und nahm in den von ihm aufgestellten Entwurf keine Bestimmung auf, von der nicht die in seiner Mitte befindlichen Abgeordneten aller betheiligten sechs Provinzen nach der ihnen beiwohnenden Kenntniß der rechtlichen und faktischen Zustände anerkannten, daß dieselbe für jede dieser Provinzen nothwendig und wünschenswerth oder bei der in solchen Fällen stets gewählten fakultativen Fassung mindestens unschädlich und unbedenklich sei. — So war denn in der That der von dem Ausschusse redigirte Entwurf ein für alle sechs Provinzen gleichmäßig berechneter und obschon derselbe sich zunächst nur als ein für die Provinz Schlesien bestimmter ankündigte, so ging doch die Absicht stets dahin, ihn auch bei der Plenarberathung der übrigen Entwürfe jedem derselben in der Form eines Abänderungs-Vorschlages gegenüber zu stellen.

Unmittelbar nach dem Abdruck des Ausschuß-Entwurfes wurden zwei Anträge — der eine mit 25, der andere mit 100 Unterschriften versehen — in die Kammer eingebracht.

Der erste Antrag (Nr. 75 der Drucksachen) eingebracht durch den Abgeordneten Diethold und unterstützt durch die Abgeordneten v. Sanden, Rahn, Hensig, v. Krause, Stemmler, v. Bismark, Jacobs (Potsdam), Blümel, Scholz, Uphagen, v. Enckevort, Breithaupt, Meyer (Pyritz), Granier, Holzapfel, Schemmel, Hahndorff, v. Prittwitz (Berlin), Geras, Freih. v. Hertefeld, Prinz v. Hohenlohe-Ingelfingen, Schmückert, Niethe, Denzin ging dahin:

„das sub Nr. 70. der Drucksachen eingebrachte, mit der Ueberschrift:

Vorschläge für eine anderweite Redaktion des Gesetz-Entwurfs, betreffend die ländliche Gemeinde-Verfassung in der Provinz Schlesien,

versehene Schriftstück der zur Berathung der Gemeinde-Ordnungen niedergesetzten Kommission zu überweisen, um dessen Inhalt bei Berathung der bezüglichen Vorlagen (Nr. 31, 32, 33, 34, 35 und 36) zur Erörterung und Berichterstattung zu bringen."

Der zweite Antrag (Nr. 76 der Drucksachen), eingebracht durch den Abgeordneten v. Auerswald und unterstützt durch die Abgeordneten Allnoch, Assig, v. Bentkowski, v. Bethmann-Hollweg, Bieschky, Blömer, Bock, v. Bonin (Wolmirstedt), Braemer, Braun (Mühlheim), Braun (Düsseldorf), Brüning, v. Carlowitz, Graf Cieszkowski, Conrad, Delius (Mayen), Dieden, Diestel, Dziuba, Emmel, Evers, v. Fock, Frech, Freudenfeld, Gamradt (Stallupönen), Gamradt (Tilsit), Gau, Gellern, Genther, Graf v. d. Goltz, Goretzki, Gräff, v. Gruner, Haase, Heitmann, Freiherr v. Hilgers (Coblenz), Hübner, Kautz, Kießling, Klose, Krabbe, Kraemer, Kranz, v. Krozewski, Kruse, Kühne, Kunze, Lencke, Lette, Lieven, Lohmann, Märcker, Martens (Schwetz), Matthis, Mettenmeyer, Metzmacher, Meyer (Minden), Milde, Möller, Mohr, Palacz, Freiherr v. Patow, Pelzer, Pieper, Plaßmann, Pochhammer, Reichensperger (Köln), Reichensperger (Geldern), Reigers, Reymann, Riebold, Riedel, Rohden, Schade, Schemel (Herford), Schmidt (Paderborn), Schmidt (Cochem), Schober, Schöpplenberg, Schult, Secherling, Sobeski, Spittel, de Syo, Theissing, Thissen, Thym, Trost, Ulrich, Wagner (Königsberg), Wegeler, Wessel, Westarp, Winter, Wysoczyński, Graf York v. Wartenburg, Zeuzius, v. Zoltowski (Gnesen), Zumloh, bezog sich speciell auf den die ländliche Gemeinde-Verfassung in der Provinz Schlesien betreffenden Regierungs-Entwurf und beantragte zunächst (ad 1) „den Beschluß darüber, ob für die sechs östlichen Provinzen sechs provinzielle Gesetze oder eine gemeinsame Landgemeinde-Ordnung zu erlassen, so lange auszusetzen, bis die spezielle Berathung der sub Nr. 31 bis 36 vorliegenden Gesetz-Entwürfe zu Ende gebracht sei," sodann aber (ad 2 bis 39), unter der Voraussetzung, daß der Beschluß über den ersten Antrag für die Emanation provinzieller Gesetze ausfallen sollte, „anstatt des Einganges und der einzelnen Paragraphen des Regierungs-Entwurfs den Eingang und die einzelnen Paragraphen des Ausschuß-Entwurfes anzunehmen."

Beide Anträge dienten dazu einander zu ergänzen. — Der erste sollte der mit der Vorprüfung der Regierungsvorlagen beauftragten Kommission der Kammer Veranlassung geben, schon in ihrem Gutachten die Vorschläge des Ausschusses zu prüfen und sich anzueignen, der andere sollte für den Fall, daß dies nicht in befriedigender Weise geschehen möchte, wenigstens bei der Plenarberathung der Kammer eine Discussion und Abstimmung über alle von dem Ausschusse gemachten Vorschläge herbeiführen.

Die Gemeinde-Ordnung vom 11. März 1850 hatte sich die Aufgabe gestellt, nicht nur die Verhältnisse und die Verwaltung der Gemeinden zu ordnen, sondern auch die örtlichen Organe für die Besorgung der Regierungs-Angelegenheiten (für die Staatsverwaltung) überall zu bezeichnen oder neu zu schaffen und dadurch namentlich auch für die Ausführung des unter demselben Datum ergangenen Gesetzes über die Polizei-Verwaltung eine Grundlage darzubieten. Da die die ländliche Gemeinde-Verfassung in den sechs östlichen Provinzen betreffenden Vorlagen nicht bestimmt waren, Anordnungen zu treffen, welche in der oben angedeuteten Weise über das zur Regelung der eigentlichen Kommunalverhältnisse Unerläßliche hinausgingen, so hatte die Staats-Regierung sich veranlaßt gesehen, am 23. Januar 1854 zwei besondere Gesetz-Entwürfe in die erste Kammer einzubringen, von welchen der eine (Nr. 45) die ländliche Polizei-Verfassung in den sechs östlichen Provinzen, der andere (Nr. 46), die Abänderung des Art. 42 und die Aufhebung des Art. 114 der Verfassungs-Urkunde vom 31. Januar 1850 zum Gegenstand hatte. — Beide Entwürfe erhielten ihrer Tendenz und ihrem wesentlichen Inhalte nach die Zustimmung der ersten Kammer und wurden mit nur unerheblichen Abänderungen der zweiten resp. am 3. März und 22. Februar 1854 zur weitern Veranlassung mitgetheilt (Nr. 170 u. Nr. 137 der Drucksachen).

Der Entwurf des Polizeigesetzes beruhte auf denselben Anschauungen und Grundsätzen, welche in den sechs Regierungs-Vorlagen über die Gemeindeverfassung ihren Ausdruck gefunden hatten und stand mit denselben in einem genauen Zusammenhange. Mit der von dem

Ausschusse entworfenen Land-Gemeinde-Ordnung war derselbe unvereinbar. — Es ergab sich demnach die Nothwendigkeit und lag von Anfang an mit in dem ertheilten Auftrage, — auch den die ländliche Polizei-Verfassung betreffenden Entwurf einer Prüfung und Umarbeitung zu unterwerfen. — Auch hierbei ergab sich in Betreff des Haupt-Princips — daß nämlich die Polizei überall nicht kraft eines eigenen, an gewissen Gütern haftenden und mit denselben veräußerlichen Rechtes, sondern nur im Namen und Auftrage des Königs verwaltet werden könne — eine völlige und unbedingte Uebereinstimmung der Ansichten. Dies Grundprincip konnte allerdings in verschiedenen Formen entwickelt und durchgeführt werden. — Es gelang indeß doch, auch in dieser Beziehung sich über Vorschläge zu verständigen, welchen die Mehrheit der Ausschußmitglieder mit voller Ueberzeugung zustimmen konnte. — Der vereinbarte Entwurf wurde, mit erläuternden Motiven versehen, am 9. März 1854 der zweiten Kammer mit dem Antrage vorgelegt,

> dem Gesetz-Entwurfe, betreffend die ländliche Polizei-Verfassung in den sechs östlichen Provinzen, wie solcher aus den Berathungen der ersten Kammer hervorgegangen, die Zustimmung zu versagen und dagegen den dem Antrage beigefügten Gesetz-Entwurf zu genehmigen.

Dieser Antrag wurde eingebracht durch den Abgeordneten v. Patow und unterstützt durch die Abgeordneten Allnoch, v. Auerswald, v. Bockum-Dolffs, Braemer, Brüning, Degenkolb, Delius, Dr. Diestel, Dopfer, Dziuba, Dieden, Fernow, Frech, Gamradt (Tilsit), Grevé, v. Groote, v. Hennig, Herbertz, Freiherr v. Hilgers (Koblenz), Hübner, Jacob (Halle), Kamp, Kießling, Kisker, Klose, Kranz, Krozewski, Kühne, Kuntze, Lensing, Lette, Möller, Pieschel, Plaßmann, Pochhammer, Reimer, Reymann, Roechling, v. Saucken, Schmidt (Cochem), Schober, Schult, Skalweit, Strohn, Theissing, Thissen, Wagner (Königsberg), Wentzel, Winter, Zeuzius.

Auf den die Abänderung des Art. 42 und die Aufhebung des Art. 114 der Verfassungsurkunde betreffenden Gesetz-Entwurf näher einzugehen und demselben etwa auch einen abweichenden Entwurf gegenüber zu stellen, hat der Ausschuß weder Auftrag noch Veranlassung, da das von ihm entworfene Gesetz über die ländliche Polizei-Verfassung mit der Verfassungs-Urkunde nicht in Widerspruch trat, mithin eine Abänderung derselben nicht erforderlich machte. Bald nach Einbringung des vorgedachten Antrages — etwa 10 oder 12 Tage später — brachte die zur Vorprüfung der die Gemeindeverfassungen betreffenden Gesetz-Entwürfe niedergesetzte Kommission der Kammer ihre Arbeiten zum Abschlusse und eben so die besondere Kommission, welche mit der Vorberathung des die ländliche Polizei-Verfassung betreffenden Gesetz-Entwurfes beauftragt war. — Die Berichte beider Kommissionen waren indeß noch nicht zur Feststellung oder wenigstens noch nicht zum Abdruck und zur Vertheilung gelangt, als der Minister des Innern in der Sitzung vom 24. März 1854 auf Grund einer Allerhöchsten Ordre vom 21 ej. m. der Kammer die Mittheilung machte,

> daß die Regierung die Gesetz-Entwürfe über die ländlichen Gemeinde-Verfassungen in den sechs östlichen Provinzen, über die ländliche Polizei-Verfassung in diesen Provinzen und über die Abänderung des Art. 42 und Aufhebung des Art. 114 der Verfassungs-Urkunde, so wie endlich über die Kreis- und Provinzial-Verfassungen sämmtlicher Provinzen zurückziehe.

Das Motiv dieser Zurückziehung wurde dahin angegeben, daß die Zeit der Kammersession so weit vorgeschritten sei, daß voraussichtlich die Beendigung der Berathungen über diese besonders wichtigen, im innern Zusammenhange stehenden Gesetze in Uebereinstimmung beider hohen Häuser in dieser Sitzungsperiode nicht zu erwarten sei.

Aus der Zurückziehung der Regierungs-Vorlagen folgte von selbst, daß auch eine Berathung der darauf Bezug habenden Anträge in der Kammer nicht statt finden konnte. Die diesen Anträgen beigefügten Entwürfe einer Landgemeinde-Ordnung und eines Gesetzes über die ländliche Polizeiverwaltung in den sechs östlichen Provinzen auf Grund des den Kammern zustehenden Rechtes der Initiative als selbstständige Gesetz-Entwürfe in die Kammer einzubringen, wäre, schon wegen des nahe bevorstehenden Schlusses der Sitzung zwecklos gewesen. Dagegen beschloß der Ausschuß, aus dessen Berathungen die in jenen Anlagen in Bezug genommenen Gesetz-Entwürfe hervorgegangen waren, dieselben durch einen besondern Abdruck dem größeren Publikum zugänglich zu machen.

Demgemäß werden hiermit: I. der unter dem Titel: „Vorschläge für eine anderweite Redaktion des Gesetz-Entwurfes betreffend die ländliche Gemeinde-Verfassung in der Provinz Schlesien" in die Kammer eingebrachte Gesetz-Entwurf (Nr. 70 der Drucksachen), — gegenwärtig als das bezeichnet, was er nach der Absicht des Ausschusses durch das Resultat der Kammerberathung werden sollte, nämlich als der Entwurf einer Landgemeinde-Ordnung für die sechs östlichen Provinzen der Preußischen Monarchie;

II. der Entwurf eines Gesetzes betreffend die ländliche Polizei-Verwaltung in den sechs östlichen Provinzen der Monarchie, wie derselbe der oben erwähnten Anlage (Nr. 178) beigefügt war, der Oeffentlichkeit übergeben. Beiden Gesetz-Entwürfen sind Motive beigefügt. Die Motive zu II. sind dieselben, welche mit dem Entwurfe zugleich der Kammer vorgelegt wurden; diejenigen zu I. sind aus den Protokollen des Ausschusses entnommen und nur übersichtlich zusammengestellt und in einigen Beziehungen vervollständigt worden.

Zur Vergleichung sind die die ländliche Gemeindeverfassung in den sechs östlichen Provinzen betreffenden Regierungs-Vorlagen unter A., B., C., D., E. und F. und der die ländliche Polizei-Verfassung in diesen Provinzen betreffende Gesetz-Entwurf, wie solcher von der ersten Kammer im Einverständniß mit dem Ministerium beschlossen und angenommen worden, unter G. als Anlage beigefügt.

Die Mitglieder der zweiten Kammer, welche an den Ausschuß-Berathungen Theil genommen und den daraus hervorgegangenen Gesetz-Entwürfen ihre Zustimmung ertheilt haben, erachten es für ihre Pflicht, durch die Veröffentlichung dieser Entwürfe vor dem Lande davon Zeugniß abzulegen, in welchem Sinne sie eine Lösung einer der wichtigsten und schwierigsten Fragen der Gestaltung der inneren Zustände Preußens für möglich und dem Gesammt-Interesse des Vaterlandes förderlich halten. Sie haben sich dabei von keiner Vorliebe für diese oder jene Doktrin, von keiner Vorliebe für diesen oder jenen Partei-Standpunkt leiten lassen, sondern verschiedenen Kammer-Fraktionen angehörend, sich einmüthig in dem ernsten Streben zusammen gefunden, die wirklichen Zustände des Landes und das, was nach Maßgabe derselben, dem theueren Vaterlande wahrhaft Noth thut und frommt, in das Auge zu fassen und ihren Vorschlägen ausschließlich diese Richtung zu geben. Sie können nur wünschen, daß ihre Ansichten einer möglichst vielseitigen und strengen Prüfung unterworfen und daß ihre Vorschläge, sei es im Wege der Besprechung durch die Presse, sei es im Wege motivirter, nach der Wiederberufung der Kammern an dieselbe zu richtender Petitionen, entweder gebilligt oder unter Bezeichnung der Punkte, in welchen sie etwa fehl gegriffen haben mögen, durch bessere ersetzt werden. Sie werden alle zu ihrer Kenntniß gelangenden Bemerkungen gewissenhaft prüfen und gerne sich das aneignen, was sie als dem Ganzen mehr zum Frommen gereichend anerkennen. — Sie gedenken aber nebst ihren Freunden, insoweit sie nicht eines Besseren belehrt werden, standhaft und treu an den Grundsätzen festzuhalten, welche in den beiden von ihnen der Oeffentlichkeit übergebenen Gesetz-Entwürfen ihren Ausdruck gefunden haben.

I.

Entwurf

einer

Land-Gemeinde-Ordnung für die sechs östlichen Provinzen der Preußischen Monarchie.

Wir Friedrich Wilhelm, von Gottes Gnaden, König von Preußen ꝛc. ꝛc.

verordnen zur Regelung des Gemeindewesens in den ländlichen Ortschaften der sechs östlichen Provinzen der Monarchie mit Zustimmung der Kammern, was folgt:

§. 1.

Die gegenwärtige Landgemeinde-Ordnung soll in allen Ortschaften zur Anwendung kommen, welche nicht nach der Städte-Ordnung für die sechs östlichen Provinzen der Monarchie vom 30. Mai 1853 verwaltet werden.

§. 2.

I. Bildung der ländlichen Gemeinde- und Guts-Bezirke und Veränderung derselben.

Den Bezirk einer ländlichen Gemeinde oder eines selbstständigen Gutes bilden alle diejenigen Grundstücke, welche demselben bisher angehört haben.

Grundstücke, welche bisher noch keinem Gemeinde- oder selbstständigen Gutsbezirke angehört haben, müssen nach Vernehmung der Betheiligten, und nach Anhörung des Kreistages, durch den Ober-Präsidenten mit einem Gemeinde- oder Gutsbezirke vereinigt oder mit Unserer Genehmigung zu einem Gemeinde- oder selbstständigen Gutsbezirke erklärt werden.

Eine Vereinigung eines ländlichen Gemeinde- oder eines selbstständigen Gutsbezirks mit einem anderen kann nur unter Zustimmung der Vertretungen der betheiligten Gemeinden, so wie des betheiligten Gutsbesitzers nach Anhörung des Kreistages, mit Unserer Genehmigung erfolgen.

Die Abtrennung einzelner Grundstücke von einem Gemeinde- oder selbstständigen Gutsbezirk und deren Vereinigung mit einem angrenzenden andern kann mit Genehmigung des Ober-Präsidenten, ingleichen kann die Bildung eines selbstständigen Gemeindebezirks aus solchen Trennstücken, Abbauen oder Kolonien mit Unserer Genehmigung vorgenommen werden, wenn außer den Vertretungen der betheiligten Gemeinden und den betheiligten Gutsbesitzern auch die Eigenthümer jener Grundstücke darin einwilligen, und in letzterem Falle auch der Kreistag gehört ist. In Ermangelung der Einwilligung aller Betheiligten kann eine Veränderung dieser Art in den Gemeinde- oder Gutsbezirken nur in dem Falle, wenn dieselbe im öffentlichen Interesse als nothwendiges Bedürfniß sich ergiebt, und alsdann nur mit Unserer Genehmigung nach Vernehmung der Betheiligten und nach Anhörung des Kreistages stattfinden.

In allen vorstehenden Fällen ist der Beschluß des Kreistages vor Einholung der höheren Genehmigung den Betheiligten nachrichtlich mitzutheilen.

Wo und soweit in Folge einer derartigen Veränderung eine Auseinandersetzung zwischen den Betheiligten sich als nothwendig ergiebt, ist solche im Verwaltungswege zu bewirken.

Wird hierbei eine Uebereinkunft der Betheiligten vermittelt, so genügt die Genehmigung der Regierung; im Falle des Widerspruches entscheidet der Ober-Präsident.

Privatrechtliche Verhältnisse dürfen durch dergleichen Veränderungen niemals gestört werden.

Eine jede solche Veränderung ist durch das Amtsblatt bekannt zu machen.

Veränderungen, welche bei Gelegenheit einer Gemeinheitstheilung vorkommen, unterliegen diesen Bestimmungen nicht.

§. 3.

Wenn selbstständige Gutsbezirke oder große geschlossene Waldgrundstücke nicht in den Kommunal-Verband mit einer schon bestehenden Gemeinde eintreten, so werden diejenigen Gemeinschaften zwischen denselben und den Gemeinden, welche für einzelne und bestimmte Zwecke im öffentlichen Interesse z. B. für Armenpflege, Feuerlöschwesen, hinsichtlich der Verrichtungen des Gemeinde-Vorstehers, Gemeindeschreibers u. s. w. bereits bestehen, oder später sich bilden, durch die gegenwärtigen Bestimmungen über das Gemeindewesen nicht verändert oder beschränkt.

§. 4.

Alle Einwohner des Gemeinde- oder Guts-Bezirks (Waldgrundstücks), mit Ausnahme der nicht mit Grundstücken angesessenen servisberechtigten Militair-Personen des aktiven Dienststandes gehören zum Gemeinde- oder zum Guts-Verbande.

Als Einwohner werden diejenigen betrachtet, welche in dem Gemeinde- oder Guts-Bezirke nach den Bestimmungen der Gesetze ihren Wohnsitz haben.

§. 5.

II. Orts-Statuten (Dorfordnungen). Ergänzung bestehender Ortsverfassungen.

Jede Gemeinde ist befugt, ihre besondere Verfassung oder einen Theil derselben in einem Orts-Statute (Dorf-Ordnung) zu verzeichnen.

Gegenstände eines solchen Statuts können sein:

1) Aufzeichnung der zu Recht bestehenden Orts-Observanzen, unter Berücksichtigung der einschlagenden Festsetzungen in den Urbarien, Schöppenbüchern, Regulirungs-, Separations- und Parzellirungs-Rezessen;
2) Festsetzungen über solche Angelegenheiten der Gemeinde, so wie über solche Rechte und Pflichten ihrer Mitglieder, hinsichtlich deren das gegenwärtige Gesetz Verschiedenheiten gestattet, oder keine ausdrücklichen Bestimmungen enthält;
3) Festsetzungen über sonstige eigenthümliche Verhältnisse und Einrichtungen.

Bestimmungen, welche ausdrücklichen Anordnungen des gegenwärtigen Gesetzes zuwiderlaufen oder mit solchen unvereinbar sind, dürfen in ein Ortsstatut nicht aufgenommen werden.

Das Statut ist von der Gemeinde unter Leitung des Landraths und unter Mitwirkung der Polizei-Obrigkeit aufzustellen und bedarf der Bestätigung der Regierung nach vorgängiger Begutachtung durch den Kreistag.

Die Errichtung und Bestätigung von Nachträgen zu dem Statute erfolgt in gleicher Weise.

Wo dergleichen Statuten schon jetzt bestehen, können dieselben einer Revision unterworfen werden.

§. 6.

Ein Orts-Statut muß errichtet werden:

1) wenn ein Gut, welches bisher einen selbstständigen Gutsbezirk bildete, oder ein großes geschlossenes Waldgrundstück, welches sich bisher in keinem Gemeinde-Verbande befand, in einen schon bestehenden Gemeinde-Verband eintritt.

Das Statut enthält alsdann die näheren Festsetzungen über das

Verhältniß, nach welchem der Besitzer des Guts oder des Waldes und die Bewohner dieser Grundstücke an den Rechten und Pflichten des Gemeinde-Verbandes Theil zu nehmen haben, insbesondere darüber, inwiefern hierbei dem Guts- oder Waldbesitzer nach Maaßgabe des Werths und der Größe seines Besitzthums eine größere Stimmenzahl in der Gemeinde-Versammlung (§. 16.) und der Vorsitz in derselben bei persönlicher Anwesenheit, oder, wenn die Gemeinde durch Gemeinde-Verordnete vertreten wird, ein erhöhtes aktives Wahlrecht bei der Wahl der Gemeinde-Verordneten (§§. 30. bis 35.), und das selbstständige Recht, an der Gemeinde-Verordneten-Versammlung Theil zu nehmen, sowie die Befugniß, sich in beiden Versammlungen durch Pächter, Wirthschafts- und Forstbeamte dieser Güter vertreten zu lassen, beizulegen ist, und in wiefern hierbei unter den allgemeinen Bedingungen des Stimm- und Wahlrechts (§. 10.) von dem Erforderniß des Wohnsitzes oder Grundbesitzes im Gemeinde-Bezirke abzusehen ist.

Ist das in den Gemeinde-Verband eingetretene Gut oder Waldgrundstück von dem Werthe, daß es wenigstens ein Drittel des gesammten zur Gemeinde gehörigen Grund-Eigenthums umfaßt, so ist der Besitzer berechtigt, die Wahl des dritten Theils der Gemeinde-Verordneten allein zu vollziehen.

Dergleichen, die Verbindung zwischen einem bisher selbstständigen Gutsbezirk oder Waldgrundstück und einer Gemeinde regulirende Ortsstatuten sind nach den Erklärungen der Betheiligten von dem Landrathe aufzustellen und unterliegen der Bestätigung des Ober-Präsidenten; der Kreistag und die Regierung müssen darüber zuvor mit ihrem Gutachten gehört werden.

2) Wenn an die Stelle der Gemeinde-Versammlung eine aus gewählten Mitgliedern bestehende Versammlung von Gemeinde-Verordneten tritt (§. 30. und §. 35.).

§. 7.

III. Landgemeinden.

A. Rechte und Pflichten der Gemeinden und ihrer Mitglieder.

Die Gemeinden sind Korporationen. Sie sind zu allen Leistungen verpflichtet, welche das Gemeinde-Bedürfniß erfordert.

§. 8.

Alle Einwohner einer Gemeinde sind zur Mitbenutzung der öffentlichen Gemeinde-Anstalten berechtigt und — mit Vorbehalt der weiterhin näher bestimmten Ausnahmen und Beschränkungen — zur Theilnahme an den Gemeindelasten verpflichtet.

Diese Verpflichtung erstreckt sich auf die Verzinsung und Abtragung bereits vorhandener Gemeinde-Schulden, beginnt mit dem ersten, seit der Erwerbung des Wohnsitzes eingetretenen Verfalltage und dauert beim Aufgeben dieses Wohnsitzes noch für den letzten vorher eingetretenen Verfalltag fort.

Die im §. 2. des Gesetzes vom 24. Februar 1850 (Gesetz-Sammlung S. 62) bezeichneten ertragsunfähigen oder zu einem öffentlichen Dienste oder Gebrauche bestimmten Grundstücke sind nach Maßgabe der Kabinets-Ordre vom 8. Juni 1834 (Gesetz-Sammlung S. 87), die Dienstgrundstücke der Geistlichen, Kirchendiener und Elementar-Schullehrer aber überhaupt von den Gemeinde-Auflagen befreit.

Zeitweilige Befreiungen von Gemeinde-Abgaben und Leistungen für neubebaute Grundstücke sind zulässig.

Mit Ausnahme dieses Falles dürfen neue persönliche oder dingliche Befreiungen von Gemeindelasten und Abgaben nicht ferner von den Gemeinden verliehen werden.

Alle sonstige nicht persönliche Befreiungen können von den Gemeinden gegen Entrichtung des zwanzigfachen Betrages des Jahreswerths der Befreiung nach dem Durchschnitt der letzten zehn Jahre vor Verkündigung dieses Gesetzes abgelöst werden und hören auf, wenn die Entschädigung festgestellt und gezahlt ist; bis dahin bestehen dieselben in ihrem bisherigen Umfange fort, erstrecken sich jedoch nur auf den gewöhnlichen Zustand, nicht auf außerordentliche Leistungen.

Steht ein anderer Entschädigungs-Maßstab durch speziellen Rechtstitel fest, so hat es hierbei sein Bewenden. Der Entschädigungsbetrag wird durch Schiedsrichter, mit Ausschluß der ordentlichen Rechtsmittel festgestellt; von diesen wird der eine von dem Besitzer des bisher befreiten Grundstücks, der andere von der Gemeinde ernannt. Der Obmann ist, wenn sich die Schiedsrichter über dessen Ernennung nicht verständigen können, von dem Landrath zu ernennen.

Die Geistlichen, Kirchendiener und Elementar-Schullehrer bleiben von den direkten persönlichen Gemeindeabgaben hinsichtlich ihres Diensteinkommens insoweit befreit, als ihnen diese Befreiung zur Zeit der Verkündigung der Gemeinde-Ordnung vom 11. März 1850 zustand. Geistliche und Schullehrer bleiben von allen persönlichen Gemeindediensten, soweit dieselben nicht auf ihnen gehörigen Grundstücken lasten, befreit; Kirchendiener insoweit, als ihnen diese Befreiung zur Zeit der Verkündigung der Gemeinde-Ordnung vom 11. März 1850 zustand.

Alle übrigen persönlichen Befreiungen sind ohne Entschädigung aufgehoben.

Wegen der Besteuerung des Diensteinkommens der Beamten sind die Vorschriften des Gesetzes vom 11. Juli 1822 (Gesetz-Sammlung

S. 184) und der Kabinets-Ordre vom 14. Mai 1832 (Gesetz-Sammlung S. 145) anzuwenden.

Durch die in diesen Gesetzen bestimmten Geldbeiträge sind die Beamten zugleich von persönlichen Diensten frei. Sind sie jedoch Besitzer von Grundstücken, oder betreiben sie ein stehendes Gewerbe, so müssen sie die mit diesem Grundbesitz resp. Gewerbe verbundenen persönlichen Dienste entweder selbst oder durch Stellvertreter leisten.

§. 9.

Das Gemeinderecht besteht in der Befugniß, an den öffentlichen Geschäften der Gemeinde Theil zu nehmen.

§. 10.

Zur persönlichen Ausübung des Gemeinderechts ist befugt, wer:

I. Preußischer Unterthan ist,

II. im Vollbesitze der bürgerlichen Ehrenrechte sich befindet,

III. großjährig ist und einen eigenen Hausstand hat,

IV. seit einem Jahre

- a) Einwohner des Gemeindebezirks ist,
- b) keine Armenunterstützung aus öffentlichen Mitteln empfangen und
- c) die ihn betreffenden Gemeinde-Abgaben gezahlt hat, und außerdem
- d) entweder
  - 1) ein Grundstück im Gemeindebezirk besitzt, oder
  - 2) zur klassifizirten Einkommensteuer veranlagt ist, oder
  - 3) an Klassensteuer einen Jahresbeitrag von mindestens drei Thalern entrichtet.

Wer ein Grundstück im Gemeindebezirk ererbt, dem kommt bei Berechnung der Dauer des einjährigen Wohnsitzes und Grundbesitzes die Besitzzeit des Erblassers zu Gute.

Uebertragung unter Lebendigen an Verwandte in absteigender Linie, an Eltern, Eheleute, Geschwister und Geschwisterkinder, steht der Vererbung gleich.

In einzelnen Fällen kann die Gemeindeversammlung von dem Erforderniß der einjährigen Dauer des Wohnsitzes und Grundbesitzes oder der Steuer-Entrichtung entbinden.

§. 11.

Besitzer von solchen Grundstücken im Gemeindebezirk, welche mindestens den Umfang einer selbstständigen, mit Gespann versehenen Ackernahrung haben oder mit Fabrik-Etablissements oder gewerblichen Anlagen besetzt sind, sind zur Theilnahme an den öffentlichen Geschäften, unter Voraussetzung der übrigen allgemeinen, im §. 10. unter Nr. I., II., III. und IV. zu b. und c. gedachten Erfordernisse auch dann berechtigt, wenn sie nicht Einwohner des Gemeindebezirks sind. Ein Gleiches gilt von juristischen Personen, welche Grundstücke der gedachten Art im Gemeindebezirk besitzen.

§. 12.

Befindet sich ein Grundstück im Besitze einer Frauensperson oder einer unter väterlicher Gewalt oder unter Vormundschaft stehenden Person, und würde dieselbe ihren übrigen Verhältnissen nach zum Gemeinderechte befähigt sein, so ist die Ausübung dieses Rechts durch Stellvertreter dahin gestattet, daß eine Ehefrau durch ihren Ehemann, eine unverheirathete oder verwittwete Frauensperson durch einen stimmberechtigten Eingesessenen, eine unter väterlicher Gewalt stehende Person durch den Vater, und eine unter Vormundschaft stehende Person durch den Vormund vertreten werden kann.

Der Ehemann, Vater und Vormund muß, um zu dieser Stellvertretung befugt zu sein, abgesehen von dem Erfordernisse des Grundbesitzes, die im §. 10. vorgeschriebenen Eigenschaften besitzen.

§. 13.

Auswärts wohnende, sowie juristische Personen, welche nach §. 11. zur Ausübung des Gemeinderechts befugt sind, können sich dabei durch ihre Pächter, Wirthschafts- und Forstbeamte, welche abgesehen von den Erfordernissen des eigenen Hausstandes, Wohnsitzes und Grundbesitzes, allen übrigen Bedingungen des §. 10. entsprechen, oder durch einen stimmberechtigten Eingesessenen vertreten lassen.

§. 14.

Von mehreren Personen, welche im ungetheilten Besitze eines zum Gemeinderechte befähigenden Grundstücks sich befinden, kann nur Eine das Gemeinderecht ausüben.

Beim Mangel einer gütlichen Einigung ist dazu zunächst der auf dem Grundstücke selbst wohnende Mitbesitzer berufen; unter mehreren Gleichberechtigten entscheidet das höhere Alter.

§. 15.

Wer in Folge rechtskräftigen Erkenntnisses der bürgerlichen Ehre verlustig geworden (§. 12. des Strafgesetzbuches), verliert dadurch auch das Gemeinderecht und die Befähigung, dasselbe zu erwerben. — Wem durch rechtskräftiges Erkenntniß die Ausübung der bürgerlichen Ehrenrechte untersagt ist (§. 21. des Strafgesetzbuches), der ist, während der dafür in dem Erkenntnisse festgesetzten Zeit, von der Ausübung des Gemeinderechts ausgeschlossen. Ist gegen ein Gemeindemitglied wegen eines Verbrechens die Versetzung in den Anklagestand, oder wegen eines Vergehens, welches die Untersagung der Ausübung der bürgerlichen Ehrenrechte nach sich ziehen muß oder kann, die

Verweisung an das Strafgericht ausgesprochen, oder ist dasselbe zur gerichtlichen Haft gebracht, so ruht die Ausübung des ihm zustehenden Gemeinderechtes so lange, bis die gerichtliche Untersuchung beendigt ist.

Das Gemeinderecht geht verloren, sobald eines der zur Erlangung desselben vorgeschriebenen Erfordernisse bei dem bis dahin dazu Berechtigten nicht mehr zutrifft.

Ein Gleiches findet bei dem Statt, welchem das Recht, über sein Vermögen zu verfügen und dasselbe zu verwalten, durch richterliches Erkenntniß entzogen ist.

Verfällt ein Gemeindemitglied in Konkurs, so verliert es dadurch das Gemeinderecht; die Befähigung, dasselbe wieder zu erlangen, kann ihm, wenn es die Befriedigung seiner Gläubiger nachweist, von der Gemeinde verliehen werden.

§. 16.

Insoweit das Gemeinderecht in der Theilnahme am Stimmrechte besteht (§§. 10. bis 14.), ist für die Art der Ausübung desselben in der Gemeinde-Versammlung zunächst die bestehende Ortsverfassung maaßgebend.

Wenn eine Ergänzung dieser Ortsverfassung

I. deshalb nöthig ist, weil die Berechtigung zur Ausübung des Gemeinderechts durch die Bestimmungen der §§. 10. bis 12. über die bisherigen Grenzen hinaus erweitert worden ist, oder

II. aus der Mitte der Gemeinde deshalb beantragt wird, weil entweder

1) die Ortsverfassung streitig ist, oder

2) zwischen der Theilnahme an dem Stimmrechte und der Theilnahme an den Lasten der Gemeinde ein erhebliches Mißverhältniß besteht, kann eine solche Ergänzung entweder

a) im Wege einer statutarischen Anordnung (§. 5.) oder

b) nach Anhörung der Betheiligten und des Kreistages durch eine Entscheidung der Regierung herbeigeführt werden.

Dabei ist es zulässig, die nach §. 10. zur Ausübung des Gemeinderechts Berufenen mit Rücksicht darauf, ob sie im Gemeindebezirk Grundstücke besitzen, oder nicht, ob ihr Grundbesitz von größerem oder geringerem Umfange und Werthe ist, und ob sie zu den Gemeindelasten oder zu den direkten Staatssteuern (mit Ausschluß der Steuer für den Gewerbebetrieb im Umherziehen) viel oder wenig beitragen, und möglichst im Anschluß an die bestehenden Einrichtungen, in zwei, drei oder mehrere Klassen zu theilen und den Mitgliedern der einen Klasse ein wirksameres Stimmrecht, als denen einer anderen Klasse einzuräumen.

Es kann also festgesetzt werden, daß die Mitglieder der ersten Klasse für ihre Person eine Stimme (Einzelnstimme, Virilstimme) führen, dagegen aber diejenigen der zweiten Klasse, und, wenn drei Klassen gebildet sind, auch diejenigen der dritten Klasse durch eine gewisse Anzahl gewählter Abgeordneten vertreten (auf Gesammtstimmen beschränkt) werden sollen. Nicht minder kann die Bestimmung dahin getroffen werden, daß die Mitglieder der zweiten oder dritten Klasse Einzelnstimmen führen, mithin nur den Mitgliedern der unteren Klassen Gesammtstimmen beigelegt, dagegen aber jedem Mitgliede der höheren Klassen zwei oder mehrere Stimmen eingeräumt werden.

Bei der Feststellung der Anzahl der einer Klasse beizulegenden Gesammtstimmen ist darauf Rücksicht zu nehmen, in welchem Verhältniß die Mitglieder dieser Klasse im Ganzen, den anderen Klassen gegenüber zu den Gemeindelasten oder zu den direkten Staatssteuern (mit Ausschluß der Steuer für den Gewerbebetrieb im Umherziehen) beitragen.

Die Abgeordneten, welche die einer Klasse beigelegten Gesammtstimmen zu führen haben, werden von den Mitgliedern dieser Klasse aus ihrer Mitte unter Leitung des Gemeinde-Vorstehers auf je sechs Jahre gewählt. Als gewählt sind nur diejenigen anzusehen, welchen mehr als die Hälfte der in der Versammlung der betreffenden Klasse Anwesenden ihre Stimmen gegeben haben.

§. 17.

B. Gemeinde-Verwaltung.

1. Vertretung der Gemeinde.

Die Gemeinde wird in ihren Angelegenheiten durch die Gemeinde-Versammlung und den Gemeinde-Vorstand vertreten.

Der Gemeinde-Vorstand verwaltet und beaufsichtigt die Gemeinde-Angelegenheiten, und ist in allen polizeilichen Angelegenheiten Organ und Hülfs-Behörde der Polizei-Obrigkeit.

Er besteht aus dem Gemeinde-Vorsteher (Schulzen, Scholzen, Richter, Dorfrichter) und zwei Schöffen (Schöppen, Gerichtsmännern, Gerichts- oder Dorfs-Geschworenen), welche den Gemeinde-Vorsteher zu unterstützen und in Behinderungsfällen zu vertreten haben.

Auf Antrag der Gemeinde kann die Zahl der Schöffen, nach

Anhörung der Polizei-Obrigkeit, mit Genehmigung des Landraths, vermehrt werden.

§. 18.

a. Gemeinde-Versammlung.

Die Gemeinde-Versammlung hat über alle Gemeinde-Angelegenheiten zu beschließen, so weit dieselben nicht ausschließlich dem Gemeinde-Vorstande überwiesen sind. Doch darf sie ihre Beschlüsse niemals selbst ausführen. Die Ausführung derselben steht dem Gemeinde-Vorsteher zu. Ueber andere als Gemeinde-Angelegenheiten darf die Gemeinde-Versammlung nur dann berathen, wenn solche durch besondere gesetzliche Vorschriften, oder in einzelnen Fällen durch Aufträge der Aufsichtsbehörden an sie gewiesen sind.

Die Gemeinde-Versammlung ist berechtigt, sich von der Ausführung ihrer Beschlüsse Ueberzeugung zu verschaffen.

§. 19.

Die Zusammenberufung, Leitung und Schließung der Gemeinde-Versammlung geschieht durch den Gemeinde-Vorsteher, welcher den Vorsitz in der Versammlung mit vollem Stimmrecht führt; die Mitglieder sind daher verpflichtet, den Anordnungen desselben hinsichtlich des Geschäftsganges in der Versammlung Folge zu leisten.

§. 20.

Die Zusammenberufung der Mitglieder der Gemeinde-Versammlung zu derselben muß, besonders schleunige Fälle ausgenommen, mindestens 24 Stunden vor deren Beginn erfolgen. — In Betreff der Art und Weise der Zusammenberufung bewendet es bei den deshalb bestehenden Observanzen, so lange solche nicht durch einen Beschluß der Gemeinde-Versammlung eine Abänderung erleiden. Das ortsübliche Verfahren bei Zusammenberufung der Gemeinde-Versammlung kann in dem Orts-Statute näher bezeichnet werden.

§. 21.

Zur Gültigkeit eines Beschlusses ist die Gegenwart von wenigstens zwei Dritttheilen der Mitglieder erforderlich. Ist bei der Einladung zur Versammlung der Gegenstand der Berathschlagung angezeigt worden, so können die erscheinenden Mitglieder, ohne Rücksicht auf ihre Anzahl, einen gültigen Beschluß abfassen. Können einzelne Mitglieder der Gemeinde, als persönlich betheiligt, an der Berathung nicht Theil nehmen (§. 24.), so ist die Versammlung, wenn nur zwei Dritttheile der Unbetheiligten zugegen sind, doch beschlußfähig.

§. 22.

Die Beschlüsse werden nach Stimmenmehrheit gefaßt. Bei Stimmengleichheit entscheidet die Stimme des Vorsitzenden. Wer nicht mitstimmt, wird zwar als anwesend betrachtet, die Stimmenmehrheit wird aber lediglich nach der Zahl der Stimmenden festgestellt.

§. 23.

Das Stimmrecht darf nicht schriftlich ausgeübt werden.

§. 24.

An Verhandlungen über Rechte und Verpflichtungen der Gemeinde darf derjenige nicht Theil nehmen, dessen Interesse mit dem der Gemeinde in Widerspruch steht. Kann wegen dieser Ausschließung eine beschlußfähige Versammlung nicht gehalten werden, so hat der Gemeinde-Vorsteher, oder wenn auch dieser aus dem vorgedachten Grunde betheiligt ist, die Regierung für die Wahrung des Gemeinde-Interesses zu sorgen, und nöthigenfalls einen besonderen Vertreter für die Gemeinde zu bestellen.

§. 25.

Hält eine Klasse von Gemeindegliedern sich durch einen Gemeinde-Beschluß in ihren Rechten verletzt, so ist sie, vorbehaltlich des Rechtsweges in den dazu geeigneten Fällen, befugt, die Entscheidung der Regierung durch den Landrath nachzusuchen, in welchem Falle die Ausführung des Gemeindebeschlusses bis zum Eingange dieser Entscheidung ausgesetzt bleibt. Der Landrath muß jedoch, bevor er an die Regierung berichtet, durch wiederholt veranlaßte Berathung eine Vereinigung versuchen.

§. 26.

Urkunden, welche die Gemeinde verbinden sollen, müssen Namens derselben von dem Gemeinde-Vorsteher und den ihm beigeordneten Schöffen unterschrieben und durch das Gemeindesiegel beglaubigt werden. Die Beschlüsse der Gemeindeversammlung und die Genehmigung der derselben vorgesetzten Behörden sind in den geeigneten Fällen der Urkunde in beglaubigter Form beizufügen.

§. 27.

Die Gemeindeversammlung ist berechtigt, in allen Fällen, in denen die Gemeinde durch einen oder mehrere Bevollmächtigte vertreten werden muß, wie zu allen anderen Geschäften der Gemeinde, deren Ausführung durch Bevollmächtigte oder besondere Deputationen zweckmäßig erscheint, die Bevollmächtigten und die Mitglieder der Deputation zu erwählen und denselben Vollmacht zur Vertretung der Gemeinde zu ertheilen.

Zu den Vollmachten, sowohl bei gerichtlichen, wie bei außergerichtlichen Angelegenheiten, genügt ebenfalls die Unterschrift des Gemeindevorstehers und der ihm beigeordneten Schöffen, unter Beglaubigung durch das Gemeindesiegel, wobei jedoch von diesen Personen ausdrücklich zu bescheinigen ist, daß die Vollmacht auf Grund eines

2 *

ordnungsmäßigen Gemeindebeschlusses ausgestellt und zu der desfallsigen Berathung sämmtliche Stimmberechtigte gehörig eingeladen worden sind.

Die Vorschriften in §§. 40. bis 42. Tit. III. Th. I. der Allgem. Gerichts-Ordnung sind aufgehoben.

§. 28.

Hat die Gemeindeversammlung einen Beschluß gefaßt, welcher ihre Befugniß überschreitet, die Gesetze oder das Gemeinde-Interesse oder das Staatswohl verletzt, so hat der Gemeinde-Vorsteher von Amtswegen oder auf Geheiß der Polizeiobrigkeit die Ausführung einstweilen zu beanstanden und darüber binnen acht Tagen an den Landrath zu berichten, welcher entweder die Beanstandung aufzuheben oder die Entscheidung der Regierung über die Zulässigkeit oder Unzulässigkeit des Beschlusses einzuholen hat.

§. 29.

Unterläßt oder verweigert eine Gemeindeversammlung, die Aufbringung der Leistungen zu beschließen, welche der Gemeinde gesetzlich obliegen, so hat der Landrath den Betrag dieser Leistungen fortzusetzen und die Gemeinde zu deren Entrichtung nöthigenfalls im Wege der administrativen Exekution anzuhalten.

§. 30.

b. Gemeinde-Verordneten-Versammlung.

In Gemeinden, in welchen die Gemeinde-Versammlung aus so vielen Mitgliedern besteht, daß ihre Zahl zu einer zweckmäßigen Behandlung der Geschäfte zu groß ist, tritt an Stelle der Gemeinde-Versammlung eine aus gewählten Mitgliedern bestehende Versammlung von Gemeinde-Verordneten.

In welchen Fällen eine solche Vertretung statt zu finden hat, wird auf den Antrag der Gemeinde-Versammlung durch die Regierung bestimmt, welche den Kreistag zuvor mit seinem Gutachten zu hören hat.

§. 31.

Wo eine Gemeinde-Verordneten-Versammlung errichtet wird (§. 30.), muß dieselbe außer dem Gemeinde-Vorsteher mindestens aus sechs gewählten Mitgliedern bestehen. Für jedes Mitglied ist ein Stellvertreter zu wählen.

§. 32.

Die Wahl der Gemeinde-Verordneten erfolgt auf sechs Jahre. Alle zwei Jahre scheidet ein Drittel derselben aus. An die Stelle der Ausgeschiedenen werden neue Mitglieder gewählt. Die Ausgeschiedenen sind wieder wählbar. Die Ausscheidung erfolgt die ersten beiden Male nach dem Loose.

§. 33.

Sind in einer Gemeinde Klassen gebildet (§. 16.), so hat jede Klasse für sich die ihr zugetheilten Gemeindeverordneten und deren Stellvertreter zu wählen. Die einzelnen Klassen sind hierbei an die Mitglieder ihrer Klasse nicht gebunden.

An diesen Wahlen nehmen in jeder Klasse sämmtliche Mitglieder derselben persönlich Theil.

§. 34.

Die Wahlen der Gemeinde-Verordneten und ihrer Stellvertreter werden unter dem Vorsitze des Gemeinde-Vorstehers vorgenommen, welcher mit zwei Schöffen oder mit zwei von ihm aus der Gemeinde oder, wenn die Wahlen klassenweise erfolgen, aus der betreffenden Klasse zu bestellenden Beisitzern den Wahl-Vorstand bildet.

In dem Wahltermin, welcher acht Tage vorher nach der in der Gemeinde üblichen Publikationsart bekannt gemacht werden muß, ist für jeden zu Wählenden ein besonderer Wahlakt vorzunehmen.

Jeder Wähler muß hierbei dem Wahl-Vorsteher mündlich zu Protokoll erklären, wenn er seine Stimme geben will.

Als gewählt ist derjenige anzusehen, welchem die absolute Stimmenmehrheit der in der Versammlung anwesenden Mitglieder seiner Klasse zu Theil geworden ist.

§. 35.

Die nähere Festsetzung über die Wahlordnung, die Gesammtzahl der Gemeindeverordneten und da, wo die zur Ausübung des Stimmrechts Berufenen in Klassen getheilt sind, über die Vertheilung der Gesammtzahl auf die einzelnen Klassen, wird im Wege statutarischer Anordnung oder, wenn eine Vereinbarung nicht zu Stande kommt, nach Anhörung des Kreistages, durch die Regierung getroffen.

§. 36.

Für einen behinderten oder abgegangenen Gemeinde-Verordneten wird durch den Gemeinde-Vorsteher ein Stellvertreter derjenigen Klasse einberufen, welcher der behinderte oder abgegangene Gemeinde-Verordnete angehört.

§. 37.

Die Bestimmungen der §§. 18. bis 29., sowie der §§. 38., 39., 42., 44. bis 47., 52., 54., 56., 57., 58., 60. und 65. kommen auch in Betreff der Gemeinde-Verordneten-Versammlung, wo solche gebildet ist, zur Anwendung.

§. 38.

Jeder stimmberechtigte Gemeinde-Angehörige hat die Verpflichtung, eine Stelle in der Gemeinde-Vertretung anzunehmen und mindestens sechs Jahre zu versehen.

Zur Ablehnung oder früheren Niederlegung einer solchen Stelle berechtigen nur:

1) anhaltende Krankheiten;
2) Geschäfte, die längere und öftere Reisen nothwendig machen, und
3) ein Alter über 60 Jahre.

Wer sich ohne einen dieser Entschuldigungs-Gründe weigert, eine solche Stelle anzunehmen, oder die noch nicht sechs Jahre lang versehene Stelle ferner zu versehen, sowie derjenige, welcher sich der Verwaltung solcher Stellen thatsächlich entzieht, kann durch Beschluß der Gemeinde-Versammlung der den stimmberechtigten Gemeinde-Angehörigen in diesem Gesetze beigelegten Rechte auf drei bis sechs Jahre verlustig erklärt, oder mittelst Geldstrafen bis zum Belange von fünf Thalern zu seiner Schuldigkeit angehalten werden. Ein solcher Beschluß der Gemeinde-Versammlung bedarf der unter Beirath der Polizei-Obrigkeit zu ertheilenden Bestätigung des Landraths.

§. 39.

c. Gemeinde-Vorstand.

aa. Ernennung des Gemeinde-Vorstandes.

Der Gemeinde-Vorsteher wird durch den Landrath ernannt. Der Landrath hat jedoch vor der Ernennung von der Gemeinde-Versammlung einen Vorschlag zu erfordern, und die Polizei-Obrigkeit über denselben gutachtlich zu vernehmen. Glaubt er den vorgeschlagenen Kandidaten zum Gemeinde-Vorsteher nicht ernennen zu können, so hat er dies der Gemeinde-Versammlung zu eröffnen und dieselbe zu einem anderweiten Vorschlage, sowie die Polizei-Obrigkeit zu einer neuen gutachtlichen Aeußerung zu veranlassen. Hält sich der Landrath für verpflichtet, auch dem zweiten Vorschlage seine Zustimmung zu versagen, so ist er berechtigt, sein Ernennungsrecht ohne Berücksichtigung der vorgeschlagenen Kandidaten auszuüben.

Die Gemeinde-Versammlung darf nur solche Gemeinde-Mitglieder (§. 4.) für das Vorsteher-Amt in Vorschlag bringen, welche im Gemeinde-Bezirk mit Grund-Eigenthum angesessen sind, sofern sie nicht vorher auf ihren Antrag durch den Landrath zu einer Abweichung von dieser Regel ermächtigt worden ist.

Ernennt der Landrath einen Gemeinde-Vorsteher, welcher von der Gemeinde-Versammlung nicht in Vorschlag gebracht ist, so darf er denselben unbedingt nur unter den angesessenen Gemeinde-Mitgliedern wählen.

Die Gemeinde-Vorsteher werden in der Regel auf sechs Jahre ernannt, es ist jedoch auch eine Ernennung auf zwölf Jahre zulässig, wenn eine solche von der Gemeinde-Versammlung beantragt wird.

Nach Ablauf der sechs- oder zwölfjährigen Amtszeit können die Gemeinde-Vorsteher von Neuem für dieses Amt in Vorschlag gebracht und von dem Landrathe ernannt werden.

Nach der Ernennung ist der Gemeinde-Vorsteher durch den Landrath in Eid und Pflicht zu nehmen.

§. 40.

Nach einer dreijährigen und bei einer Ernennung auf zwölf Jahre, ebenso nach einer sechsjährigen und nach einer neunjährigen Amtsführung ist jeder Gemeinde-Vorsteher befugt, sein Amt niederzulegen.

§. 41.

Jedes Gemeinde-Mitglied ist im Falle der Ernennung zum Gemeinde-Vorsteher verpflichtet, dieses Amt zu übernehmen, sofern ihm nicht einer der im §. 38. bezeichneten Entschuldigungsgründe zur Seite steht.

Wer mindestens drei Jahre hintereinander das Vorsteher-Amt bekleidet hat, ist auch, abgesehen von diesen Entschuldigungsgründen, während der nächstfolgenden drei Jahre berechtigt, seine Ernennung zum Gemeinde-Vorsteher abzulehnen.

Im Falle einer nicht gerechtfertigten Ablehnung kommen die Bestimmungen des §. 38. zur Anwendung.

§. 42.

Die Besitzer der ehemaligen Lehn- und Erbschulzengüter (Erbrichter- oder Freischulzen-Güter, Erbscholtiseien, rittermäßigen Erbscholtiseien) sind verpflichtet, das Amt des Gemeinde-Vorstehers unentgeldlich zu verwalten, wenn sie unter der im §. 39. vorgeschriebenen Betheiligung der Gemeinde-Versammlung und der Polizei-Obrigkeit vom Landrath dazu ernannt werden.

Weigert sich der Besitzer eines Lehn- oder Erbschulzengutes das Vorsteheramt zu verwalten, so ist er verpflichtet, dem in diesem Falle nach §. 39. aus der Zahl der übrigen Gemeinde-Mitglieder zu ernennenden Gemeinde-Vorsteher für die Dauer seiner Amtszeit eine billige Entschädigung zu gewähren, welche auf den Bericht des Landrathes von der Regierung festgesetzt wird, nachdem der Besitzer des in Rede stehenden Gutes, die Gemeinde-Versammlung und die Polizei-Obrigkeit über den Betrag derselben gehört worden. Dasselbe findet statt, wenn die Gemeinde-Versammlung, oder der Landrath, den Besitzer des Lehn- oder Erbschulzengutes zur Verwaltung des Vorsteher-Amtes nicht für befähigt erachten und der Mangel der Befähigung, falls der Betheiligte ihn bestreitet, von der Regierung anerkannt wird. Die Entscheidung der Regierung muß in diesem Falle herbeigeführt werden, bevor die Gemeinde-Versammlung ihr Vorschlagsrecht ausübt.

Wenn der Besitzer des Lehn= oder Erbschulzengutes zur Verwaltung des Vorsteher=Amtes bereit und befähigt ist, dessenungeachtet aber für dasselbe ein anderes Gemeinde=Mitglied von der Gemeinde=Versammlung in Vorschlag gebracht und vom Landrath ernannt wird, so hat die Gemeinde die für die Verwaltung des Amtes zu gewährende Remuneration aufzubringen (§. 45).

Hat der Landrath gegen die Befähigung des Besitzers des Lehn= oder Erbschulzengutes kein Bedenken erhoben, bevor er die Gemeinde=Versammlung zur Ausübung ihres Vorschlagsrechts aufforderte, so ist er, sofern er weder dem ersten noch dem zweiten Vorschlag der Gemeinde=Versammlung seine Zustimmung ertheilt, nicht befugt, ein anderes Gemeinde=Mitglied, als den Besitzer des Lehn= oder Erbschulzen=Gutes zum Gemeinde=Vorsteher zu ernennen.

Die Besitzer der Lehn= oder Erbschulzengüter sind berechtigt, auf Ablösung der ihnen obliegenden Verpflichtung zur Verwaltung des Vorsteher=Amtes anzutragen. Der Jahreswerth dieser Verpflichtung, wird, nachdem der Besitzer des Lehn= oder Erbschulzengutes, die Gemeinde=Versammlung, die Polizei=Obrigkeit und der Kreistag darüber gehört worden, auf den Bericht des Landraths von der Regierung festgestellt.

Die festgesetzte Jahresrente, oder im Fall der Ablösung (§. 8.) der Ertrag des pupillarisch sicher, oder durch Ankauf von Grundstücken anzulegenden Ablösungs=Kapitals, ist von der Gemeinde zu der nach §. 45. festzusetzenden Remuneration des Gemeinde=Vorstehers zu verwenden.

§. 43.

Die Bestellung der Schöffen erfolgt nach denselben Bestimmungen, wie die der Gemeinde=Vorsteher.

§. 44.

bb. Stellung des Gemeinde=Vorstehers.

Der Gemeinde=Vorsteher steht an der Spitze der Gemeinde=Verwaltung und hat deren Bestes überall wahrzunehmen, und in der Gemeinde auf Ordnung und Befolgung der Gesetze zu halten.

Die Unterbeamten der Gemeinde bestellt er auf Kündigung, nachdem die Gemeinde=Versammlung darüber gehört ist. Er ist verpflichtet, diese Beamten, so wie die Ortserheber (§. 47.), zu beaufsichtigen und befugt, denselben Warnungen und Verweise zu ertheilen, auch Ordnungsstrafen bis zum Betrage von Einem Thaler gegen sie festzusetzen.

Auch gegen andere Einwohner der Gemeinde, welche seinen amtlichen Anordnungen die gebührende Folgeleistung verweigern, kann der Gemeinde=Vorsteher Geldstrafen bis zu Einem Thaler nach vor=

gängiger Androhung verfügen. Beiderlei Geldstrafen können nöthigenfalls exekutivisch eingezogen werden und fließen zur Gemeinde-Kasse: wenn Geldstrafen der letzteren Art nicht beizutreiben sind, so sind dieselben vom Landrath in angemessene Gefängnißhaft umzuwandeln.

Beleidigungen und Widersetzlichkeiten gegen den Gemeinde-Vorsteher bei Ausübung seines Amtes ziehen dieselbe Ahndung nach sich, als wenn sie gegen einen vom Staate bestellten Beamten verübt wären.

Sind Personen nicht zum Dienste der Gemeinde überhaupt, sondern nur einzelner Klassen von Gemeindemitgliedern oder besonderer Sozietäten bestimmt, so ist es auch deren Sache, dieselben anzunehmen, zu remuneriren und zu entlassen.

Dem Gemeinde-Vorsteher steht jedoch das Recht der Bestätigung bei der Annahme solcher Diener zu.

§. 45.

cc. Remuneration des Gemeinde-Vorstehers.

Die Remuneration des Gemeinde-Vorstehers und der Schöffen wird durch die Orts-Verfassung bestimmt. Wenn dieselbe keine den Verhältnissen entsprechende ausreichende Bestimmungen an die Hand giebt, so finden folgende Grundsätze Anwendung.

Der Gemeinde-Vorsteher hat Anspruch auf Ersatz seiner baaren Auslagen und auf die Gewährung einer, mit seinen amtlichen Mühwaltungen im billigen Verhältniß stehenden Entschädigung, deren Betrag beim Mangel einer gütlichen Einigung nach Vernehmung der Gemeinde-Versammlung und der Polizei-Obrigkeit, auf das Gutächten des Landraths, nach Anhörung des Kreistages, von der Regierung festgestellt wird.

Die Schöffen haben ihr Amt in der Regel unentgeldlich zu verwalten und nur auf den Ersatz baarer Auslagen Anspruch.

Den Gemeinde-Vorstehern so wenig wie den Schöffen ist gestattet, für die Amtsgeschäfte, welche ihnen in ihrer Eigenschaft als Verwaltungs-, Polizei- und Gemeinde-Beamte obliegen, Gebühren von einzelnen Betheiligten oder aus der Gemeinde-Kasse zu erheben, wenn nicht hierzu die Berechtigung durch ein Gesetz speziell beigelegt ist.

Die Gemeinde-Vorsteher erhalten keine Pension.

§. 46.

d. Gemeindeschreiber.

Wo das Amt eines Gemeindeschreibers (Gerichtsschreibers) nach Gesetz oder Herkommen besteht, oder die Anstellung eines solchen von der Gemeinde-Versammlung beschlossen wird, ist derselbe nach Anhörung der Gemeinde-Versammlung vom Gemeinde-Vorsteher zu ernennen und nach Vernehmung der Polizei-Obrigkeit von dem Landrathe zu bestätigen und zu vereidigen.

§. 47.

e. Ortserheber.

Die Gemeinde-Versammlung wählt den Gemeinde-Einnehmer und Orts-Steuererheber. Beide Aemter können von ein und derselben Person versehen, oder auf verschiedene Personen übertragen, dürfen jedoch von dem Gemeinde-Vorsteher, oder einem Schöffen, nur mit Genehmigung der Polizei-Obrigkeit und des Landraths übernommen werden.

§. 48.

C. Gemeinde-Haushalt.

Der Gemeinde-Haushalt umfaßt die Verwaltung aller Angelegenheiten, welche sich auf Einnahmen und Ausgaben, sowie auf das Vermögen der Gemeinde, einschließlich der für Gemeindezwecke zu leistenden Natural-Prästationen, Dienste und Abgaben beziehen.

§. 49.

Die Verwaltung des Gemeinde-Haushaltes steht dem Gemeinde-Vorsteher zu; der von der Gemeinde bestellte Erheber (§. 47) steht unter dessen unmittelbarer Leitung und Aufsicht.

§. 50.

Für Gegenstände des Gemeinde-Haushaltes, welche eine fortlaufende Verwaltung erfordern, können beständige, aus den Gemeinde-Vorstehern und den Schöffen, so wie aus stimmberechtigten Mitgliedern der Gemeinde bestehende Vorstände oder Deputationen gebildet werden. Der Gemeinde-Vorsteher hat in ihnen den Vorsitz zu führen; auch stehen dieselben zu ihm im Verhältniß einer Unterbehörde.

§. 51.

Alle Gemeinde-Einkünfte müssen zur Gemeindekasse fließen; sie dürfen zu keinem anderen Zwecke als zur Deckung der Gemeinde-Bedürfnisse verwendet werden.

§. 52.

Die Gemeinde-Versammlung beschließt über die Benutzung des Gemeinde-Vermögens; es bleiben dabei jedoch die Vorschriften der Deklaration vom 26. Juli 1847 (Ges.-Samml. S. 327) in Betreff des nutzbaren Gemeinde-Vermögens maßgebend.

Die Gemeinde kann jedoch unter Genehmigung der Regierung die Verwendung der Nutzungen vom Gemeindeglieder-Vermögen (§§. 1. Abschn. 2. u. folg. der Deklaration vom 26. Juli 1847) zur Deckung der Gemeindebedürfnisse beschließen, wenn weder die Einkünfte aus dem Gemeinde-Vermögen, noch die bisher üblichen Gemeinde-Abgaben ausreichen, um das Kommunal-Bedürfniß zu bestreiten, und deshalb zur Erhöhung der Abgaben geschritten werden müßte.

Ueber Gegenstände, welche ein von dem Interesse der Gemeinde als Corporation verschiedenes gemeinsames (Societäts-) Interesse betreffen, gebührt die Beschlußnahme nicht der Gemeinde-Versammlung, sondern den Interessenten (Societäts-Genossen).

In Ansehung der Verwaltung und Verwendung des Vermögens der Stiftungen bewendet es bei den stiftungsmäßigen Bestimmungen.

§. 53.

Streitigkeiten über die Theilnahme an Gemeinde-Nutzungen werden, soweit sie nicht auf einen speziellen Rechtstitel sich gründen, im Verwaltungswege durch die Regierung entschieden.

§. 54.

Durch Beschluß der Gemeinde kann für die besondern Vortheile, welche der Aufenthalt in derselben gewährt, die Erhebung eines Einzugsgeldes angeordnet und von dessen Entrichtung die Niederlassung in der Gemeinde (§. 4. des Gesetzes vom 31. Dez. 1842 Nr. 2317) abhängig gemacht werden.

Ebenso kann von Allen, welche der Gemeinde bereits angehörig sind, bei der Begründung eines selbstständigen Hausstandes eine Abgabe (Eintritts- oder Hausstandsgeld) gefordert und von deren Entrichtung die Theilnahme an dem Gemeinderecht (§. 9.) abhängig gemacht werden. Vererbungsfälle sind hiervon ausgenommen.

Die Theilnahme an den Gemeinde-Nutzungen kann außerdem von der Entrichtung einer jährlichen Abgabe und anstatt oder neben derselben von Entrichtung eines Einkaufsgeldes abhängig gemacht werden, durch deren Entrichtung aber die Ausübung des Gemeinde-Rechts niemals bedingt wird.

Alle derartige Beschlüsse der Gemeinde-Versammlung bedürfen der Genehmigung der Regierung.

Beamte, welche in Folge dienstlicher Versetzung ihren Aufenthalt in der Gemeinde nehmen, sind zur Entrichtung des Einzugsgeldes und des Hausstandsgeldes nicht verbunden.

§. 55.

In Ansehung der Theilnahme der einzelnen Gemeindeglieder oder gewisser Klassen derselben an den Nutzungen des Gemeinde-Vermögens wird, abgesehen von der im §. 52. enthaltenen Beschränkung in den bestehenden Rechtsverhältnissen durch die Bestimmungen der §§. 52—54. nichts geändert.

§. 56.

Um die durch das Bedürfniß oder die Verpflichtung der Gemeinde erforderlichen Geldmittel zu beschaffen, können bei dem Mangel hinreichender Einkünfte aus dem Gemeinde-Vermögen, von der Gemeinde-Versammlung Umlagen beschlossen werden.

Wer in einer Gemeinde Grundbesitz hat oder ein stehendes Gewerbe betreibt, aber nicht in der Gemeinde wohnt, ist nur verpflichtet, an denjenigen Lasten Theil zu nehmen, welche auf den Grundbesitz oder auf das Gewerbe oder auf das aus diesen Quellen fließende Einkommen gelegt sind.

Unangesessene nicht stimmberechtigte Einwohner sind zu solchen Gemeinde-Ausgaben, von denen sie keinen Vortheil haben, nicht beitragspflichtig, wenn zu deren Bestreitung besondere Gemeinde-Abgaben erhoben werden.

Bedürfnisse, welche nur im Interesse einzelner Klassen nothwendig werden, sind nur von diesen aufzubringen und gehören nicht in den Gemeinde-Haushalt.

§. 57.

Wenn über den Maßstab der Vertheilung der Gemeinde-Umlagen die bestehende Orts-Verfassung, vorhandene Verträge, hergebrachte Gewohnheit, oder rechtsgültige Gemeinde-Beschlüsse, keinen sicheren oder angemessenen Anhalt gewähren, so kann von der Gemeinde-Versammlung mit Genehmigung der Regierung ein neuer Maßstab beschlossen, auch von der letztern auf Anlaß von Beschwerden, und wenn ein wiederholentlich darüber herbeigeführter Gemeindebeschluß sich nicht zur Genehmigung eignet, nach Anhörung des Kreistages angeordnet werden.

Für den neu zu regulirenden Vertheilungs-Maßstab soll der Grundsatz leitend sein, daß die größere Theilnahme an den Rechten der Gemeinden, insbesondere an dem Stimm- und Wahlrechte, auch die größere Theilnahme an den Lasten der Gemeinden bedingt.

Bei Zuschlägen zur Staats-Einkommensteuer muß jedenfalls das Einkommen aus dem außerhalb des Gemeindebezirks belegenen Grundbesitz außer Berechnung bleiben.

§. 58.

Wo bisher Hand- und Spanndienste üblich waren, müssen dieselben, so lange nicht etwas Anderes beschlossen wird, nach Maßgabe der Ortsverfassung ferner unentgeltlich geleistet werden, auch wenn der Fall der Unzulänglichkeit des Gemeinde-Vermögens (§. 56.) nicht vorliegt.

Die Gemeinde-Versammlung kann jedoch beschließen, daß die bisher üblichen Hand- und Spanndienste für Rechnung der Gemeinde beschafft, und die Kosten nach dem üblichen Maßstab der baaren Beiträge auf die Verpflichteten vertheilt werden.

Dagegen kann die Leistung von solchen Diensten (Hand- und

Spanndiensten), welche nicht in kunst- und handwerksmäßigen Arbeiten bestehen, auch den Gemeinde-Angehörigen neu aufgelegt werden, wenn dies für das Gemeindebedürfniß nöthig ist, und von der Gemeinde-Versammlung beschlossen oder nach Anhörung des Kreistages von der Regierung angeordnet wird.

Gemeindeglieder, welche die ihnen obliegenden persönlichen Leistungen nicht selbst verrichten können oder wollen, sind verpflichtet, rechtzeitig taugliche Stellvertreter zu bestellen, widrigenfalls sie zur Zahlung des Geldwerths der Dienste angehalten werden können. Ob der Vertreter als tauglich anzusehen sei, hat der Gemeindevorsteher zu entscheiden.

§. 59.

Nähere Bestimmungen über die Aufbringung der Gemeinde-Abgaben und die Leistung der Gemeindedienste bleiben den Ortsstatuten, beziehungsweise der Ergänzung der Ortsverfassung auf dem im §. 5. vorgeschriebenen Wege vorbehalten; dabei ist namentlich zu bestimmen, welche Gemeindeglieder Spanndienste und welche Handdienste oder Beides zu leisten haben.

§. 60.

Eine freiwillige Veräußerung von Gemeinde-Grundstücken und solchen Gerechtsamen, welche jenen gesetzlich gleichgestellt sind, darf in der Regel nur im Wege des öffentlichen Meistgebots auf Grund einer Taxe vorgenommen werden.

Zur Gültigkeit einer solchen Veräußerung ist erforderlich:

1) eine einmalige Bekanntmachung des zu veräußernden Gegenstandes und des Bietungstermins durch das Kreisblatt, oder wo ein solches nicht besteht, durch das Amtsblatt des Regierungsbezirks,
2) eine Frist von 6 Wochen zwischen der Bekanntmachung und dem Bietungstermin,
3) die Abhaltung des Bietungstermins durch eine Justizperson oder den Gemeinde-Vorsteher,
4) die Ertheilung des Zuschlags durch die Gemeinde-Versammlung und
5) die Genehmigung der Regierung.

In besonderen Fällen kann die Regierung auch den Verkauf aus freier Hand, sowie einen Tausch gestatten, sobald sie sich überzeugt, daß der Vortheil der Gemeinde dadurch gefördert wird.

§. 61.

Die Genehmigung der Regierung ist ebenfalls erforderlich:

a) zu jeder auf einem lästigen Titel beruhenden Erwerbung von Grundstücken,

b) zu Veränderungen in dem Genusse von Gemeindenutzungen Wald, Haide, Weide, Torfstich u. dergl.),

c) zu jeder Aufnahme von Anleihen, durch welche die Gemeinde mit einem Schuldenbestande belastet oder der bereits vorhandene vergrößert wird,

d) zu Abweichungen von einem genehmigten Verzinsungs- und Tilgungsplan,

e) zu Veräußerungen oder wesentlichen Veränderungen von Sachen, welche einen besonderen wissenschaftlichen, historischen oder Kunstwerth haben.

Die Genehmigung zur Aufnahme von Anleihen der unter c. bezeichneten Art soll nur dann ertheilt werden, wenn zugleich ein angemessener Verzinsungs- und Tilgungs-Plan vorgelegt wird.

§. 62.

In den in den §§. 60. und 61. bezeichneten Fällen muß die Polizei-Obrigkeit vor der Entscheidung der Regierung mit ihrem Gutachten gehört werden.

§. 63.

Für die Hypothekenbehörde genügt die Beibringung der Genehmigung der Regierung zum Nachweise, das den Vorschriften der §§. 60. bis 62. genügt ist.

§. 64.

Gemeinde-Waldungen sind auch fernerhin dieser Bestimmung zu erhalten. Eine Verwandlung derselben in Acker oder Wiesen, so wie außerordentliche Holzschläge können nur mit Genehmigung der Regierung vorgenommen werden.

Die wegen Behandlung der Gemeinde-Waldungen für einzelne Landestheile erlassenen Gesetze und Bestimmungen bleiben in Kraft.

§. 65.

In wiefern für den Haushalt der Gemeinde Etats aufgestellt werden sollen, bleibt zwar im Allgemeinen deren eigenem Beschluß überlassen, doch kann die Anfertigung eines Haushalts-Etats von der Regierung angeordnet werden, wenn nach deren Ermessen Unordnungen und Verwirrungen in der Verwaltung des Gemeinde-Haushalts es nöthig machen.

Die Etats sind in der Regel auf 3 Jahre von dem Gemeinde-Vorsteher anzulegen, demnächst von der Gemeinde-Versammlung festzustellen.

§. 66.

Die Anfertigung der Rechnung erfolgt durch den Gemeinde-Vorsteher unter Zuziehung des Gemeinde-Erhebers für jedes einzelne Kalenderjahr. Dieselbe wird hierauf in Gemeinden, in welchen keine

Gemeindeverordneten-Versammlung besteht, durch einige zu diesem Behufe gewählte Gemeinde-Mitglieder (Rechnungs-Deputirte), in den übrigen Gemeinden dagegen von der Gemeindeverordneten-Versammlung geprüft und sobald die bei dieser Prüfung etwa erhobenen Erinnerungen erledigt sind, in dem ersten Falle von den Rechnungs-Deputirten, in dem zweiten Falle aber von sämmtlichen Mitgliedern der Gemeindeverordneten-Versammlung vollzogen.

In Gemeinden, wo eine Gemeindeverordneten-Versammlung nicht gebildet ist, wird demnächst auch noch die Rechnung in einer Gemeinde-Versammlung vorgelesen.

Ueber die Rechnung des nächstvorhergehenden Jahres wird von den Gemeindeverordneten oder der Gemeinde-Versammlung Decharge ertheilt und hiervon dem Landrath Anzeige gemacht. Die Gemeinde-Versammlung ist befugt, der Rechnungs-Deputation die Entscheidung über die Rechnung und die Ertheilung der Decharge zu übertragen.

Im Uebrigen bleibt die Regulirung des Gemeinde-Rechnungswesens einer Instruktion des Ober-Präsidenten vorbehalten.

§. 67.

Die Gemeinde-Abgaben, einschließlich der etwa statt der Dienste auferlegten Geldbeiträge (§. 58.) so wie die Abgaben für die Theilnahme an Nutzungen und besonderen Vortheilen (§. 54.) und die sonstigen Gemeinde-Gefälle sind durch den Erheber einzuziehen, und werden von den Säumigen im Steuer-Exekutionswege beigetrieben.

Wenn die Leistung von Gemeinde-Diensten (§§. 58. und 59.) von dem Verpflichteten verweigert, verabsäumt oder unvollständig bewirkt wird, so kann der Gemeinde-Vorsteher mit Ordnungsstrafen bis zum Betrage von Einem Thaler denselben dazu anhalten, oder auch den Dienst für dessen Rechnung leisten lassen und die hierdurch entstehenden Kosten im Steuer-Exekutionswege beitreiben.

§. 68.

IV. Selbstständige Guts-Bezirke.

Für den Bereich der selbstständigen Guts-Bezirke (Waldgrundstücke) haben deren Besitzer und, auf Feststellung der Regierung nach Anhörung der Betheiligten und des Kreistages, antheilig auf die übrigen innerhalb des Guts-Bezirks (Waldgrundstücks) befindlichen selbstständigen Einwohner, die Pflichten zu übernehmen und die Lasten zu tragen, welche das Gesetz und die Landesverfassung im öffentlichen Interesse den Gemeinden auferlegt.

Die Rechte der Grundbesitzer, welche mit der Befreiung von solchen Lasten angesetzt worden sind, oder sonst durch einen speziellen Rechtstitel eine solche Befreiung erlangt haben, dürfen hiernach nicht gekränkt werden, so lange nicht eine Ablösung der Befreiungen nach Maaßgabe des §. 8. bewirkt ist.

§. 69.

Die Besitzer solcher Guts-Bezirke sind, sofern sie innerhalb derselben wohnen, insbesondere auch verbunden, die in den Landgemeinden den Gemeinde-Vorstehern obliegenden Geschäfte insoweit unentgeltlich zu übernehmen und zu besorgen, als dergleichen Geschäfte auch in Ansehung der selbstständigen Guts-Bezirke und ihrer Einwohner zu erledigen sind.

Sind sie davon durch dauernde Abwesenheit oder Krankheit verhindert oder deshalb nicht dazu geeignet, weil sie juristische Personen oder Frauen sind oder unter Vormundschaft stehen, so ist ihnen, beziehungsweise den Vormündern, gestattet, einen qualifizirten Vertreter auf ihre Kosten zu bestellen.

Der Vertreter muß von dem Landrathe genehmigt und verpflichtet werden und diejenigen Eigenschaften besitzen, welche der §. 11. von den Vertretern eines außerhalb des Gemeinde-Bezirks wohnenden Stimmberechtigten verlangt.

§. 70.

Lehnt der Besitzer eines selbstständigen Guts-Bezirks ohne einen der im §. 69. bezeichneten Gründe die Uebernahme der Geschäfte des Vorstehers ab oder ist er wegen des mangelnden Vollbesitzes der bürgerlichen und staatsbürgerlichen Rechte oder aus andern Gründen zur Verwaltung dieser Geschäfte nicht geeignet, so hat die Regierung einstweilen einen Stellvertreter auf seine Kosten zu ernennen.

§. 71.

Der Vorsteher eines Guts-Bezirks, beziehungsweise dessen Stellvertreter, hat im Allgemeinen dieselben Verpflichtungen und Befugnisse in Bezug auf diesen Bezirk und dessen Einwohner, wie der Vorsteher einer Gemeinde.

§. 72.

V. Aufsicht über die Gemeinde-Verwaltung und die Verwaltung der Kommunal-Angelegenheiten in den selbstständigen Guts-Bezirken.

Die unmittelbare Aufsicht über die Gemeinde-Verwaltung und über die Verwaltung gemeinsamer Kommunal-Angelegenheiten in den selbstständigen Guts-Bezirken hat die Polizei-Obrigkeit unter Leitung und Kontrole des Landraths zu führen.

Die Oberaufsicht des Staats über die Gemeinden und die selbstständigen Guts-Bezirke wird durch die Regierung, vorbehaltlich des Rekurses an den Ober-Präsidenten, ausgeübt.

Gegen die Verfügungen des Ober-Präsidenten ist die Beschwerde an den Minister des Innern zulässig.

§. 73.

VI. Allgemeine Bestimmungen.

Landgemeinden, in denen sich ein überwiegend städtisches Leben ausgebildet hat, kann auf Antrag der Gemeinde und nach Anhörung des Kreistages die Städte-Ordnung für die sechs östlichen Provinzen der Monarchie von Uns verliehen werden, nachdem die Gemeinde auf dem durch die Provinzial-Verfassung bezeichneten Wege in den Stand der Städte aufgenommen worden ist.

§. 74.

Ueber die Straßengerechtigkeit oder das Auenrecht bleiben besondere gesetzliche Bestimmungen vorbehalten. Bis zum Erscheinen derselben tritt die Vorschrift unter Nr. 14. §. 3. des Gesetzes vom 2. März 1850 (Gesetz-Sammlung Nr. 3233. S. 77) nicht in Kraft.

§. 75.

Alle bisherigen allgemeinen und besonderen Bestimmungen über Gegenstände, worüber das gegenwärtige Gesetz verfügt, werden hierdurch außer Kraft gesetzt.

§. 76.

Der Minister des Innern hat die zur Ausführung dieses Gesetzes erforderlichen Anordnungen und Instruktionen zu erlassen.

Urkundlich rc.

Inhalts-Uebersicht.

Motive.

A. Historische Bemerkungen über das Bedürfniß, über die früheren und neuerlichen Vorgänge und die Vorbereitungen zu einer ländlichen Gemeinde-Ordnung.

I. Vorbereitende Maßregeln seit 1807 bis 1820.

Der staatsmännischen Voraussicht der Männer, welche durch des Hochseligen Königs Majestät zur Mitwirkung an der mit dem Edikt vom 9. Oktober 1807 beginnenden Reorganisation des Preußischen Staates berufen waren, entging es nicht, daß zu dieser Reorganisation eine derselben entsprechende Gemeinde-Ordnung gehöre.

Es erschien unterm 19. November 1808 die erste allgemeine Preuß. Städteordnung, der die Umgestaltung des Zunft- und Gewerbewesens zwei Jahre später folgte. Für eine gleich allgemeine ländliche Gemeinde-Ordnung sollten zuvor indeß die Grundlagen erst weiter vorbereitet werden. Auf das Edikt vom 9. Oktober 1807, welches die Erb- und Gutsunterthänigkeit, wie die Schollenpflichtigkeit des Bauernstandes, die Abgeschlossenheit der Stände und der Grundbesitzungen aufhob und die Freiheit des Güterverkehrs zwischen Ritter-, Bürger- und Bauer-Gütern herstellte, folgte unterm 14. September 1811 das Edikt wegen Aufhebung der gutsherrlichen und bäuerlichen Verhältnisse und Verleihung des Eigenthums, späterhin unterm 7. Juni 1821 die Gesetzgebung über Ablösung der Leistungen von allen Grundbesitzungen, wie über die Aufhebung von Servituten und Feldgemeinheiten. Indeß schritt die Ausführung dieser Gesetze nur allmälig vor und die Wirkungen derselben, wie der gleichzeitigen Gesetze über das Gewerbe- und Finanzwesen verbreiteten sich erst langsam über das Land.

Es stellte aber bereits das Edikt vom 30. Juli 1812 (G.-S. S. 141) in Verbindung mit der Organisation der Kreis-, Kommunal- und Verwaltungs-Verhältnisse in Aussicht: „daß eine neue Kommunal-Ordnung das gesammte Kommunal-Verhältniß auch der untergeordneten Gemeinden auf allgemeine Gesichtspunkte zurückführen und Zwecke und Mittel derselben in Uebereinstimmung mit dem Staatszweck bestimmen werde.“

3*

Sodann erinnerte die Allerh. Kabinets-Ordre vom 17. Januar 1820, betreffend den Staatshaushalt und das Staatsschuldenwesen (G.-S. S. 21), wiederholt an eine Schul- wie an: „die Kommunal-Ordnung, welche sich in der Berathung, beziehungsweise des Staatsministeriums und des Staatsraths, befände,“ wobei jene Kabinets-Ordre die Erwartung aussprach, „daß das Gutachten darüber nunmehr bald und noch während der damaligen Sitzung des Staatsraths erstattet werden würde.“ Bis zum Jahre 1850 war indeß eine ländliche Kommunal-Ordnung nicht erschienen; vielmehr hat sich die Gesetzgebung darauf beschränkt, einzelne dahin gehörige oder damit verwandte Gegenstände zu ordnen.

II. Gesetzliche Anordnungen über einzelne Theile des ländlichen Gemeindewesens und damit verwandte Gegenstände.

So deklarirte das in Veranlassung von Beschwerden der schlesischen Gutsbesitzer über mehrfache Anfragen in Betreff des Edikts vom 9. Oktober 1807 ergangene Reskript der Ministerien des Innern und der Justiz an die schlesischen Landes-Kollegien vom 15. März 1809: „daß das Loslassungsgeld, ingleichen die frühere gutsherrliche Befugniß einer besonderen Erlaubniß, wenn Kinder der vormaligen Unterthanen ein Handwerk erlernen, oder wenn die Unterthanen den Ort verlassen und an einen andern verziehen, oder — abgesehen von rein polizeilichen Gründen — wenn die früheren bäuerlichen Hintersassen in ihre Wohngebäude Einlieger und selbst von auswärts einziehende Personen und Familien aufnehmen oder wenn sie ihre Grundstücke veräußern oder zertheilen wollten, als Ausflüsse des mit der Erbunterthänigkeit fortgefallenen Herrenrechtes, mit diesem beseitigt seien, sodann daß an die Stelle der seither von der Herrschaft allein ausgegangenen Armenverpflegung angemessene Kommunalanstalten treten müßten, wozu der Gutsherr ebenfalls verhältnißmäßig beizusteuern habe.“

So bestimmte ferner das Regulirungs-Edikt vom 14. September 1811 (§. 16): „daß bei der Regulirung auch gegen Landabfindung, die bisherigen oder künftigen Kommunallasten den bäuerlichen Wirthen verbleiben sollten,“ dazu indeß die Deklaration vom 29. Mai 1816 (Art. 36) „daß diese Bestimmung keine Aufbürdung derjenigen Kommunallasten bezwecke, zu denen die Gutsherrn bisher schon beizutragen verpflichtet gewesen.“

Es wurde den zur Regulirung, Ablösung und Gemeinheitstheilung berufenen Auseinandersetzungsbehörden, in Verbindung mit diesen Geschäften, die Ermittelung und vertragsmäßige Feststellung der Societäts- und Kommunallasten-Verhältnisse zur Pflicht gemacht (§§. 7. 43 und 95 Verordnung vom 20. Juni 1817; desgl. Verordn. vom 30. Juni 1834 §. 7 ꝛc.), in Folge dessen aber, vermöge einer solchen privatrechtlichen Form und rezeßmäßigen Fixation, die Natur der Kommunallasten als öffentlicher Leistungen und das principielle Beitragsverhältniß zu denselben nach dem Maaße der Prästationsfähigkeit, nur mehr beeinträchtigt. Auch die, (in Erneuerung älterer, bis auf das 16. Jahrhundert zurückgehender und seitdem vielfach wiederholter Landesrezesse), in Folge des Edikts vom 9. Oktober 1807 erlassenen Verordnungen wegen Zusammenziehung bäuerlicher Grundstücke und Verwandlung derselben in Vorwerksland für Ost- und Westpreußen und Litthauen vom 14. Februar 1808, für Schlesien vom 27. März 1809 und für die Kur- und Neumark und Pommern vom 9. Januar 1810, legten den Regierungen nur die Pflicht auf, „dafür zu sorgen, daß keine Verdunkelung rücksichtlich der auf den Grundstücken ruhenden Kommunallasten bei dergleichen Consolidationen eintrete.“

So hatte selbst das Gesetz vom 3. Januar 1845 über die Zertheilung von Grundstücken und die Gründung neuer Ansiedelungen großentheils nur die Aufgabe: die Kommunalleistungs-Verhältnisse bei den Dismembrationen zu ordnen, ohne daß es die in Betreff dieser Verhältnisse selbst mangelnden Principien ergänzte und ergänzen konnte (vergl. Reskript des Ministers des Innern vom 5. Juli 1845.).

In wie nahem Zusammenhange eine bis jetzt nur für die Provinz Preußen am 11. September 1845 erlassene Ordnung über das Elementar-Schulwesen mit der Ordnung des ländlichen Gemeinde- und Polizeiwesens stand, ergiebt ein Blick auf jenes Gesetz, und ebenso fand die Befriedigung eines anderen gleich dringenden Bedürfnisses, — der Erlaß einer allgemeinen Wegeordnung, — worüber bereits früher die verschiedenen Provinzial-Landtage vernommen waren, — eine Hauptschwierigkeit im fortdauernden Mangel der ländlichen Gemeinde-Ordnung.

Wenn der §. 37. Tit. 7. Th. II. A. L.-R. die Unterhaltung der Dorfspritzen und anderer gemeinschaftlicher Feuerlösch-Instrumente, wie das Feuerlöschen im Dorfe und den dazu gehörigen Waldungen, zu den nachbarlichen (Kommunal-) Pflichten zählte, so wurde seitdem über das Beitragsverhältniß dazu zwischen Gutsherrn und Ortsgemeinden doch nur bei anderen Gelegenheiten, unter anderen in den Reglements für die Land-Feuer-Societäten verfügt (vergl. z. B. das revidirte Reglement für die Land-Feuer-Societät der Neumark vom 17. Juli 1846. §. 137, G.-S. S. 382.).

Endlich ist das wichtige Kommunal-Verhältniß in Betreff der Armenpflege zwischen der Gutsherrschaft resp. der vormaligen Polizei-Obrigkeit einerseits, und der Ortsgemeinde andererseits, — abgesehen von der Provinz Schlesien, wo Wegebaupflicht und Ortsarmenverband die Dominien und Rustikalbesitzer gemeinsam umfassen, — lange Zeit hindurch blos im Verwaltungswege normirt worden, und erst viel später durch das Gesetz über die Verpflichtung zur Armenpflege vom 31. Dezember 1842 (G.-S. de 1843. S. 8.) festgestellt, deren §. 6 und insbesondere §. 8 offenbar in eine ländliche Kommunal-Ordnung gehört hätten und nur den Mangel einer solchen ersetzen sollen.

III. Ueber die Grundlagen des älteren Gemeindewesens und dessen spätere Gestaltung vor dem Edikt vom 9. Oktober 1807 und der darauf folgenden preußischen Agrargesetzgebung.

Die alte Verfassung des deutschen, auch des ländlichen Gemeindewesens beruhte hauptsächlich auf zwei Grundlagen, einestheils auf der Gemeinheit und gemeinschaftlichen Benutzung land- und forstwirthschaftlicher Grundstücke, anderntheils, besonders bei Gemeinden, welche aus freien Leuten und Eigenthümern bestanden, auf der eigenen Handhabung oder Mitwirkung bei der Gerichtsbarkeit und Polizei innerhalb des Gemeindebezirks und über Gemeindegenossen, wie in der Selbstverwaltung der kommunalen Angelegenheiten. Diese Grundlagen der ländlichen Gemeinde-Verfassung lassen sich geschichtlich in mehreren Beziehungen bei nicht wenigen Landgemeinden der östlichen Provinzen des preußischen Staates nachweisen. Sie verschwanden meist lange vor dem Edikt vom 9. Oktober 1807 und der Städte-Ordnung vom 19. November 1808, in der nothwendigen Entwickelung der Staatsmacht, vor der Centralisation und bureaukratischen Verwaltungsform, außerdem, bei den ländlichen Gemeinden, vor der Ausdehnung und Concentration der gleichzeitig gerichts- und polizeiobrigkeitlichen Rechte der Gutsherrn; diese Rechte standen mit der Vergrößerung der öffentlichen, wie der gutsherrlichen Lasten und der Beschränkung der persönlichen und Besitz-Rechte beim Bauernstande in Wechselwirkung.

Doch wurden den kolonisirten Ortschaften der urbar gemachten Stromniederungen noch im vorigen Jahrhundert Dorfsverfassungen mit erweiterten Rechten verliehen; außerdem aber viele, theils allgemeine, provinzielle oder territoriale, theils lokale Dorfs- oder auch sogenannte Bauer- und Gesinde-Ordnungen erlassen, welche in detaillirtester Ausführlichkeit alle Lebensverhältnisse des Landmanns umfaßten.

So enthielten z. B. die Flecken-, Dorf- und Acker-Ordnung sammt Anhang vom 16. Dezember 1702 für die Domainen-Ortschaften, das Patent für die Amtsbauern in der Neumark vom 5. März 1737, die Flecken- und Dorf-Ordnung für Lithauen von 1754 Vorschriften theils über Kirchenbesuch und Schulwesen, über Sitten- und Feld-Polizei, über Erbrecht, über Gesindewesen und Frohnden, theils über Landeskultur, die Bestellung von Aeckern, Reinigung von Wiesen, Futterkräuterbau, Bienenzucht u. s. w., theils über die Ernennung von Schulzen, die eigene Wahl von Gemeinheitsvorstehern und Feldämtern, wie über die Gemeinde-Versammlungen. Dazu hatte, ohne diese Dorf-Ordnungen ausdrücklich aufzuheben, das allgemeine Land-Recht im 2. Abschnitt des 7. Titels Theil II. einige allgemeine, in einer Mehrzahl von Landestheilen als gültig betrachtete Bestimmungen der damaligen Landesverfassung zusammengestellt und seinem Charakter gemäß als subsidiarische Normen aufgenommen.

Bei dieser Gestalt der Gesetzgebung und Landesverfassung vor 1807, in Folge der straffen Anziehung der Polizeigewalt, wie der persönlichen

Abhängigkeit — glebae adscriptio — der Dorfbewohner, namentlich nach und seit dem dreißigjährigen Kriege im Interesse der Wiederbevölkerung des zerstörten Landes und der Wiederbesetzung der zahllos verlassenen und wüste gewordenen Höfe, fehlten bei der weit überwiegenden Mehrzahl der ländlichen Gemeinden einleuchtend die Elemente und der Raum zur eigenen Fortentwickelung des Gemeindelebens und zur Bildung erheblicher Observanzen. Im Allgemeinen bewahrten die ländlichen Gemeinden nur noch ihre Bedeutung als gutsherrliche Polizei- oder als politische Administrations- und Steuerbezirke. Deshalb konnte denn, wie bei den Städten, so noch viel mehr bei den ländlichen Ortschaften, die durch die thatsächliche Umgestaltung aller inneren Elemente und Grundlagen des ländlichen Gemeinde- und Polizeiwesens durch die Gesetzgebung von 1807 und folg. hervorgerufene Umbildung dieser ländlichen Gemeinde- und Polizei-Verfassung nur in dem ordnenden Wege der Gesetzgebung bewirkt werden.

IV. Umgestaltung der früheren Grundlagen des ländlichen Gemeindewesens durch die Agrar- und Kultur-Gesetzgebung.

Die Wirkungen der preußischen Agrar- und Kultur-Gesetzgebung beseitigten großentheils von selbst den Inhalt und Gegenstand der älteren codificirten Dorfordnungen, wie der allgemeinen subsidiairen Vorschriften des Land-Rechts, wenn schon die Agrargesetzgebung hierüber nicht direkt bestimmt hatte. Dasselbe geschah ebensowohl in dem Verhältniß der Gemeindeglieder unter sich, als in dem zwischen ihnen und ihrer früheren Gutsherrschaft, resp. gleichzeitigen Gerichts- und Polizei-Obrigkeit, in deren gegenseitigen Beziehungen sich von alter Zeit her Privat- und öffentliche Rechte und Leistungen vermischten.

Abgesehen von den dem Gutsherrn, oder (wie es in den alten Rezessen und Urkunden gewöhnlich heißt) der Gerichtsobrigkeit, zustehenden Diensten gleichzeitig öffentlicher und landwirthschaftlicher Art, von den bald als Entgeld und Preis für Verleihung von Grundstücken, bald als Ausfluß des Subjectionsverhältnisses unter die Ortsobrigkeit betrachteten Zehnten, Natural- und Geldabgaben, den Laudemien, Schutzgeldern, Gerichtsgebühren u. s. w., fanden theils zwischen beiden, theils zwischen den Gemeindemitgliedern unter sich, namentlich in Betreff des für diese Verhältnisse überwiegend wichtigsten Gegenstandes, — der Landwirthschaft, die vielseitigsten Verknüpfungen durch ein- oder gegenseitige Servitutberechtigungen auf Hütung, Holzung, Torfstich, Lehm- und Sandgruben u. s. w., wie selbst durch die vermengte Lage der Felder, statt.

In den östlichen Provinzen, besonders rechts der Elbe, besitzen die ländlichen Gemeinden selten ein irgend erhebliches Korporationsvermögen, was sich aus der Art und Weise der Entstehung ihrer großen Mehrzahl erklärt.

Die vorhandenen, gemeinsam benutzten Hütungs- und Forstgrundstücke haben in der Regel nicht die rechtliche Eigenschaft von Korporations-, vielmehr die von theilbarem Interessenten=Vermögen (vergl. Deklaration vom 26. Juli 1847, §§. 1 und 2. G.=S. S. 327.). Gleichwohl bildete früher die Benutzung und Verwaltung dieses letzteren, wie die durch vermengte Lage der Feldstücke und durch gegenseitige Grundgerechtigkeiten wechselseitig bedingte Landwirthschaft, beim Fehlen korporativer Interessen, den Hauptgegenstand der Berathungen in der Gemeinde=Versammlung; bei der Geschlossenheit der Höfe, wie der Dörfer, fiel die ursprüngliche Gemeinde mit der berechtigten Interessentenschaft früher in der Regel zusammen.

Dies Band der Gemeinden ist in Folge der Separationen und der damit (vorzugsweise häufig in Preußen) verbundenen Ab= und Ausbauten der bäuerlichen Höfe meist ganz verschwunden und damit zugleich die Mehrzahl der im §. 37. Tit. 7. Th. II. A. L.=R. genannten nachbarlichen (Kommunal=) Pflichten, z. B. die Einhegung von Koppel= und Viehtriften, die Unterhaltung gemeinschaftlicher Hirten, Hirtenhäuser und Schmieden; sodann zufolge Ablösungs=Ordnung vom 2. März 1850 auch das Verhältniß zu den Dorfschmieden, wie wegen Unterhaltung gemeinschaftlicher Zuchtthiere (vergl. die Entscheidung des Revisions=Collegii in dessen Zeitschrift Band 6. S. 430 folg.). Häufig ging die Pflicht zur Räumung von Gräben, wie die Instandhaltung von Feld= und Plan=Wegen auf die einzelnen Planbesitzer über und es wurde selbst die Unterhaltungspflicht der öffentlichen Kommunikationswege nicht blos zwischen Dominium und Gemeinde, sondern mitunter sogar auch unter dieser nach Maßgabe der verschiedenen, über die Ortsfeldmark führenden Wege oder Wegestrecken, mit Rücksicht auf Ausbauten u. s. w. getheilt.

Was von der Auflösung dieser Art von realen Grundlagen des Gemeindeverbandes unter den Mitgliedern der Gemeinde gilt, fand im erhöhten Maaße bei dem Verhältniß der letzteren zur Gutsherrschaft statt.

Bestimmte sich nach §. 28 und folg. Tit. 7. Th. II. A. L.=R. die Theilnahme an den gemeinschaftlichen Nutzungen durch das Beitragsverhältniß zu den allgemeinen Lasten, so verlor letzteres durch die Aufhebung der ersteren sein Correlat; auch fand bei der Theilung der ersteren nach der Gemeinheitstheilungs=Ordnung vom 7. Juni 1821 und der Deklaration vom 26. Juli 1847 ein ganz anderer Maßstab Anwendung.

Ein Klassenverhältniß bei den Acker besitzenden Gemeindegliedern, als Vier=, Drei=, Zweispänner u. s. w., welches früher zugleich den Contributionsfuß für die Gespannpflicht in der Kommune abgab (§. 41. Tit. 7. Th. II.) konnte nur so lange maßgebend bleiben, als die Geschlossenheit der bäuerlichen Besitzungen fortdauerte und keine Veränderungen, Consolidationen oder Dismembrationen, dieser Besitzungen ohne den landes= und gutsherrlichen Consens vorgenommen werden durften (§. 247. Tit. 7. Th. II.), so lange bei keinem Wirth Ablösungen der gutsherrlichen Lasten und Regulirungen gegen Landabfindung Platz griffen, so lange noch das Leistungsverhältniß der Gespannfrohnen mit dem Hufenbesitz in Einklang stand und schon um jener willen die Gespannhaltung nicht vermindert werden durfte.

Dazu kommt, daß bei der gegenwärtigen Entwickelung der bürgerlich=socialen Verhältnisse an die Stelle jener durch die Gesetzgebung aufgehobenen

Interessen der Landgemeinden von landwirthschaftlicher resp. privatrechtlicher Art, von einem engen, zumeist auf die Dorffeldmark beschränkten Gesichtskreis, ganz andere Anforderungen und Interessen von allgemeinerem Inhalt und öffentlichem Charakter getreten sind. Die sonst vom Gutsherrn vertretenen Hintersassen sind im Verein mit den übrigen Bewohnern des Gemeindebezirks als Gesammtheit und Glied des Staatsganzen in dessen Organismus eingetreten. Gegenwärtig gehören zu diesen korporativen Interessen und Pflichten von wesentlich öffentlicher Natur insbesondere: Bau und Unterhaltung von Straßen und öffentlichen Kommunikationswegen, das Elementar-Schulwesen, die Feuerlöschanstalten und die Versorgung der Ortsarmen, nebst Erhaltung der Dorfsordnung im Allgemeinen, soweit davon die Sicherheit der Nachbarn abhängt.

Noch durchgreifender haben sich die Rechts- und Verpflichtungs-Verhältnisse der Gutsherrschaft und Ortsobrigkeit zu ihren Hintersassen und den Bewohnern des Gemeindebezirks umgewandelt. Sonst war die Guts- und Gerichtsherrschaft verpflichtet, sich ihrer Unterthanen in Nothfällen werkthätig anzunehmen, denselben zur Erwerbung ihres Unterhalts Gelegenheit zu verschaffen, für gute und christliche Erziehung der Kinder der Unterthanen ingl. für elternlose Waisen ihrerseits zu sorgen, die Höfe im leistungsfähigen Zustande zu erhalten, deren Steuern zu vertreten, die Kosten nicht blos für die Untersuchung von Verbrechen, sondern selbst für die Verpflegung der aus dem Orte verzogenen Armen allein zu tragen (§. 122 folg. Tit. 7. Th. II. 106. 107. Tit. 17. Th. II. A. L.-R.), sogar sich aller Armen und Unvermögenden, selbst wenn sie nicht zu ihren Unterthanen gehörten, im ganzen Umfange ihres Polizeibezirks anzunehmen (§. 15. Tit. 19. Th. II.), wogegen es aber ihrer Bewilligung bedurfte, wenn ein Unterthan die Scholle verlassen oder wenn ein Fremder in ihren Polizeibezirk einziehen wollte.

Bei Ausübung dieser socialen Pflichten und Rechte standen den Gutsherrn der Schulze oder Dorfrichter, als gleichzeitiger Vorsteher der Gemeinde, wie die Gerichtsmänner oder Schöffen, meist nur als gutsherrliche Unterbeamte und Diener zur Seite, durch welche sie sogar ihre Zinsen unmittelbar beitreiben lassen durften (§. 484. Tit. 7. Th. II.).

Die Gesetzgebung der Jahre 1807 und folg. hatte allerdings niemals das gleichwohl durch sie in seinen Elementen umgestaltete ländliche Gemeine- und Polizeiwesen unmittelbar zu ihrer Aufgabe gemacht und wieder zu ordnen versucht, vielmehr, wie oben entwickelt worden, nur einzelne Stücke davon oder einige verwandte Beziehungen betroffen, in dieser Weise aber nur sehr unvollkommen zu regeln vermocht, woraus sich denn auch die stets wachsende Arbeitsmasse der mit der Sache beschäftigten unteren und oberen Administrativbehörden genügend erklärt.

Erst die Verfassungs-Urkunde vom 31. Januar 1850 und deren Artikel 105 schien die Erfüllung dieser Aufgabe zu einer unausweichlichen zu machen; auch hat der noch in Kraft bestehende Art. 42. derselben die polizeiobrigkeitliche Gewalt der Gutsherrn nebst der Patrimonialherrlichkeit aufgehoben und ist diese letztere durch das Justiz-Organisations-Gesetz vom

2. Januar 1849 in Ausführung der oktroyirten Verfassung vom 5. Dezember 1848 in der That beseitigt.

V. Rückblick auf die Gemeinde-Gesetzgebung vom März 1850 bis zum April 1854.

Bei dem Verlauf, welchen die Gesetzgebung über das ländliche Gemeindewesen seit Publikation der Verfassungs-Urkunde vom 31. Januar 1850 genommen hat, ist indeß die in dieser letzteren gegebene Verheißung bis jetzt nicht in Erfüllung gegangen. Zwar erschien bald darauf die gleichzeitig mit der Verfassung berathene Gemeinde-Ordnung vom 11. März 1850. Man ging von dem Grundsatz aus, daß eine entsprechende Gemeinde-Ordnung ein wesentlicher Bestandtheil des verfassungsmäßigen Rechtsstaates, derjenigen Staatsform sei, in welche Preußen mit Publikation der vereinbarten Verfassungs-Urkunde eintrat.

Seitdem aber ist der Art. 105. dieser letzteren durch das Gesetz vom 24. Mai 1853 aufgehoben und dagegen verfügt: „daß die Vertretung und Verwaltung der Gemeinden, Kreise und Provinzen des Staates durch besondere Gesetze bestimmt werden wird.“

Ueberdies hob das Gesetz von demselben Tage (G.-S. S. 238) die Gemeinde-Ordnung nebst der Kreis-, Bezirks- und Provinzial-Ordnung vom 11. März 1850 auf, setzte in den sechs östlichen Provinzen die früheren Gesetze und Verordnungen über die Landgemeinde-Verfassung, soweit sie mit den Bestimmungen der Verfassungs-Urkunde nicht im Widerspruch stehen, wieder in Kraft und behielt die Fortbildung dieser Verfassungen besonderen provinziellen Gesetzen vor; nur in der Rheinprovinz und in der Provinz Westphalen blieb bis zur Publikation solcher provinziellen Gesetze die Gemeinde-Ordnung vom 11. März 1850, wo solche bereits eingeführt ist, in Kraft.

In der vierjährigen Periode vom Beginn des Jahres 1850 bis gegen den Schluß der Kammersitzung von 1854 hat sich die Gemeinde-Gesetzgebung in einem entschiedenen Gegensatze fortbewegt. Während die eine Gemeinde-Ordnung vom 11. März 1850 Stadt und Land und alle acht Provinzen gleichzeitig umfaßte, waren die neuesten Regierungs-Entwürfe darauf gerichtet, einerseits zwischen den verschiedenen Provinzen und andererseits zwischen Stadt und Land zu unterscheiden und nur der Rheinprovinz, wie bisher, eine für die städtischen und ländlichen Gemeinden gemeinsame Ordnung zu verleihen, in den übrigen Provinzen aber, neben einem Gesetz für die neuvorpommerschen Städte, eine Städte-Ordnung für Westphalen und eine Städte-Ordnung für die Städte der sechs östlichen Provinzen zu erlassen, hingegen die Verhältnisse der ländlichen Gemeinden durch sieben verschiedene provinzielle Gesetze zu ordnen.

Diesen Entwürfen gegenüber ging die Tendenz einer Anzahl von Mitgliedern der zweiten Kammer dahin, eine Vermittelung und Versöhnung der mehr und mehr hervortretenden Gegensätze herbeizuführen und dabei auf der einen Seite mit den Grundprinzipien der Verfassung vom 31. Januar 1850 im Einklang zu bleiben, auf der anderen Seite aber den wirklichen Zuständen und Bedürfnissen des Landes nach Maßgabe der historischen Entwickelung der Verhältnisse in den letzten 40 bis 50 Jahren vollständige Rechnung zu tragen.

Denn es soll nicht verkannt werden, daß die Gemeinde-Ordnung vom 11. März 1850 bereits bei ihrer Vorberathung in den Kammern von sehr verschiedenen Seiten Widerspruch erfuhr und daß ihr, wie in einigen anderen Beziehungen, so namentlich in dem Zusammenwerfen von Stadt und Land nicht ganz mit Unrecht der Vorwurf gemacht wurde, daß sie, den bestehenden Verhältnissen gegenüber, auch doctrinellen Ansichten Raum gelassen habe.

Die durchschlagendsten Gründe für diese Gemeinde-Ordnung sind in den Reden des damaligen Ministers des Innern (jetzigen Minister-Präsidenten) zusammengefaßt (s. stenographische Berichte der ersten Kammer vom 3. bis 5. Dezember 1849. S. 1716 folg. S. 1736 und 1780.):

„Der Erlaß derselben sei durch die Verfassungs-Urkunde bedingt, auch bereits in früheren Gesetzen vielfach verheißen. Bei politischen Rechten könne eine blos historische Ungleichheit nicht maaßgebend sein, zumal mit Rücksicht darauf, daß das Gemeinde- und das allgemeine politische Wählerrecht zusammenhänge und eine gleichmäßige Regelung bedinge.

Ein innerer Grund für die Verschiedenheit namentlich der Städte-Verfassungen bestehe nicht, auch sei eine innere Verschiedenheit der ländlichen Kommunen in dem Maaße nicht vorhanden, daß für die verschiedenen Provinzen abweichende Bestimmungen zu geben wären.

Beim Entwurfe der neuen Gemeinde-Ordnung sei sowohl die ältere Städte-Ordnung, als die Westphälische und Rheinische Gemeinde-Ordnung (von 1841 und 1845), in mehreren Bestimmungen sogar unverändert zum Grunde gelegt. Die Prüfung des Entwurfs in den Kommissionen und den Kammern, bei welcher die Staats-Regierung redlich mitwirken wolle, werde ergeben, ob der Entwurf diejenige Dehnbarkeit habe, daß er Stadt und Land zugleich umfassen könne.

Bei Erlaß besonderer Gesetze für die östlichen Provinzen werde dem Staat eine wichtige, wesentliche Säule und Kräftigung genommen. Wo das Neuere Besseres gewähre, müsse das Alte weichen; im Jahre 1808 habe man den Muth gehabt, das Alte vollständig zu ignoriren und etwas ganz Neues zu gründen; die Anerkennung, welche diese Städte-Ordnung von 1808 gefunden, solle in der Zuversicht stärken, auch jetzt zu thun, was die Zeit fordert.

Die Agrar-Gesetzgebung, die Gewerbefreiheit, neuerdings die Aufhebung der gutsherrlichen Patrimonial- und Polizei-Gerichtsbarkeit habe schon lange das Bedürfniß zur Neugestaltung des Kommunalwesens hervorgerufen. Schon zu lange habe die Staats-Regierung dem zersetzenden Prozesse der alten Zustände durch jene Gesetzgebung, ohne andererseits organisirend einzuschreiten, zugesehen; bei noch längerem Zögern mache sie sich einer großen Verantwortlichkeit schuldig, es würden daraus unheilvolle Zustände folgen.“

Bis zum Frühjahr 1851 wurde auch die Einführung der Gemeinde-Ordnung von 1850 von der Staats-Regierung eifrig und Anfangs im Geiste derselben fortgesetzt, wovon das von dem früheren Minister des Innern erlassene Circular-Reskript an die Regierungen und Ober-Präsidien vom 23. März 1850 nebst Instruktion von demselben Tage (Minist.-Blatt der J. V. 1850. S. 59 folg.) Zeugniß giebt. Danach sollte die Vereinigung der Rittergüter mit den Ortsgemeinden die Regel bilden und in Betracht der großen Zahl kleiner, gering bevölkerter kraftloser Gemeinden in den östlichen Provinzen, bei der möglichen Abneigung zur Bildung von Sammtgemeinden, von vorn herein auf die Vereinigung mehrerer kleinerer Gemeinden zu einem Gemeinde-Verbande unter Rücksichtnahme auf Kirchspiels- und Schulverbände, desgleichen auf die Bildung von Polizeibezirken nach §§. 126 und 135 der Gemeinde-Ordnung vom 11. März 1850, hingewirkt werden. Es fanden auch diese Gesichtspunkte in einigen Landestheilen bei den Kreis-Kommissionen lebhafte Anerkennung und Unterstützung.

Noch am 3. März 1851 erklärte der gegenwärtige Minister des Innern in der ersten Kammer „daß das Einführungs-Geschäft der Gemeinde-Ordnung gegenwärtig rasch vorwärts schreite, dieselbe ausgeführt werden solle und so viel Spielraum enthalte, daß sie, richtig angewendet, zum Heile des Landes gereichen könne und werde.“

Doch erschien schon an dem folgenden Tage, am 4. März 1851, in der ersten Kammer der von 66 Mitgliedern unterzeichnete Antrag (No. 118 der Drucksachen): „die Staats-Regierung zu ersuchen, daß dieselbe den Kammern noch im Laufe der Sitzung geeignete Vorlagen wegen derjenigen Abänderungen der Gemeinde-, Kreis-, Bezirks- und Provinzial-Ordnungen vom 11. März 1850 machen möge, welche sich nach den bisher gemachten Erfahrungen, für die dem wesenlichen Zweck dieser Gesetze entsprechende Ausführung namentlich in den sechs östlichen Provinzen des Staates als nothwendig ergeben hätten.“

Die nur auf Aenderung einzelner Bestimmungen der Gemeinde-Ordnung von 1850 gerichteten Bedenken der Antragsteller gegen die ländliche Gemeinde-Ordnung (Tit. 3. Gesetz vom 11. März 1850), betrafen besonders nur die Wahl von Gemeinde-Verordneten (eines Gemeinderathes), die Abstufung des Gemeinde-Wählerrechts nach dem Census, mehrere reglementarische Vorschriften und die Vereinigung der Rittergüter mit den Gemeinden, nebst der Vertretung der Gutsbezirke.

Gleichwohl bildete dieser Antrag den Wendepunkt zu einer der Gemeinde-Ordnung vom 11. März 1850 entgegengesetzten legislativen Richtung im ländlichen Gemeinde- und Polizeiwesen.

Mit diesem Gegenstande hat sich seitdem die Staats-Regierung und in Folge ihrer Vorlagen besonders die erste, demnächst auch die zweite Kammer in den folgenden Legislatur-Perioden beschäftigt.

1. In der Legislatur-Periode von 1851—52 legte die Staats-Regierung in Folge Allerhöchster Ermächtigung vom 24. November 1851 (Drucksachen No. 5, erste Kammer) folgende Gesetz-Entwürfe vor:

I. ein Gesetz betreffend die Beibehaltung der Gemeinde-Ordnung vom 11. März 1850 als Städte-Ordnung für die sechs östlichen Provinzen nebst Zusätzen und Abänderungen;

II. ein Gesetz betreffend den Erlaß besonderer provinzieller Gemeinde-Ordnungen und zwar

A. Hauptgrundsätze für eine besondere Landgemeinde-Ordnung der sechs östlichen Provinzen.

B. Hauptgrundsätze für die Gemeinde-Ordnung der Provinz Westphalen mit besondern Bestimmungen für die Städte und ebenso für die Gemeinden des platten Landes.

C. Hauptgrundsätze für die gleichzeitig Stadt und Land umfassende Gemeinde-Ordnung der Rheinprovinz, im Wesentlichen Behufs Wiederherstellung der früheren rheinischen Gemeinde-Ordnung vom 23. Juli 1845.

Unter Festhaltung dieser Hauptgrundsätze sollten die künftigen Provinzial-Gemeinde-Ordnungen nach Anhörung der Provinzialstände mittelst Königl. Verordnungen erlassen werden.

Die Hauptgrundsätze zu II. A., welche durch die Kommission und hierauf das Plenum der ersten Kammer in einen Entwurf eines Gesetzes betreffend die ländliche Gemeinde- und Polizei-Verfassung in den Provinzen Preußen, Brandenburg, Pommern, Schlesien, Posen und Sachsen umgeändert wurden, bewahrten noch hervorstechend den Charakter einer alle sechs Provinzen gleichzeitig und auf gleiche Weise umfassenden ländlichen Gemeinde- und Polizei-Verfassung.

Während sich die Regierungs-Vorlage auf 29 Paragraphen beschränkte, erweiterte sich dieselbe in der Berathung der ersten Kammer auf 67 Paragraphen, von denen die §§. 1 bis 50 die ländliche Gemeinde-, und die §§. 51 bis 67 die ländliche Polizei-Verfassung zum Gegenstande hatten (Kommissions-Berichte No. 103 und 104. vom 19. und 20. Februar. 1852.). Die Polizei-Verwaltung sollte im Wesentlichen auf das frühere gutsobrigkeitliche Verhältniß nur mit der Abweichung zurückgeführt werden, daß sie im Namen des Königs und auf Grund einer vom Könige zu vollziehenden Verleihungs-Urkunde geschehe.

Der dagegen von einigen dreißig Mitgliedern der ersten Kammer ausgegangene Antrag vom 13. Januar 1852: die Staats-Regierung zu veranlassen, die oben gedachten Vorlagen zurückzuziehen (No. 55 der Drucksachen) erhielt so wenig, wie der unterm 24. Januar 1852 (Drucksachen No. 68.) überreichte Entwurf einer Landgemeinde-Ordnung für die sechs östlichen Provinzen die Genehmigung der Kammer.

Das Plenum der ersten Kammer und hierauf die Kommission der zweiten Kammer, letztere laut Bericht vom 6. Mai 1852 (Drucks. No. 279), traten im Wesentlichen den Beschlüssen der Kommission der ersten Kammer bei. Im Plenum der zweiten Kammer kam jedoch der Gegenstand nicht mehr zur Berathung.

2. Der Sitzungs-Periode der Kammern von 1852—53 war die gutachtliche Vernehmung der restaurirten Provinzial-Landtage im Herbste 1852

über die Regierungs-Entwürfe zu den Landgemeinde-Ordnungen (wie zu der Kreis-, Bezirks- und Provinzial-Ordnung) vorausgegangen. Bei diesen in der Sitzungsperiode 1852—53 von der Regierung vorgelegten Entwürfen war die frühere, noch in der Sitzungsperiode von 1851—52 von der Regierung festgehaltene Richtung, das ländliche Gemeindewesen der sechs östlichen Provinzen wenigstens nach gemeinschaftlichen Hauptgrundsätzen zu ordnen, ganz aufgegeben und nach der entgegengesetzten Richtung hin, bezüglich der provinziellen Sonderung, wiederum noch weiter zurückgegangen. Diese Regierungs-Entwürfe wurden hierauf gleich nach Eröffnung der Sitzung im Dezember 1852 nebst den Gutachten der Provinzial-Landtage zunächst wiederum der ersten Kammer vorgelegt und nach deren Annahme der zweiten Kammer unterm 18. März 1853 übersandt.

Das Ergebniß der Sitzungs-Periode von 1852—53 waren demnächst die Gesetze 1) vom 24. Mai 1853 wegen Aufhebung des Art. 105. der Verfassungs-Urkunde (G.-S. S. 228.), 2) von demselben Tage wegen Aufhebung der Gemeinde-Ordnung sowie der Kreis-, Bezirks- und Provinzial-Ordnung vom 11. März 1850 (G.-S. S. 238.), 3) vom 30. Mai 1853 die Städte-Ordnung für die sechs östlichen Provinzen der Monarchie (G.-S. S. 261.).

Die Landgemeinde-Ordnungen für die sechs östlichen Provinzen kamen nicht zur Berathung.

3. In der Sitzungs-Periode von 1853—54 wurden wiederum dieselben, nicht wesentlich veränderten Entwürfe und zwar diesmal zunächst in der Gemeinde-Ordnungs-Kommission der zweiten Kammer Gegenstand der Berathung, diese Regierungs-Vorlagen hierauf aber, vor Erstattung eines vollständigen Berichts dieser Kommission, in der Sitzung der zweiten Kammer am 24. März 1854 vom Ministerium gänzlich zurückgezogen. Nur die Städte-Ordnung und die Landgemeinde-Ordnung für die Provinz Westphalen ist im Plenum beider Kammern berathen, jedoch nicht zum Abschluß gekommen, weshalb in der Provinz Westphalen, wie in der Rheinprovinz die in weit überwiegender Mehrzahl aller Ortschaften bereits eingeführt gewesene Gemeinde-Ordnung vom 11. März 1850 noch fortbesteht und daneben nur in derjenigen Minderzahl von Ortschaften, in welchen ihre Einführung noch nicht bewirkt war, in der Rheinprovinz die Gemeinde-Ordnung vom 23. Juli 1845, in der Provinz Westphalen die Landgemeinde-Ordnung vom 31. Oktober 1841.

Bei dieser Lage der Gesetzgebung glaubte eine — verschiedenen Fractionen angehörige — Anzahl von Abgeordneten der zweiten Kammer zur Förderung dieser für das Land so wichtigen Angelegenheit wesentlich beizutragen, wenn sie in freien Conferenzen, gegenüber den von der Regierung vorgelegten sechs Entwürfen von ländlichen Gemeinde-Ordnungen für die Provinzen Preußen, Brandenburg, Pommern, Posen, Schlesien und Sachsen, ihre Ansichten und Bedenken in gemeinsamer Berathung erörterte und die daraus hervorgegangenen Vorschläge (s. No. 70. Drucksachen der zweiten Kammer) als den Entwurf einer einzigen ländlichen Gemeinde-Ordnung für alle diese sechs Provinzen der zweiten Kammer zur Annahme empfahl.

Die Ergebnisse der am 21. Dezember 1853 begonnenen und am 11. Januar 1854 geschlossenen Berathung dieser freien Conferenzen sind in einer Reihe von Protokollen ausführlich entwickelt und es liegen diese letzteren, meist in wörtlicher Uebereinstimmung, den gegenwärtigen Motiven dieses von dem vorgedachten Ausschusse von Kammermitgliedern (unter No. 70 der Drucksachen), der zweiten Kammer überreichten Entwurfs zu einer ländlichen Gemeinde-Ordnung für alle sechs östlichen Provinzen zum Grunde.

Die Abweichungen dieses Ausschuß-Entwurfs von den Regierungs-Entwürfen, sind theils genereller Art, theils betreffen sie nur die einzelnen Bestimmungen.

B. Allgemeiner Standpunkt des Ausschuß-Entwurfs und dessen Rechtfertigung gegenüber den Regierungs-Entwürfen, namentlich in Bezug auf die Einheit der Gesetzgebung über das ländliche Gemeindewesen in den sechs östlichen Provinzen und in Bezug auf die vollständige Codification der Gemeinde-Ordnung.

In Beziehung auf den generellen Standpunkt des Ausschuß-Entwurfs im Verhältniß zu den Regierungs-Entwürfen treten folgende Gegensätze in den Vordergrund:

I. Die Regierungs-Entwürfe kündigen sich als eine bloße Ergänzung der bestehenden Gemeinde-Verfassungen, insbesondere der im Allg. Landrecht Th. II. Tit. 7. §§. 18—86. „von Dorfgemeinden" enthaltenen Vorschriften an und bilden mithin nur eine Novelle zum 2. Abschnitt des 7. Titels II. Theils des A. L.-R., während der Entwurf des Ausschusses eine vollständige umfassende Zusammenstellung aller zur Ordnung des ländlichen Gemeindewesens erforderlicher Bestimmungen enthält.

II. Die Regierungs-Entwürfe glauben den provinziellen Eigenthümlichkeiten dadurch Rechnung tragen zu müssen, daß sie sechs verschiedene Entwürfe, je einen besonderen für jede Provinz, aufstellen, während der Vorschlag No. 70 es vollkommen zulässig, dabei aber auch weit zweckmäßiger erachtet, das ländliche Gemeindewesen, wenigstens in diesen sechs Provinzen, durch ein einziges, allen diesen Landestheilen gemeinsames Gesetz zu ordnen. Dabei finden sich in der Mehrzahl der Regierungs-Entwürfe theils Abweichungen bezüglich der Redaktion und äußern Anordnung, theils Lücken und Unvollständigkeiten in Betreff der Materie; wogegen der Entwurf des Ausschusses (No. 70.) dergl. Abweichungen und Lücken theils nicht für gerechtfertigt, theils für bedenklich hält und es nicht anerkennt, daß dabei wirklich vorhandene Eigenthümlichkeiten und Verschiedenheiten in den Zuständen und Bedürfnissen der einzelnen Provinzen zum Grunde liegen.

I. Motive gegen die Form einer Novelle und für die vollständige Codification.

Es ist bei dem Ausschußentwurf (Nr. 70 Druckſ.) nicht minder die Absicht leitend gewesen, sich an die wirklichen bestehenden Zustände des Landes anzuschließen, die vorhandenen eigenthümlichen Verhältnisse zu achten und einer lebensvollen freieren Entwickelung von Gemeinde-Einrichtungen möglichst Raum zu geben. Dagegen würde vielmehr durch ein Zurückgehen auf die landrechtlichen Bestimmungen diese Tendenz nicht begünstigt, überdies das wirklich zur Zeit geltende Recht in Frage gestellt und mancher Zweifel darüber hervorgerufen werden. Es ist dieserhalb, unter Bezugnahme auf die obigen allgemeinen Betrachtungen nur noch zu bemerken:

1. Für die ländliche Gemeinde-Verfassung sind nicht blos die alleg. §§. des 7. Titels Thl. II. A. L. R., sondern, als Ergänzung dieser letzteren, auch die Vorschriften des 6. Titels Thl. II. über Korporationen maßgebend, welche in einer Novelle daher ebenfalls ausdrücklich in Bezug genommen werden müßten.

2. Die §§. 18ff. Tit. 7. Thl. II. A. L.-R. sind nicht das überall wirklich geltende Recht für die ländliche Gemeinde-Verfassung, sondern zum großen Theil nur subsidiaire Normen, neben denen ältere Dorfsordnungen bestanden, die zum Theil aber auch außer Anwendung gekommen sind.

3. Diese §§. 18ff. selbst sind theils antiquirt, theils durch die Agrar- und Kultur-Gesetzgebung beseitigt, theils durch die Verfassung vom 31. Januar 1850 aufgehoben; deshalb könnten sie auch nicht blos beiläufig durch eine Bezugnahme darauf wieder in Kraft gesetzt werden: denn es sind z. B.

a) die §§. 28—32 betreffend die Theilnahme an Gemeindeweiden durch die Declaration vom 26. Juli 1847 (Ges.-S. 328) und die §§. 32 und 41 ff. der Gemeinheitstheilungs-Ordnung vom 7. Juni 1821 abgeändert;

b) die §§. 33—36 betreffend die Genehmigung der Gerichtsobrigkeit zu gewissen Dispositionen der Gemeinden über ihr Vermögen, durch Art. 42 der Verfassungs-Urkunde beseitigt und scheinen sie selbst mit §. 52. des Entwurfs für Schlesien (§. 21. Entwurf für Preußen u.s.w.) nicht vereinbar;

c) die §§. 37ff., betreffend die Lasten des Korporations-Verbandes und deren Uebertragung sind völlig unanwendbar geworden; da z. B. Deserteurwachen seit der Preußischen Militairverfassung von 1808 und 1815, ebenso Fuhren für die Gerichtshalter mit Aufhebung der Patrimonialgerichtsbarkeit weggefallen; die Dorfspritzen in der Regel von den Dominien und den Kirchen mitangeschafft und unterhalten werden; es können ferner Leistungen an Dorfschmiede und Hirten seit den Regulirungen und Separationen nicht mehr als auf dem Gemeinde-Verbande beruhende Leistungen betrachtet werden (vgl. Reskr. des Minist. d. Innern v. 7. Mai 1839; v. Kamptz Annal. Bd. 23, S. 407; Schreiben des Minist. d. Innern für Handel und Gewerbe vom 5. März 1834 in Gräff und von Rönne Ergänzungen des A.-L.-R., Bd. 4, Abthl. 4, S. 31; Entscheidung des Revisions-Collegiums in dessen Zeitschrift Bd. 6, S. 430 ff.); das Klassenbeitragsverhältniß ist mit der Aufhebung der Geschlossenheit und der durch Gespannfrohnden bedingten Zugviehhaltung der bäuerlichen Güter wesentlich alterirt. Die Vorschriften der §§. 43, 44. hingegen sind in dem Entwurf (z. B. §§. 50, 51. für Schlesien) theils aufgenommen, theils abgeändert;

d) die §§. 46 ff., betreffend die Ernennung und die Functionen des Schulzen und der Schöppen, setzen, gleich einer Mehrzahl der übrigen Vorschriften im Abschn. 2. Tit. 7. Thl. II. A.-L.-R., das — vollends durch Art. 42 der Verfassungs-Urkunde — beseitigte Verhältniß der Gutspflichtigkeit und der Unterthänigkeit zur Gutsherrschaft voraus. Die bleibenden Amtsfunctionen des Schulzen und der Gerichtsmänner werden entweder weiter unten in die betreffenden §§. eingereiht, so weit sie sich auf die Kommune beziehen, oder sind passender in einer Instruktion zusammenzustellen, wie dies neuerlich vom Justiz-Ministerium wegen der gerichtlichen Handlungen des Dorfgerichts geschehen ist. Schon jetzt hat übrigens den Dominien, resp. den Rent- und Domainen-Aemtern keinesweges in allen Orten und in allen Landestheilen die Ernennung der Schulzen und Schöppen zugestanden (vergl. weiter unten Motive zu §§. 39 ff.).

Es würde mithin jedenfalls eine Revision der landrechtlichen Bestimmungen nöthig sein, um daraus das noch Gültige und Anwendbare für die zu emanirende Gemeinde-Ordnung auszuscheiden. Eine solche Revision und Ausscheidung würde erkennen lassen, daß das im Jahre 1794 publicirte Landrecht bezüglich seiner Bestimmung über Dorfgemeinden natürlich die damalige Landesverfassung, namentlich auch das ortsobrigkeitliche Verhältniß der Gutsherrn vor Augen gehabt hat; die Revision würde sich demnächst einer Berücksichtigung der gegenwärtigen Landesverfassung nicht entziehen können, dadurch aber von selbst auf das Bedürfniß einer vollständigen Landgemeinde-Ordnung (einer Codification) zurückführen.

II. Motive für die Einheit der Gemeindegesetzgebung und gegen den Erlaß von sechs provinziellen Gemeinde-Ordnungen.

Der Erlaß von sechs verschiedenen provinziellen Gemeinde-Ordnungen dürfte nur dann gerechtfertigt und auf Kosten der Einheit des Staatswesens, wie der zur Kräftigung Preußens bisher verfolgten legislativen Richtung zulässig erscheinen, wenn nachweisbar wäre:

1) daß nur dadurch der Anerkennung und Erhaltung werthe besondere Einrichtungen und Rechtsverhältnisse der einen und anderen Provinz gehörig beachtet werden könnten,

2) daß aber auch wirklich die sechs verschiedenen Provinzen, getrennt nach ihrer gegenwärtigen administrativen Abgrenzung, besondere, in lebendiger Kraft fortbestehende eigenthümliche Verhältnisse in sich bewahrt haben und

3) daß deshalb die Verschiedenheit der Bevölkerungs-, Besitz-, Gewerbe- und Landeskultur-Verhältnisse innerhalb dieser administrativen Abgrenzung der Provinzen für sich eine abweichende Legislation im Bereich des ländlichen Gemeindewesens nothwendig mache.

Motive sind überhaupt, also auch in dieser Beziehung den Regierungs-Entwürfen nicht beigefügt. Doch ergiebt sich zu 1) 2) und 3) der Gegenbeweis überzeugend aus einer Vergleichung der sechs Regierungs-Entwürfe. Materielle Abweichungen beschränken sich danach auf die verschiedene Bezeichnung der Gemeindevorsteher und Beigeordneten als Schulz oder Ortsrichter, Gerichtsmänner oder Schöppen u. s. w. und auf das hauptsächlich nur in Schlesien einheimische Institut der Gerichtsschreiberei, — wogegen andere Abweichungen der sechs Entwürfe, wie dies bei den einzelnen §§. weiter unten gezeigt werden wird, z. B. wegen der Zahl der Gemeindeverordneten, wegen der behufs Einführung derselben als Regel vorauszusetzenden Zahl der Gemeindemitglieder, wegen der Anzahl der zur Fassung eines gültigen Gemeindebeschlusses als anwesend vorauszusetzenden Mitglieder, wegen des Verhältnisses der Zahl der aus Grund- oder Hausbesitzern zu ernennenden Gemeindeverordneten u. s. w. aus einer Verschiedenheit der Zustände einzelner Provinzen gegeneinander nicht abzuleiten, theilweise auch gesetzlich nicht zu vertheidigen sein möchten. Vielfache Lücken oder Redactions-Abweichungen scheinen nur auf mehr zufälligen Ansichten und Beschlüssen des einen oder andern Provinzial-Landtages zu beruhen.

Es ist nun aber in dieser Beziehung darauf hinzuweisen, wie es vor dem Jahre 1848 resp. 1850 ganz naturgemäß eben so häufig vorkam, daß die vernommenen Gutachten der verschiedenen Provinzial-Landtage von einander abwichen, daß in solchen Fällen jedoch die verschiedenen gutachtlichen Bemerkungen der einzelnen Provinzial-Landtage in den höheren legislativen Instanzen, vom Staatsrath und der Staats-Regierung geprüft wurden und daß diese Instanzen schließlich darüber entschieden, welche Fassungen und Vorschläge den bestehenden Gesetzen, der Natur der Verhältnisse, wie dem Zwecke der Legislation am meisten zusagten. Es mag hier bemerkt werden, daß wenn irgend wo abweichende und verschiedene Verhältnisse bei einer Legislation in Betracht zu ziehen waren, und dieserhalb auch abweichende gutachtliche Anträge der verschiedenen Provinzial-Landtage vorlagen, dies z. B. bei den beiden Gesetzen über die Aufnahme neu anziehender Personen, und über die Verpflichtung zur Armenpflege vom 31. Dec. 1842, ferner bei dem Dismembrationsgesetz vom 3. Januar 1845, bei der Feldpolizei-Ordnung vom 1. Nov. 1847 und bei dem Gesetz über das Deichwesen vom 28. Januar 1848 der Fall gewesen ist. Hätte man bei diesen und anderen Gesetzen die von einander abweichenden Gutachten der Provinzial-Landtage in gleicher Weise berücksichtigen wollen, wie es jetzt geschehen soll, so würde man unbedingt in Stelle eines jeden dieser Gesetze sechs, sieben oder acht verschiedene Provinzial-Gesetze zu erlassen genöthigt gewesen sein.

Wie früher die Staats-Regierung und der Staatsrath, so sind gegenwärtig, auf Grund der Verfassungs-Urkunde vom 31. Januar 1850, die in ihr anerkannten Faktoren der Gesetzgebung zur schließlichen Entscheidung über dergleichen Abweichungen, gleichwie zur Ausfüllung offenkundiger Lücken, oder zur besseren, das Verständniß der Gesetze erleichternden Anordnung der Materien so ermächtigt als verpflichtet.

Gegen Abweichungen in der Redaktion bei gleichen materiellen Festsetzungen der Entwürfe spricht überdies die Thatsache, daß in solchen Fällen, bei Vergleichung verschiedener Gesetze über denselben Gegenstand Seitens der Behörden, welche, sei es als Richter oder als Verwaltungs- und Aufsichts-Instanzen darüber zu entscheiden haben, dem Gesetzgeber erfahrungsmäßig oft eine besondere bewußte Absicht untergelegt wird und hieraus Folgerungen abgeleitet werden, welche in dem Gesichtskreise und in der Absicht des Gesetzgebers gar nicht gelegen haben.

Für die Zulässigkeit und Angemessenheit einer einigen Gesetzgebung in Betreff der Landgemeinden aller sechs Provinzen sprechen dagegen folgende Erwägungsgründe:

1) zunächst der Vorgang in der Rheinprovinz zufolge der Gemeinde-Ordnung vom 23. Juli 1845, wie in der Provinz Westphalen zufolge der Landgemeinde-Ordnung vom 31. Oktober 1841. Denn beide Provinzen sind aus einer großen Zahl früher reichsunmittelbarer, fürstlicher, bischöflicher und ritterschaftlicher Territorien zusammengesetzt, welche bis zur französischen Revolution eine bis auf die Grundlagen der Gemeinde-Verfassung hinabreichende verschiedenartige Gesetzgebung gehabt hatten. Waren auch auf der linken Rheinseite der Rheinprovinz die Wirkungen dieser verschiedenen Gesetzgebung während einer etwa 20jährigen Verbindung mit Frankreich mehr oder weniger verwischt, so war dies doch auf der rechten Rheinseite und in der Provinz Westphalen während einer kaum fünfjährigen Zwischenregierung und Fremdherrschaft nicht der Fall. Dennoch ist darüber, daß die rheinische Gemeinde-Ordnung von 1845, oder die Westphälische Landgemeinde-Ordnung von 1841 in dem einen oder andern Landestheile provinzielle oder vielmehr territoriale Eigenthümlichkeiten verletzt habe, niemals geklagt worden;

2) die Thatsache, daß sich fast in jeder der sechs östlichen Provinzen mehr oder weniger eine große Mannigfaltigkeit verschiedener Landestheile vorfindet mit Abweichungen, welche eben sowohl in klimatischen und Boden-, als in Kultur- und landwirthschaftlichen, ingewerblichen und Bevölkerungs-Verhältnissen und selbst in den Sitten und der Lebensweise, wie in der Nationalität, Sprache und Religion ihrer Bewohner begründet sind, oder, wie z. B. in den Provinzen Sachsen und

Posen auf älteren oder vorübergehenden politischen und Territorial-Verhältnissen beruhen.

Nicht sowohl diese sehr mannichfachen Rücksichten, sondern zum Theil andere Gesichtspunkte wirkten ein, als durch die Verordnung wegen verbesserter Einrichtung der Provinzialbehörden vom 30. April 1815 die Provinzen und Regierungs-Departements, damals nur als Administrationsbezirke, neu begrenzt und eingetheilt und dabei auch erst in der Provinz Sachsen besondere landräthliche Kreise gebildet wurden (G.-S. 1815, S. 95—98). Selbst in der Provinz Preußen erfolgte erst noch 1818 eine neue Kreiseintheilung, welche die Regierungs-Bezirke nicht unberührt ließ.

Man möge sich vergegenwärtigen, daß die Provinz Preußen nicht blos aus mehreren verschiedenen Volksstämmen, ferner aus Landestheilen, welche zu verschiedenen Zeiten, theilweise erst 1772 und 1793 erworben, später theils verloren gegangen und wieder erworben sind, sondern auch in Bezug auf Bodenbeschaffenheit, Lage und Kulturart und die dadurch bedingte Bodenvertheilung, ferner selbst in Betreff der früheren Besitzrechte und Dorfsverfassungen aus durchaus heterogenen Landstrichen besteht. Es walten die erheblichsten und eigenthümlichsten Unterschiede ob in Bezug auf die Bevölkerungs-, Anbau-, Kulturverhältnisse u. s. w. z. B. in der schon im 13. Jahrhundert vom deutschen Orden zu deutschem — d. h. Eigenthumsrecht kolonisirten Weichselniederung mit ihren Werdern, wo sich auf einigen 20 Quadrat-Meilen nur ein und noch dazu ganz unbedeutendes Rittergut vorfindet, während in andern Kreisen der Provinz, besonders in Ostpreußen z. B. Friedland, Rastenburg, Preuß. Eylau, unter eine große Anzahl von Rittergütern wenige bäuerliche Gemeinden eingestreut sind, wiederum in Bezug auf die deutschen und die polnischen Höhe-Kreise des Danziger Regierungsbezirks und des übrigen Westpreußens, z. B. der Tuchelschen Heide, wiederum in Bezug auf Lithauen, wo im Bauernstande noch die erst allmälig verschwindende Sprache und Sitte der Vorfahren herrscht, strichweise aber unter Friedrich Wilhelm I. die um ihrer Religion willen vertriebenen Salzburger angesetzt sind und wo die Separationen vorzugsweise Abbau und Vereinzelung der Höfe zur Folge gehabt haben, wiederum in dem angrenzenden Masuren mit polnisch redender aber evangelischer Bevölkerung und wiederum in dem nahen Ermelande mit katholischer aber deutsch redender Bevölkerung.

Während sich in vielen Theilen der Provinz (vorzugsweise selbst in Masuren) ganze Dörfer von altersher freier Köllmer befinden, die sogar neben den Besitzern adlicher Güter auf den Landtagen erschienen, überwiegt in andern die Zahl der Königl. Ortschaften, deren Wirthen zum Theil erst im Jahre 1808 das Eigenthum verliehen wurde, wogegen es außerdem auch ganze Ortschaften giebt, die nur aus kleinen Grund- und Hausbesitzern, aus sogenannten Eigenkäthnern bestehen, wiederum aber andere Dorfschaften, die aus sehr verschiedenen Klassen vormals freier und unfreier ländlicher Besitzer in mannichfacher Abstufung (mit Frohn- und Schaarwerksbauern u. s. w.) gemischt sind.

Während durch die Separationen das Gemeindewesen vieler Höhedörfer fast aufgelöst und hauptsächlich nur noch das Kirchspiel und die gemeinschaftliche Schulze ein Band der communalen Einigung bildet, haben sich in den eingedeichten Niederungen den Sammtgemeinden ähnliche Kommunalverbände erhalten, indem von Altersher bis zur Jetztzeit hin in der gleichen Wassersgefahr die fortdauernde Aufforderung zu gemeinsamen Handeln und Zusammenstehen vorlag.

Der Entwurf für die Provinz Brandenburg (Nr. 32 Drucksachen) von nur 23 Paragraphen, während der Schlesische Entwurf (Nr. 35) 63 Paragraphen und der Sächsische Entwurf (Nr. 36) 50 Paragraphen zählt, scheint unbeachtet zu lassen, daß auch unter den Landgemeinden dieser Provinz die früheren wie die gegenwärtigen Gewerbe- und Bevölkerungs-Verhältnisse sehr verschiedenartig gestaltet sind und daß eine Gemeinde-Ordnung mit wenigen lückenhaften Bestimmungen auch hier einer großen Zahl von Ortschaften nicht genügen würde, z. B. im Oder- und Warthebruch, wo es deren selbst über 1000 bis 1500, beispielsweise Letschin mit mehr als 2600 Einwohnern und fast städtischem Gewerbebetriebe giebt.

Die Neumärkischen Kreise Crossen und Züllichau, vormals Theile von Schlesien, haben noch jetzt in Bezug auf Landesart und Agrar-Verfassung mehr Aehnlichkeit mit Schlesien, wie mit der Neumark. In der Niederlausitz und zumal in deren Wendischen Gegenden kommen viele von der Märkischen Art sehr abweichende Eigenthümlichkeiten vor.

Daß in Nieder- und Ober-Schlesien und in Ober-Schlesien wiederum im Polnischen Theile rechts der Oder und im Deutschen Theile links der Oder, daß in den Gebirgskreisen, theils mit wohlhabender Fabrik-, theils mit armer Weber-Bevölkerung, desgleichen in der erst nach 1815 mit Schlesien zu einem Provinzial-Bezirk vereinigten Oberlausitz sich in Bezug auf die Elemente des Gemeindewesens und die Bevölkerungs-Verhältnisse der ländlichen Orte mannichfach abweichende Eigenthümlichkeiten darbieten, ist bekannt. Einem Dorfe, wie Langenbielau, mit fast 12000 Einwohnern und ähnlichen, stehen auch in Schlesien Ortschaften von kaum 100 Einwohnern mit wenig grundbesitzenden Gemeindegliedern gegenüber.

Im Großherzogthum Posen herrscht hinsichtlich der auf das Gemeindeleben einflußreichen Eigenthümlichkeiten, sei es bezüglich der älteren Dorf-Verfassung, Gewohnheit und Sitte, sei es bezüglich der Kultur- und Besitzzustände, — häufig geringe Verwandtschaft zwischen den deutschen und meist evangelischen Landstrichen an der Grenze der Mark und von Schlesien oder dem Netz-Distrikt oder manchen in die ganze Provinz eingestreuten, durch Einwanderung entstandenen Hauländereien einerseits und den übrigen adlich-polnischen Dörfern andererseits.

Selbst in Pommern unterscheiden sich die vormals polnischen sogenannten Hinterkreise mit ihren Dörfern aus kleinen adlichen Gütern (den Slachtzitzen) in Beziehung auf Besitzrecht, Kultur, Sprache und Sitte sehr wesentlich von andern Landestheilen z. B. den Bauergemeinden im sogenannten Weizacker zwischen Stargard und Pyritz, ferner im Oderbruch und diese und andere Gegenden wiederum von Neuvorpommern, wo seit Aufhebung der Leibeigenschaft, seit dem Jahre 1810, auf den adligen Gutsbezirken die Bauern verschwunden und neben Tagelöhnern nur wenige Eigenkäthner zu finden sind. Die bis 1815 Neumärkschen Kreise Dramburg und Schievelbein nahmen früher an einer von der Pommerschen verschiedenen Landesverfassung Theil und werden bezüglich des provinzialständischen Verbandes noch jetzt zur Mark Brandenburg gezählt.

Weit größere Unterschiede und Gegensätze in Bezug auf das, was man provinzielle Eigenthümlichkeiten nennen kann, walten in der Prov. Sachsen ob.

Die auf die Ausbildung des Gemeinwesens einflußreichen Verhältnisse haben sich anders in den vormals Königl. Sächsischen, als in den altpreußischen Landestheilen, ebenso anders in Thüringen, als im Herzogthum Magdeburg diesseit und jenseit der Elbe, noch anders in dem gebirgigen vormals Kurmainzischen Eichsfelde, als in der goldenen Aue und in den Ebenen der Elbe und rechts derselben gestaltet. So herrschte im Eichsfelde von altersher Theilbarkeit der Grundstücke und der meist wenig fruchtbare Boden nährt nur ärmlich seine große Bevölkerung, die zum Theil wandernd auswärts Verdienst sucht, wogegen sich bei gleicher Bodenvertheilung in der näheren Umgegend von Erfurt eine Klasse kleiner Grundbesitzer, die theils mit einer Mehrzahl größerer Ackerwirthe vermischt, theils ausschließlich oder doch überwiegend die Gemeinde bildet, durch Gartenbau und Spatenkultur zu Wohlstand emporgearbeitet hat. Während im weitaus größten Theile des Regierungsbezirks Merseburg und im ganzen Regierungsbezirk Erfurt sich von alter Zeit her wenig geschlossene Höfe vorfanden, vielmehr die überwiegend größte Masse des Grundbesitzes aus Wandeläckern oder sogenannten walzenden Grundstücken besteht, aus denen gleichwohl größere Bauergüter zusammengesetzt sind, besteht in den östlichen Gegenden der Provinz, besonders diesseit der Elbe, früher zufolge des Gesetzes, jetzt zufolge der Sitte, Geschlossenheit der Höfe und gleicht auch zur Zeit deren Agrarzustand und deren Lebensweise weit mehr denen der Mark als denen der südlichen und westlichen Kreise der Provinz.

Dieser Blick auf die unter einander sehr abweichende Landesart der verschiedenen Gegenden und Landestheile eines und desselben Provinzialbezirks dürfte zureichend beweisen, daß man, wenn wirklich die Eigenthümlichkeiten der verschiedenen Landestheile in Specialgesetzen volle Berücksichtigung finden sollten, dann auch mit *einem* Gesetz für jede Provinz nicht ausreichen, sondern eine weit größere Anzahl solcher Gesetze zu erlassen gezwungen sein würde. Will man dagegen für die sechs östlichen Provinzen nicht mehr als sechs Gesetze zulassen, dann müssen schon diese Gesetze in ihren unbedingt dispositiven Bestimmungen sich so sehr auf allgemeine Grundsätze beschränken, und in ihren übrigen Vorschriften so viel Spielraum für ein Fortbestehen und eine Entwickelung aller eine Schonung oder Beachtung verdienender Eigenthümlichkeiten darbieten, daß *eine Verschmelzung der sechs Entwürfe zu einem für alle sechs Provinzen gemeinsamen Gesetz* keine irgend erhebliche Schwierigkeiten macht und die Interessen der einzelnen Landestheile durchaus nicht in höherem Grade unberücksichtigt zu lassen braucht, als es auch bei Provinzialgesetzen der Fall sein würde.

Der Erlaß provinzieller Gemeinde-Ordnungen ist daher sicherlich weder in einem Bedürfniß, noch in der Natur der Verhältnisse begründet.

Sind die bevölkerten Landgemeinden auch in den Provinzen Schlesien und Sachsen zahlreicher, wie in den vier andern Provinzen, so giebt es deren doch auch in diesen.

Es kommen vor:

Landgemeinden	von 500—1000,	von 1000—2500,	von 2500—5000 Einw.
a) in Schlesien	1176	286	11
b) in Sachsen	414	139	8
c) in Brandenburg	304	44	3
d) in Pommern	186	17	—
e) in Preußen	437	26	1
f) in Posen	240	13	—

In Preußen kommen die großen Landgemeinden vorzugsweise in denjenigen Kreisen vor, in welchen es an Städten fehlt; so zählt selbst der Kreis Carthaus an 12 Landgemeinden zwischen 400—900 Einwohnern; im Kreise Heydekrug hat das Dorf Ruß über 1700 Seelen.

Die Besorgniß einer Verletzung von territorialen oder lokalen Eigenthümlichkeiten erscheint vielmehr, in Betracht der oben bezeichneten Verschiedenartigkeit der Landestheile, aus denen eine jede der sechs östlichen Provinzen besteht, in höherem Grade gerechtfertigt, wenn mit Verkennung dieser wirklich vorhandenen Verschiedenartigkeit aber innerhalb eines jeden einzelnen Provinzialbezirks, die Voraussetzung vorherrscht, daß ein und dieselbe Gemeinde-Ordnung allen Theilen ein- und derselben Provinz vollständige Rechnung tragen solle und werde.

Es kommt beim Erlaß einer und derselben ländlichen Gemeinde-Ordnung für alle sechs Provinzen vielmehr nur darauf an, daß in derselben Detailvorschriften und überhaupt solche Bestimmungen vermieden werden, welche zur Ordnung des ländlichen Gemeinwesens nicht nothwendig sind und welche dessen eigenthümliche Lebensentwickelung auch in denjenigen Richtungen hemmen, in welchen ihr ein mit dem Bestehen des Staats und den Grundsätzen der Landesverfassung wohl vereinbarer Spielraum gewährt werden soll.

Diesem Gesichtspunkt entsprechend hat sich deshalb der Ausschuß-Entwurf (Nr. 70 Drucksachen) auf die generellen, aber doch auch für jedes ländliche Gemeinwesen in allen Landestheilen gleich unentbehrlichen Grundbestimmungen einer ländlichen Gemeinde-Verfassung beschränkt und sich dabei im Wesentlichen der Richtung angeschlossen, welche in der Sitzungsperiode der Kammern von 1851—52 zunächst die Staats-Regierung selbst bei den unterm 24. November 1851 vorgelegten Hauptgrundsätzen für die Landgemeinde-Ordnung der sechs östlichen Provinzen, hierauf aber die Kommission der ersten Kammer und deren Plenum bei der Umformung dieser Hauptgrundsätze in einen Gesetz-Entwurf betreffend die ländliche Gemeinde-Verfassung in diesen Provinzen schon eingeschlagen hatte. Nur ist im Anschluß an die gegenwärtige legislative Anordnung der Regierungs-Entwürfe die ländliche Polizei-Verfassung in einen von der Gemeinde-Ordnung getrennten Gesetzvorschlag verwiesen.

III. Anderweite beim Entwurf Nr. 70 leitend gewesene Gesichtspunkte.

Noch sind folgende generelle Bemerkungen über den Standpunkt vorauszuschicken, der bei dem aus den Berathungen des Ausschusses hervorgegangenen Entwurf festgehalten worden ist.

1. Wenn an verschiedenen Stellen der Regierungs-Entwürfe z. B. §. 2. zur näheren Bezeichnung der „Polizei-Obrigkeit" die Parenthese „Gutsherrschaften, Domainen-Aemter u. s. w." eingeschaltet ist, so widerspricht diese Bezeichnung dem in Kraft stehenden Art. 42 der Verfassungs-Urkunde vom 31. Januar 1850 und greift der besonderen Beschlußfassung über das ländliche Polizeiwesen vor (vergl. Drucksachen Nr. 178 und die Motive dazu).

2. Soweit es mit der Verfassungs-Urkunde vom 31. Januar 1850 und mit den personalen und realen Rechtsverhältnissen, wie sich diese durch die Agrar-, Gewerbe-, Steuer-Gesetzgebung u. s. w. im Laufe fast eines halben Jahrhunderts gebildet haben, ferner mit den erkannten wirklichen Zuständen der verschiedenen Landestheile vereinbar erschien, hat sich der Entwurf des Ausschusses den Regierungs-Entwürfen möglichst anzuschließen gesucht, insoweit selbst Anträge auf deren Verbesserung zurückgehalten und die Lage der Gesetzgebung, wie sie sich nach Aufhebung des Art. 105 der Verfassungs-Urkunde und der Gemeinde-Ordnung vom 11. März 1850 im Wege der ordentlichen Gesetzgebung ergab, berücksichtigt.

3. Insbesondere ist auch von der, zufolge der Gemeinde-Ordnung von 1850 als Regel vorausgesetzten Vereinigung der Ritter- und andern exemten Güter mit den Ortsgemeinden Abstand genommen, in Berücksichtigung theils der Stimmung, welche gegen eine solche Vereinigung ankämpft, theils der Verhältnisse der östlichen Provinzen besonders diesseit der Elbe.

4. Desgl. ist von einer Bestimmung über die, wenn auch selbst in der Gemeinde-Ordnung von 1850 nur fakultativ gestattete, Bildung von Sammtgemeinden abgestanden. Man kann es abwarten, ob nach Emanation einer ländlichen Gemeinde-Ordnung das Bedürfniß vorzugsweise in denjenigen Landestheilen von selbst darauf hinführen wird, wo eine große Zahl kleiner kraftloser Gemeinden und Etablissements, häufig unter 50 oder 100 Einwohnern, zusammenliegen, zumal in Ostpreußen, wo schon jetzt die Kirchspielsverbände auch eine politisch-communale Bedeutung angenommen und wo dadurch die korporative Form eines größeren Gemeindeverbandes zwischen den zu den Kirchspielen gehörigen Gütern und Ortsgemeinden schon vorgebildet ist, so daß einem solchen Kirchspiels-Verbande vermöge Uebereinkunft der Interessenten, ein weiterer, ihren Interessen entsprechender Inhalt leicht gegeben werden kann.

Durch vorstehende allgemeine Bemerkungen wird die Stellung des Ausschuß-Entwurfs gegenüber den Regierungs-Entwürfen ins Licht treten. Dabei ist jedoch der Ausschuß-Entwurf auch als ein selbstständiger und von den Regierungsvorlagen unabhängiger Entwurf einer ländlichen Gemeinde-Verfassung für die sechs östlichen Provinzen anzusehen.

Doch war es bei der speciellen Erläuterung der einzelnen §§. dieses von einem Ausschusse von Kammermitgliedern berathenen Entwurfs theilweise nicht zu umgehen, die Regierungs-Entwürfe einer vergleichenden Prüfung zu unterwerfen.

Die anderweite innere Oekonomie und die Umstellung einzelner §§. wird durch die Inhaltsübersicht motivirt, indem dieselbe die logische Anordnung des Ausschuß-Entwurfs ersichtlich macht.

C. Motive zu den einzelnen Paragraphen.

Zum §. 1.

Die Aufnahme einer Bestimmung, wie sie der §. 1. enthält, war nöthig, um die Anwendung und den Wirkungskreis des Gesetzes genauer zu bestimmen; es entspricht die aufgenommene Bestimmung dem §. 1. der Städte-Ordnung für die sechs östlichen Provinzen vom 30. Mai 1853.

I. Bildung der ländlichen Gemeinde- und Gutsbezirke und Veränderung derselben.

Zum §. 2. (§. 1. des Regierungs-Entwurfs für Schlesien.)

Der Absatz 1. findet sich in den Regierungs-Entwürfen für Preußen, Posen, Pommern u. Brandenburg, fehlt dagegen in den Regierungs-Entwürfen für Schlesien und Sachsen, ohne daß diese Auslassung auf eine provinzielle Eigenthümlichkeit zurückgeführt werden könnte. Derselbe enthält eine für alle Landestheile gleich nothwendige Bestimmung darüber, wie weit sich jeder einzelne Gemeinde- oder Gutsbezirk in seiner räumlichen Ausdehnung erstreckt.

Der 2. Absatz bestimmt, wie es mit denjenigen Grundstücken, welche bisher weder einem Gemeinde-, noch einem selbstständigen Gutsbezirke (welcher letztere in Bezug auf Lasten und Pflichten, zufolge des §. 68, dem Gemeindebezirk gleich steht), angehört haben, in Zukunft gehalten werden soll. Diese Bestimmung ist, abweichend von der in den Regierungs-Entwürfen nur facultativ angeordneten Vereinigung, dahin beantragt: „daß dergleichen Grundstücke, nach Vernehmung der Betheiligten und Anhörung des Kreistages, durch den Oberpräsidenten mit einem Gemeinde- oder Gutsbezirk vereinigt werden müssen, wofern sie nicht unter Königlicher Genehmigung zu einem besonderen Bezirke der Art erklärt werden."

Eine solche dispositive Anordnung enthält schon der §. 8. des Gesetzes über die Verpflichtung zur Armenpflege vom 31. December 1842 (Ges.-S. 1843. S. 8). Sie entspricht einem lange und allgemein anerkannten Bedürfniß der Einverleibung vereinzelter Besitzungen und Grundstücke in bestimmte Guts- oder Gemeinde-Verbände. Denn die Herstellung solcher, in sicherer Abgrenzung allen Grundbesitz umschließender beziehungsweise Verwaltungs-, Polizei- und Gemeinde-Bezirke, ist als eine der ersten und nothwendigsten Grundlagen zu einer Ordnung des ländlichen Gemeinde- und Polizeiwesens anzusehen. Ueberdies würde die blos facultative Bestimmung in einer neu zu erlassenden Gemeinde-Ordnung mit der dispositiven Vorschrift des fortgeltenden, nirgend aufgehobenen Gesetzes über die Verpflichtung zur Armenpflege vom 31. December 1842 in Widerspruch treten. Vgl. dieserhalb auch den §. 4. der Landgemeinde-Ordnung für die Provinz Westphalen vom 31. Oktober 1841.

Ist eine solche Vereinigung obligatorisch, so hat der Oberpräsident nur noch über die Ausführungsmodalitäten zu entscheiden, und zwar nach vorausgegangener Vernehmung der Betheiligten, wie des Kreistages, wodurch ebensowohl die Privat-, wie die öffentlichen und Kommunal-Interessen vollständig gewahrt werden.

Die Vernehmung des Kreistages, welche hier, wie bei verschiedenen anderen Gegenständen des Gemeindewesens im Entwurf angeordnet worden[1]), empfiehlt sich wegen seiner Zusammensetzung aus Kreiseingesessenen, sowie wegen seiner Stellung über den örtlich-communalen Interessen, bei einem Konflikt derselben vorzugsweise zur unbefangenen und zutreffenden Beurtheilung derartiger Verhältnisse; auch wird es zur Belebung und Befestigung des Instituts der Kreistage wesentlich beitragen, wenn dieselben mit der Mitwirkung auch bei dergleichen das Kreis-Kommunalwesen mit berührenden Verwaltungs-Akten betraut werden.

Die weiteren Bestimmungen des §. 2. haben die zweckmäßige Bildung resp. Veränderung von Gemeinde- und Gutsbezirken zum Gegenstande und schließen sich dem Vorgange der Ordnungen über das städtische Gemeinwesen u. s. w. an.

Zum §. 3. (§. 4. des Schlesischen Entwurfs.)

Der §. 3. hat die Fälle im Auge, wo z. B. hinsichtlich der Ortsarmenpflege (in ganz Schlesien, in einem großen Theile der Provinz Sachsen, hier und da in den Lausitzen, auch hinsichtlich des Wegebaues u. s. w.), eine kom-

---

[1]) Dieselbe ist auch in dem von dem mehrerwähnten Ausschusse vom Kammermitgliedern berathnen Entwurf über die ländliche Polizeiverwaltung in den 6 östl. Provinzen bei allen organischen, wie bei allen wesentlichen administrativen Gegenständen vorgeschrieben. Die Ein- und Mitwirkung des Kreistages scheint in den östlichen Provinzen deshalb um so nöthiger, weil bisher, in Ermangelung von Gemeinde-Ordnungen und der Entwickelung des korporativen Elementes der Gemeinden, der Kreis, und in Vertretung desselben der Kreistag, das Hauptorgan und der Hauptträger der wichtigeren kommunalen Interessen war, während in den westlichen Provinzen Lokal- und Sammt-Gemeinden (Aemter) noch jetzt vorherrschend diese Bedeutung haben, weil dort die Kreise erst seit 1815 eingerichtet sind.

munale Gemeinschaft zwischen Dominien und Rustikalbesitzern überall schon besteht, entspricht auch dem §. 7. des Gesetzes über die Verpflichtung zur Armenpflege vom 31. December 1842. Dergleichen Gemeinschaften finden auch in anderen Provinzen, bald wegen der Feuerspritzen und Feuerlöschgeräthschaften, bald wegen der Dorfsnachtwächter u. s. w. statt, jedoch nicht blos zwischen Gemeinden und selbstständigen Gutsbezirken, sondern auch (wonach die Fassung zu vervollständigen war) zwischen Gemeindebezirken und den zum Kommunalverbande von Gemeinden nicht gehörigen großen Waldgrundstücken (vergl. z. B. Cirkular-Verfügung vom 13. März 1840 und die daselbst allegirten älteren Reskripte, Ministerial-Blatt der inneren Verwaltung 1840. S. 61).

Hingegen war die hier eingeflochtene Bestimmung über die kommunalen Verpflichtungsverhältnisse der selbstständigen Gutsbezirke in den §. 68. zu verweisen, in welchem und den folgenden §§. das Verhältniß der selbstständigen Gutsbezirke im Zusammenhange abgehandelt wird. Siehe die Motive beim §. 68.

Zum §. 4. (§. 5. des schlesischen Entwurfs.)

Die gewählte Fassung des §. 4. entspricht in wörtlicher Uebereinstimmung den Entwürfen für 5 Provinzen. Nur im Regierungs-Entwurf für die Provinz Schlesien war der Gutsbezirke resp. geschlossenen größeren Waldgrundstücke nicht erwähnt, hingegen aber der besondere Zusatz enthalten: „daß der Besitzer des Dominiums rücksichtlich der von diesem bis zur Verkündigung der Gemeinde-Ordnung erworbenen Rustikalgrundstücke innerhalb des Gemeindebezirks, zur Gemeinde gehört."

Ein provinzielles Motiv für jene Weglassung, wie für diesen Zusatz, ist in den ländlichen Rechts- und Verfassungs-Zuständen von Ober- und Nieder-Schlesien oder der Oberlausitz nicht erfindlich.

Die Bedenken, welche dem oben gedachten Zusatz in formeller und materieller Beziehung entgegenstehen, bedürfen einer ausführlicheren Darlegung. Es sind folgende:

Die Gemeindeangehörigkeit äußert ihre Wirkungen vorzugsweise in Bezug auf persönliche Verhältnisse, Armenunterstützung in Nothfällen, Besteuerung event. nach dem Maaße des Einkommens u. s. w. Nun ist indeß auch ein Dominialbesitzer, sobald er sein Domicil auf dem Ritterhofe, innerhalb des besonderen selbstständigen Gutsbezirks, hat, wegen seiner Rustikalgrundstücke im Gemeindebezirk, im Verhältniß zur Gemeinde in den angedeuteten Beziehungen doch immer nur als Forense zu behandeln. Für den Begriff des Forensen ist es gleichgültig, ob die Güter, zu welchen bäuerliche Grundstücke und bäuerliche Höfe im Gemeindebezirk erworben sind und jetzt in Verbindung mit dem Areal des Ritterguts, in einem und demselben Feldsystem, bewirthschaftet werden, in demselben Orte und Dorfe oder in einem anderen benachbarten Orte und Dorfe liegen. Die ritterschaftliche Qualität des erwerbenden Guts hat an sich und nach der Landesverfassung, auf das Verhältniß von Forensen zur Gemeinde, keinen Einfluß. Dies folgt unter anderen aus §§. 12 resp. 13. der drei Verordnungen wegen Zusammenziehung bäuerlicher Grundstücke mit Vorwerksland u. s. w. für Preußen vom 14. Februar

1808, für Schlesien vom 27. März 1809, und für die Kur- und Neumark und Pommern vom 9. Januar 1810; ferner aus den Ministerial-Reskripten vom 27. März 1839 (v. Kamptz Annal. Bd. 23, S. 151) und 5. Juli 1845 (Ministerial-Blatt der innern Verwaltung S. 173). Danach kann vielmehr nur die Frage entstehn: ob in den zu erlassenden Gemeinde-Ordnungen für die sechs östlichen Provinzen (abweichend von den Bestimmungen der frühern Westphälischen Landgemeinde-Ordn. vom 31. Oktober 1841, §. 43. und der frühern Rheinischen Gemeinde-Ordn. vom 23. Juli 1845, §. 36.), — den Forensen auch dann, wenn sie nicht mit einem Wohnhause im Gemeindebezirk angesessen sind, jedoch bäuerliche Grundstücke besitzen, Theilnahme am Gemeinderecht beigelegt werden soll? Dies ist später beim §. 9. (11.) zu erörtern. Uebrigens behandelt der Reg.-Entwurf selber im §. 6. Abschn. 4. die schlesischen Dominialbesitzer in ihrer Eigenschaft als Rustikalbesitzer, auch wirklich nur als Forensen.

Ferner erscheint der Zusatz aber deshalb unzulässig, weil der Besitz von bäuerlichen Grundstücken Seitens eines Dominialbesitzers überhaupt kein provinziell eigenthümliches Verhältniß in Schlesien ist. Lange zuvor, ehe das Edikt vom 9. Oktober 1807 dem Adel und den Rittergutsbesitzern die Erwerbung bäuerlicher Höfe und Grundstücke unter den Bedingungen der oben allegirten Verordnungen gestattet hatte, waren vor, besonders in und nach dem 30jährigen Kriege, die älteren, wie die neueren, schließlich im Allgem.-Land-Recht wiederholten Verbote wegen Erwerbung und Einverleibung von Bauerland vielfach umgangen, — (vergl. unter anderen das Edikt Friedrich Wilhelm I. vom 14. März 1739 und die Edikte Friedrich des Großen vom 12. August 1749 und geschärft unterm 12. Juli 1764, sodann die besondere Constitution für Schlesien vom 14. Juli 1749). Was die Schlesische Constitution vom 14. Juli 1749 mit Zurückerstreckung des Termins wegen Uebertragung der öffentlichen Steuern von den eingezogenen Bauerländereien auf das Jahr 1723 und wegen der Societäts- und Kommunal-Lasten auf das Jahr 1633 (vergl. in den Entscheidungen des Ober-Tribunals Bd. 5. S. 199. Plenarbeschluß vom 24. Februar 1840 und Erkenntniß vom 8. Juni 1849. Entsch. Bd. 18. S. 430.) angeordnet hatte, galt ebenmäßig in den anderen Provinzen und war durch die Verordnungen von 1808. 9 und 10. wegen Zusammenziehung und Erwerbung von Bauerländereien zu den Rittergütern nur erneuert.

Auch in der Mark Brandenburg war schon in älterer Zeit in allen Landtags-Rezessen angeordnet, daß Kommunal- und Societätslasten, wie andere Prästanda, welche auf erworbenen bäuerlichen Grundstücken ruhten, stets von den erwerbenden Dominien getragen und nicht auf die übrigen Bauerwirthe gelegt werden sollten. In der Mark galt dieserhalb das Jahr 1624 als Termin (vergleiche die Edikte und Verordnungen vom 8. September 1713, 29. Juni 1714, 31. März 1717 und 30. August 1717 in Mylius Corp. Const.). Dem entsprechen auch die neuesten, in Dismembrations-Sachen ergangenen Reskripte, unter anderen von 1839 und 1845 (s. oben). Mit diesen Grundsätzen der Landesverfassung würde es denn auch im Widerspruch stehen, wenn nur wegen der bis zur Publikation der Gemeinde-Ordnung erworbenen Bauerländereien eine kommunale Verbindung zwischen der betreffenden Gemeinde und dem Dominialbesitzer bezüglich der von letzterem acquirirten Rustikalgrundstücke statthaben solle.

Endlich läßt sich die oben gedachte speziell im Entwurf für Schlesien vorkommende Bestimmung auch nicht auf ein etwaniges besonderes Herkommen in Nieder- oder Ober-Schlesien oder in der Ober-Lausitz gründen. Denn, daß die Rittergutsbesitzer wegen des Besitzes von Rustikal-Grundstücken in Person oder durch Stellvertreter in der Gemeinde-Versammlung erschienen sind, und an der Gemeinde-Berathung in ihrer Eigenschaft als bäuerliche Wirthe resp. Rustikal-Grundbesitzer, Theil genommen haben, ist so wenig in Schlesien, wie in anderen Provinzen, bisher wirklich vorgekommen. Wenigstens gehörte überall eine solche Theilnahme von Rittergutsbesitzern an der Berathung in der Gemeinde-Versammlung zu den seltensten Ausnahmen. Mochte auch die Thätigkeit und Einwirkung der Gutsherrschaften als Polizei-Obrigkeiten, seit Ausführung der gutsherrlich-bäuerlichen Regulirungen und Separationen an den meisten Orten fast aufgehört haben, so bot doch diese an sich und verfassungsgemäß noch fortbestandene guts- und polizeiobrigkeitliche Gewalt viel wirksamere Mittel gegen solche Gemeindebeschlüsse dar, durch welche die Interessen des Gutsherrn, sei es als solchen oder als Besitzers von Rustikal-Grundstücken im Gemeindebezirk, berührt wurden, wie die Theilnahme am Gemeinderecht in der Eigenschaft eines Besitzers von Bauerländereien. Ob ihm in dieser Eigenschaft fortan eine Theilnahme und ein Stimmrecht an den Gemeinde-Versammlungen einzuräumen sei? bleibt daher nicht blos für Schlesien, sondern ebenso, bei ganz gleichen Verhältnissen, für alle östlichen Provinzen weiter unten zu bestimmen.

II. Ortsstatuten (Dorfsordnungen). Ergänzung bestehender Ortsverfassungen.

Zu §§. 5 und 6. (§§. 2 und 3. des schlesischen Entwurfs.)

Die den Gemeinden beigelegte Befugniß zur Errichtung von Ortsstatuten (Dorfsordnungen, in älterer Zeit auch Willkühren genannt) enthält ein wesentliches Zugeständniß an die Autonomie der Gemeinden und soll der eigenthümlichen, durch besondere örtliche Verhältnisse und Bedürfnisse hervorgerufenen Fortbildung der korporativen Interessen jeder einzelnen Gemeinde freieren Spielraum geben. Was, zufolge alter deutscher Landesverfassung, den Gemeinden in älterer Zeit zustand und manche Gemeinden, insbesondere diejenigen, welche von Alters her aus freien Eigenthümern bestanden, auch wohl bis zur neueren Zeit theilweis noch ausgeübt haben, dazu sollen durch die Gemeinde-Ordnung inskünftige alle Landgemeinden befugt erklärt werden, nachdem durch die gutsherrlich-bäuerlichen Regulirungen, die Ablösungen, die Servitutaufhebungen und Gemeinheitstheilungen, und besonders durch die Aufhebung der Erbunterthänigkeit, in allen ländlichen Gemeinden der Monarchie wesentlich gleiche Personen- und Besitzrechte zur Geltung gekommen sind.

Nur im Einzelnen haben die betreffenden §§. der Regierungs-Entwürfe zu mehrfachen Bedenken Veranlassung gegeben.

Zum §. 5. (§. 2. des schlesischen Entwurfs.)

Zunächst schien es gerathen, die Fassung mit dem von allen Faktoren der Gesetzgebung schon genehmigten §. 11. No. 1 und 2. der Städte-Ordnung für die sechs östlichen Provinzen vom 30. Mai 1853 in Uebereinstimmung zu bringen. Denn das auf dem statutarischen Wege geltend zu machende Autonomierecht scheint vollständig gewahrt, wenn es sich auf alle solche Angelegenheiten der Gemeinde, sowie auf solche Rechte und Pflichten ihrer Mitglieder erstreckt, hinsichtlich deren die Gemeinde-Ordnung Verschiedenheiten gestattet oder keine ausdrückliche Bestimmungen enthält, und überdies auch noch auf sonstige eigenthümliche Verhältnisse und Einrichtungen ausdehnen darf. Dazu kommt, daß die sub No. 2. §. 2. des Regierungs-Entwurfs eingeschaltete „Hinweisung auf bestehende allgemeine Vorschriften, durch welche die Regelung von Gemeinde-Angelegenheiten statutarischen Festsetzungen zugewiesen sei," deshalb einem Zweifel Raum giebt, weil es bisher keine derartige allgemeine Vorschriften im Bereich der Gemeinde-Gesetzgebung gab, daher die zu erlassende Gemeinde-Ordnung über die zur statutarischen Festsetzung geeigneten und zu verweisenden Gegenstände des Gemeindelebens zuerst eine gesetzliche Bestimmung trifft, weshalb auch nur diese Gemeinde-Ordnung selbst als die für das Gebiet statutarischer Festsetzung maaßgebende Vorschrift gelten und in Bezug genommen werden kann.

Dem Statutarrecht muß aber auch eine bestimmte Grenze vorgezeichnet und es demgemäß für bedenklich erachtet werden, der Errichtung solcher Statuten Raum zu geben, welche ausdrücklichen Anordnungen des Gesetzes derogiren. Dabei ist die Gefahr, welche in einer zu weiten Ausdehnung von Statuten als bindender Lokalgesetze liegt, nicht zu übersehen, daß durch dieselben auch einer freien, lebendigen Fortentwickelung des Gemeindelebens hemmend entgegengetreten werden kann, und daß, wie die Erfahrung (z. B. bei der noch in späterer Zeit erfolgten Aufnahme von Kirchenmatrikeln) gezeigt hat, die Betheiligten bei der Errichtung von Statuten über enger begrenzte Kreise, meist durch einzelne concrete Fälle und Streitigkeiten veranlaßt, oft einseitig auch nur diese nächste Veranlassung ins Auge fassen und in Folge dessen zum Nachtheil ihrer anderen allgemeineren Rechte, diesen präjudicirliche, nur zu neuen Streitigkeiten über die anderweiten Beziehungen der Sache führende Festsetzungen treffen.

In Verbindung hiermit war auch die Streichung des letzten Absatzes in den betreffenden §§. der Regierungs-Entwürfe zu beantragen, indem derselbe deshalb überflüssig erschien, weil im Context der nachfolgenden einzelnen §§. des Gesetzes speziell bestimmt wird, in welchen Fällen eine statutarische Festsetzung und in welchen die Entscheidung resp. des Landraths oder der Regierung einzutreten hat. Derselbe widerspricht demnach anderen Paragraphen des vorliegenden Entwurfs, nach denen über die in ihnen behandelten zweifelhaften und streitigen Gegenstände der Orts-Verfassung, nicht ein Statut errichtet werden, sondern die Entscheidung der Aufsichtsbehörden Platz greifen soll. Ferner erschien derselbe mit dem rechtlichen Wesen und Begriff von Gemeinde-Statuten nicht vereinbar, indem er schließlich die statutarischen Anordnungen der Definitiv-Entscheidung der Regierung zuweist.

Nach dem Rechtsbegriff von Statuten, wie nach der geschichtlichen Entwickelung des deutschen Gemeindewesens gründen sich dergleichen Festsetzungen auf die Autonomie der Gemeinden und ihrer Organe, was die Octroyirung durch die Aufsichtsbehörden ausschließt. Statuten können daher nur von dem Beschlusse oder der Vereinbarung der Betheiligten, mithin nur von den Gemeinden selbst ausgehen.

Es bieten sich für die Fortbildung des Gemeindewesens zwei Wege dar, die auch in den Regierungs-Entwürfen bezeichnet sind, a) der legislatorische, durch Errichtung von Statuten, b) der administrative, durch Verfügung und Entscheidung der Aufsichtsbehörden. Beide Wege können nicht mit einander vermischt, es muß vielmehr der begriffsmäßige Unterschied dieser beiden fortbildenden Thätigkeiten des Gemeindelebens auch in der praktischen Anwendung festgehalten und daher in den einzelnen Fällen ausdrücklich bestimmt werden, ob entweder die Autonomie der Gemeinde, oder die Entscheidung der Regierung eintreten soll. Letztere kann in den einzelnen Fällen verfügen, auch ein vereinbartes Statut prüfen und bestätigen, aber nicht allgemeine legislatorische Festsetzungen für die Gemeinden treffen.

Wieweit die Aufsichtsbehörden bei Ausübung des Autonomie-Rechts in einzelnen Fällen mitzuwirken haben, ist an seiner Stelle in späteren §§ (z. B. §. 30. 35.) bestimmt und deshalb hier auf diese §§ speziell hinzuweisen gewesen.

Zum §. 6. (§. 3. des schlesischen Entwurfs.)

Der §. 3. hebt zwei besondere Fälle hervor, in welchen ein Ortsstatut errichtet werden muß,

1. den Fall der Vereinigung eines bisherigen selbstständigen Gutsbezirks mit einem bestehenden Gemeindeverbande, und
2. den Fall, daß gewählte Gemeindeverordnete an die Stelle der Gemeindeversammlung treten.

Zu No. 1. a)

Bei der Fassung dieses § und namentlich der No. 1. glaubte man eine solche Bezeichnung des Gutsbezirks vermeiden zu sollen, welche der noch bevorstehenden Berathung über die Polizei- und Kreis-Ordnungen vorgreift, außerdem aber, wie geschehen, eine allgemeinere Bezeichnung wählen zu müssen. Denn vielmehr liegt die Voraussetzung, unter welcher für den Fall der No. 1. ein Ortsstatut errichtet werden muß, und zwar nicht bloß nach den Schlesischen und Oberlausitzer, sondern auch nach den bestehenden Verfassungs-Verhältnissen aller übrigen östlichen Landestheile allgemein und gleichmäßig darin: „daß das Gut oder große geschlossene Waldgrundstück, welches dem Verbande einer bestehenden Gemeinde einverleibt werden soll, bisher einen eigenen Gutsbezirk — mit besonderen Kommunal-

Verpflichtungen — (vergl. z. B. §§. 5. 6. Ges. No. 2313. vom 31. Dezember 1842.) — gebildet, und nicht bisher schon dem Verbande einer anderen Gemeinde angehört hat, in welchem letzteren Falle vielmehr (nach §. 8. des alleg. Ges. von 1842. und §. 1. Alin. 1 und 3. dieses Gesetzes) die Anordnung des Ober-Präsidenten, resp. die Verhandlung zwischen gegenüberstehenden Gemeinden eintreten würde.

b. Sodann soll durch den Zusatz „wenigstens" der Absicht des Entwurfs entsprechend ausgedrückt werden, daß die Bestimmung um so mehr dann Platz greift, wenn der einzuverleibende Walddistrikt mehr als ein Drittel des Ertragswerths vom gesammten Grundeigenthum der Gemeinde ausmacht.

c. Im vorliegenden Falle, wie in allen anderen Fällen, in denen es auf Anordnungen in Gemeindesachen, auf Bestätigung von Statuten, von Beschlüssen der Gemeinden u. s. w., überhaupt auf eine entscheidende Einwirkung höchster über den Regierungen stehender Verwaltungs-Instanzen ankommt und andererseits nicht etwa die Genehmigung des Königs vorzubehalten ist, entspricht es nur dem bestehenden, zweckmäßig in voller Integrität aufrecht zu erhaltenden Organismus der Landesverfassung, daß nicht dem Minister des Innern, sondern dem Ober-Präsidenten der Provinz eine solche Bestätigung und Entscheidung letzter Instanz zugewiesen und vorbehalten werde (vergl. §. 11. No. 4. a. Instrukt. für die Ober-Präsidenten vom 31. Dezember 1825.). Dem Minister verbleibt zweckmäßiger nur die allgemeine administrative Oberaufsicht und Leitung, wogegen die Bestimmung in den einzelnen concreten Fällen, wie bisher, der höchsten, diesen Verhältnissen näher stehenden Provinzial-Verwaltungsbehörde belassen wird.

Zu No. 2 ist mit Rücksicht auf die Fassung der Regierungs-Entwürfe zu bemerken:

Der Zwischensatz: „unter Abänderung der bestehenden Ortsverfassung" läßt, besonders bei Vergleichung des §. 3. No. 2. Schlesischer Entwurf mit den Bestimmungen im §. 32. desselben Entwurfs, Zweifel und verschiedene Auslegungen zu. Es entsteht dabei zunächst nämlich die Frage: ob ein Statut schon dann erforderlich sein soll, wenn ohne Aenderung anderweiter Grundlagen der Ortsverfassung (z. B. bei Gleichartigkeit der Besitzverhältnisse der Gemeindeglieder und bei Anwendung der in der Gemeinde-Ordnung als Regel hingestellten Bestimmungen), allein darüber eine specielle Festsetzung getroffen wird, daß künftig an Stelle der ganzen Gemeinde-Versammlung gewählte Gemeinde-Verordnete eintreten sollen? Denn nach §. 32. des Schlesischen Entwurfs soll hierüber die Regierung, sogar auf Antrag des Landraths, entscheiden können, was aber einem, begriffsmäßig auf Autonomie der Gemeinde sich gründenden Statut widerspräche. Ferner dürfte der Auslegung, daß es eines Statuts nicht bedürfen solle für solche Gemeinden, in denen schon nach bisheriger Verfassung eine, wenn auch unvollständige Repräsentation stattgefunden hat, der §. 32. zu widersprechen scheinen. Ist es, wie anerkannt werden wird, eine sehr wesentliche Aenderung der Ortsverfassung, wenn eine gewählte

Gemeinde-Verordneten-Versammlung an Stelle der aus allen Mitgliedern bestehenden Gemeinde-Versammlung tritt, und darf eine solche Aenderung nur auf die Autonomie der Gemeinde zurückgeführt werden, sofern einmal die Regel des Gesetzes vom 11. März 1850 hinsichtlich der Vertretung verlassen und ein entgegengesetztes System angenommen ist, bei welchem dann um so weniger dergleichen wichtige Umgestaltungen der inneren Verhältnisse der Gemeinden, im Widerspruch mit dem Wesen und Rechtsbegriff von Statuten durch die Aufsichtsbehörden octroyirt werden können, — so muß alsdann auch die Nothwendigkeit von Statuten in jedem Falle anerkannt werden, in welchem wirkliche Gemeinde-Verordnete, nicht bloß Gemeinde-Ausschüsse, Deputationen oder Vormundschaften für einzelne Angelegenheiten und Etats-Titel, an die Stelle der ganzen Gemeinde-Versammlung treten sollen. Die Umwandlung selbst soll deshalb zuf. §. 30. auch nur auf Antrag der Gemeinde geschehen und zuf. §. 35. in diesem Falle, bloß die Festsetzung der Ausführungsmodalitäten, beim Mangel einer Uebereinkunft von der Regierung getroffen werden dürfen. Die Auslassung einer gleichen Bestimmung, wie sie die No. 2. enthält, im Entwurf für Sachsen scheint auch hier nicht durch provinzielle Verhältnisse motivirt.

III. Landgemeinden.

A. Rechte und Pflichten der Gemeinden und ihrer Mitglieder. §§. 7—16.

Zum §. 7.

Ergehen die Gemeindegesetze nicht als Ergänzungen und Novellen zu den §§. 18 ff. Tit. 7. Th. II. A. L.-R., so war auch aus §. 19. a. a. O. der Satz in die Gemeinde-Ordnung aufzunehmen, daß die Gemeinden Corporationen sind; diesem Satz muß sich hiernächst aber der §. 7. des Regierungs-Entwurfs für Schlesien anschließen.

Zum §. 8. (§. 6. des schlesischen Entwurfs.)

1. Es schien zweckmäßiger, die hierher gehörigen allgemeinen Rechte und Verpflichtungen der Gemeindemitglieder von denjenigen Bestimmungen zu trennen, welche sich auf den Gemeindehaushalt und namentlich auf die Aufbringung und Vertheilung von Gemeindeumlagen und Gemeindediensten beziehen (vergl. dieserhalb §§. 56 bis 59, im Regierungs-Entwurf für Schlesien §. 50. in Verbindung mit §. 6.).

2. Eine Bestimmung, wie es wegen Verzinsung und Abtragung vorhandener Gemeindeschulden gehalten werden soll, dergleichen nur in den Entwürfen von Schlesien und Sachsen vorkommt, erscheint mit Rücksicht darauf, daß mehr oder weniger in allen Provinzen volkreiche Landgemeinden mit entwickeltem Gemeinwesen vorkommen, für die Ordnung des ländlichen Gemeinwesens in allen 6 Provinzen gleich unentbehrlich.

3. Dasselbe gilt von den übrigen Bestimmungen des §. 8.

4. Abgesehen von der Befreiung öffentlicher, wie der Dienstgrundstücke der Geistlichen, Kirchendiener und Elementar-Schullehrer, darf eine Exemtion

von Gemeindelasten für ewige Zeiten nicht zugelassen werden und erschien es deshalb gerathen, dasjenige, was im §. 4. der Städte-Ordnung vom 30. Mai 1853 wegen Ablöslichkeit der Realbefreiungen und wegen unentgeldlicher Aufhebung aller übrigen persönlichen Befreiungen bestimmt ist, auch in die ländliche Gemeinde-Ordnung zu übernehmen. Doch schien zur Uebernahme der Bestimmung wegen Präclusion eines Anspruchs auf Befreiung und Entschädigung bei unterlassener Anmeldung, nach den Verhältnissen der Landgemeinden ein weniger dringendes Bedürfniß vorzuliegen.

Vorschriften über eine zweckmäßigere Regulirung der Kommunalbeiträge, insbesondere aber auch über die Ablösbarkeit von Exemtionen aus speciellen Rechtstiteln, durften schon deshalb nicht fehlen, weil dieser Gegenstand in dem Gesetz über die Ablösung der Reallasten u. s. w. vom 2. März 1850 nicht geordnet ist, indem vielmehr der §. 96. des Ablösungs-Gesetzes ausdrücklich bestimmt: „daß in Beziehung auf die Kommunalverhältnisse durch die Ausführung des Ablösungs- und Regulirungs-Gesetzes keine Veränderung eintreten, sondern die Regulirung dieser Verhältnisse der künftigen Gemeinde-Ordnung vorbehalten bleiben solle."

Dabei ergiebt diese generelle Behandlung des Gegenstandes in dem für den ganzen Umfang der Monarchie, mit Ausnahme der Landestheile auf dem linken Rheinufer, erlassenen Ablösungs-Gesetz zugleich, daß dabei keinerlei provinzielle Eigenthümlichkeiten in Frage kommen.

5. Die im §. 6. des Regierungs-Entwurfs für Schlesien im Absatz 5 enthaltene Bestimmung, „daß kommunalbeitragspflichtige Rustikalgrundstücke im Besitze von Dominien in den altschlesischen Landestheilen nur in dem Falle zu Kommunallasten herangezogen werden dürfen, wenn sie erst nach dem Jahre 1633 von dem Dominio eingezogen oder erworben sind," ist in dem Ausschuß-Entwurf fortgelassen.

Diese Bestimmung im Regierungs-Entwurf für Schlesien macht einige allgemeine Bemerkungen darüber nöthig, wie das Verhältniß, in welchem Rittergutsbesitzer, welche bäuerliche Grundstücke im Gemeindebezirk besitzen, wegen dieses ihres Besitzes von Bauerländereien stehen, aufzufassen und in der Ordnung des ländlichen Gemeindewesens prinzipiell zu behandeln ist.

Die Verhältnisse zur Gemeinde der auswärts domicilirenden Besitzer im Gemeindebezirk belegener Grundstücke (Forensen), gleichviel, ob sie auswärts gleichzeitig Dominial- oder bäuerliche Grundstücke besitzen, sind auf gleiche Weise zu beurtheilen und zu behandeln. Soweit es sich um die Theilnahme der Forensen am Gemeinderecht handelt, ist auf §. 11, soweit es auf die Kommunalbeiträge ankommt, auf §. 56. und deren Motive zu verweisen. Die Bestimmung aber, daß auch Rittergutsbesitzer von ihren kommunalbeitragspflichtigen Rustikal-Grundstücken zu den Kommunallasten in der Gemeinde beizutragen haben, ist keine den altschlesischen Landestheilen eigenthümliche, entspricht vielmehr einem bisher allgemein angenommenen Grundsatz, welcher gleichmäßig in allen älteren Landestheilen (Brandenburg, Pommern, Preußen, Altmark, Magdeburg u. s. w.) gilt, auf der althergebrachten Landesverfassung, wie auf späteren Gesetzen und neuesten Verfügungen beruht und überall in zweifelloser Anwendung ist (s. oben Motive zum §. 4.).

Es scheint dieser Grundsatz speziell im Schlesischen Entwurf (§. 6. Abs. 4.) nur deshalb ausgesprochen, um daran im folgenden Absatz 5. eine besondere Ausnahme zu knüpfen. Jedoch enthält der Absatz 5. nur in Betreff des Jahres 1633, nicht rücksichtlich der Sache selbst, eine den altschlesischen Landen eigenthümliche Bestimmung, die indeß in dieser Beziehung zweifellos auf der sogenannten Schlesischen Constitution von 1749 beruht und insbesondere auch durch Plenarbeschlüsse und Entscheidungen des Ober-Tribunals anerkannt ist (s. oben Motive zu §. 4.). Deren Aufnahme in den Entwurf der Schlesischen Gemeinde-Ordnung erscheint deshalb nicht erforderlich, ferner, weil Forensen (also auch die als Forensen im Verhältniß zur Gemeinde anzusehenden Rittergutsbesitzer) nur wegen ihrer **in der Gemeinde** belegenen Grundstücke kommunalbeitragspflichtig sein sollen, nun aber die **vor** 1633 eingezogenen Rustikal-Grundstücke, zufolge Constitution von 1749 faktisch und rechtlich Dominialland geworden, dem Gutsbezirk längst einverleibt, daher als Zubehörungen des Gemeindebezirks nicht mehr anzusehen, demgemäß auch unter der Vorschrift des §. 6. Abs. 3. gar nicht mehr zu begreifen sind. Es verhält sich somit in Schlesien wegen der **vor** 1633 zu den Rittergütern eingezogenen Bauerländereien nicht anders, als in allen anderen Provinzen wegen der bei den gutsherrlich-bäuerlichen Regulirungen und damit verbundenen Gemeinheitstheilungen, von den bäuerlichen Höfen an die Gutsherren abgetretenen Entschädigungsländereien; denn auch diese sind vom bäuerlichen und Gemeinde-Grunde thatsächlich und rechtlich abgetrennt und in den Verband und Bezirk des Ritterguts definitiv übergegangen.

Die mehrerwähnte Bestimmung würde daher in die unzweifelhafte Landesverfassung nur Zweifel hineintragen und ist deshalb fortgelassen.

Zum §. 9. in Verbindung mit dem 2. Satz des §. 7. (§§. 7 und 8. des schlesischen Entwurfs.)

Während bei den entsprechenden früheren §§. der Regierungs-Entwürfe in dem einen oder anderen nur einzelne Sätze theils fehlten, theils abweichend redigirt waren, tritt von jetzt ab in den sechs Entwürfen eine wesentliche Redaktionsverschiedenheit, hauptsächlich darin hervor, daß bei größerer Vollständigkeit der Entwürfe für Schlesien und Sachsen, viele nur im Schlesischen oder nur in diesem und dem Sächsischen Entwurf sich findende Bestimmungen und §§. in allen oder mehreren der übrigen Entwürfe ganz fehlen. Sie erschienen jedoch in einer ländlichen Gemeinde-Gesetzgebung der sechs östlichen Landestheile für alle Provinzen unentbehrlich, sobald auch in ihnen dem Bedürfniß, das ländliche Gemeindewesen auf eine angemessene Weise zu ordnen, genügt werden soll; ein Blick auf die Gegenstände, über welche sich diese in anderen Entwürfen fehlenden §§. verhalten, wird die Richtigkeit dieser Bemerkung bestätigen.

Der Begriff des Gemeinderechtes, wie die Bestimmung, daß die Gemeinde zu allen durch das Gemeindebedürfniß bedingten Leistungen verpflichtet sei, gehört zu den Grundbestimmungen einer jeden Gemeinde-Ordnung.

Zum §. 10. (§. 9. des schlesischen Entwurfs.)

Der im §. 10. niedergelegte Vorschlag über die Bedingungen zur persönlichen Ausübung des Gemeinderechtes unterscheidet sich in Form und Materie von den entsprechenden §§. der Regierungs-Entwürfe. Dem Vorschlage liegen nachstehende Betrachtungen zum Grunde.

Die verschiedenen Entwürfe für die sechs östlichen Provinzen enthalten zum Theil abweichende Bestimmungen in Betreff der Bedingungen zur Ausübung des Gemeinde- (Stimm-) Rechts.

1. Während der Entwurf für Preußen nur den Besitz von Grundstücken im Gemeindebezirk verlangt, machen die übrigen Entwürfe den Besitz eines Wohnhauses zur Bedingung.

Da keine abweichenden Provinzial-Verfassungen, auch keine abweichenden Sach- oder Kultur-Verhältnisse, daher wohl nur Ansichten und Zweckmäßigkeitsgründe dieser Verschiedenheit zum Grunde liegen, so darf von den Faktoren der Gesetzgebung eine Entscheidung hierüber aus allgemeinen politischen Gründen getroffen werden. Dabei kommt in Betracht, daß die Provinz Preußen in sich eben so verschiedene durch Kulturzustände, Sitten, Nationalität, Sprache, ältere Geschichte und Landes-Verfassung unterschiedene Gebietstheile umfaßt, als andere Provinzen in sich und gegen einander gehalten. Was bezüglich der Bedingungen des Gemeinderechts auf dem platten Lande in der einen, überall aus den verschiedensten Gebietstheilen zusammengesetzten Provinz, für eine erst jetzt zu erlassende Landgemeinde-Ordnung zweckmäßig zu bestimmen ist, eben dasselbe wird, bei im Wesentlichen gleichen legislativen Bedürfnissen, angemessen auch für das platte Land anderer Provinzen zu bestimmen sein.

Folgende Gründe empfehlen die Annahme der Bestimmung im Entwurf für Preußen auch in den übrigen fünf östlichen Provinzen. — Der Besitz eines Wohnhauses von oft sehr geringem Werth — oft von kaum 100 Thlr. — z. B. eines armen Webers oder sogen. Leerhäuslers in Schlesien, — giebt für die bürgerliche Selbstständigkeit und die innere Theilnahme des Besitzers am Gemeinwesen keine größere Gewähr, als der Besitz von unbebauten Grundstücken (einem Garten- oder Achterhofs-Grundstück). Meistentheils ist zwar Grund- und Hausbesitz auf dem Lande verbunden; um so weniger aber ist es nöthig, dem letzteren, im Gegensatz zum ersteren, eine besondere Bedeutung beizulegen. Diejenigen besitzlosen Personen, welche auf dem Lande aus Erbschaften oder Ersparnissen Grundstücke, wenn öfter zunächst auch ohne die Mittel, sofort ein Haus aufzubauen, sich erwerben, gehören erfahrungsmäßig im Durchschnitt zu den ordentlichsten und zuverlässigsten; man darf durch Beschränkung ihrer Rechte in der Gemeinde, dem, jedem Gemeinwesen, wie der öffentlichen Moral so nützlichen Streben nach eigenem Grundbesitz nicht in den Weg treten. Die Kommunallasten, gleich wie die Staatssteuern des platten Landes richten sich weit mehr nach Grund-, als nach bloßem Hausbesitz. Wollte man das Gemeinderecht überhaupt nur vom Hausbesitz abhängig machen, so müßte dasselbe folgerecht auch allen Forensen, insbesondere also auch denjenigen Rittergutsbesitzern versagt werden, welche bäuerliche Grundstücke im Gemeindebezirk ausgekauft und mit den Gutswirthschaften vereinigt, häufig aber die mit den Bauernahrungen erworbenen Hof- und Wohngebäude anderweit wiederum veräußert haben und keine

Häuser innerhalb des Gemeindebezirks besitzen, indem sie die Bauerländereien vom Gutsvorwerk aus bewirthschaften.

2. Gleichviel, ob Haus- oder Grundbesitz zur Bedingung des Gemeinderechts gemacht wird, mußte indeß eine in allen Entwürfen vorkommende wesentliche Lücke bei den allgemeinen Erfordernissen zur Ausübung des Gemeinderechts ergänzt, nämlich als Erforderniß hinzugefügt werden, daß der Haus- oder Grundbesitzer keine Armenunterstützung empfangen und seine Gemeinde-Abgaben richtig gezahlt hat. — Gerade im Entwurf für Schlesien darf mit Rücksicht auf die vielen armen Weber und die Leerhäusler dies Requisit nicht ausgelassen werden. Vergl. auch §. 5. No. 2 und 3. der Städte-Ordnung vom 30. Mai 1853.

3. Die obschon weniger wichtige Frage: ob zur Theilnahme am Gemeinderecht, wie es die Entwürfe bestimmen, ein dreijähriges oder übereinstimmend mit der Städte-Ordnung, ein einjähriges Domicil nebst Grundbesitz gefordert werden soll? wird schon deshalb zu Gunsten der letzteren Alternative entschieden werden müssen, weil in keiner der sechs östlichen Provinzen nach den bisherigen Verfassungen, irgend eine Zeitbeschränkung hinsichtlich des Domicils oder Besitzthums für die Berechtigung der bäuerlichen Wirthe in der Gemeinde-Versammlung mitzustimmen, gegolten hat, auch in einer Mehrzahl von Orten der kleine wie der große Besitzer, der einmal an der Gemeinde-Versammlung Theil nahm, bisher in derselben ein den anderen Gemeinde-Mitgliedern gleiches Stimmrecht, und zwar sofort ausübte, wie dies namentlich in Schlesien meist der Fall war. Je seltener im großen Durchschnitt der Wechsel der Besitzer auf dem Lande ist, um so weniger scheint Veranlassung, sich gegen den Vorschlag zu erklären, wonach die Theilnahme am Gemeinderecht nur während des ersten Jahres des Domicils und Besitzes ruhen solle.

4. Mag es auch als Regel angesehen werden können, daß — wenigstens in der überwiegenden Mehrzahl der Ortschaften — die auf dem Lande domicilirenden Kaufleute, Gewerbtreibenden u. s. w. gleichzeitig Haus- oder Grundbesitzer sind, so kommt doch auch schon jetzt der entgegengesetzte Fall in allen Provinzen nicht so selten, insbesondere da vor, wo in Folge der Anlage von Eisenbahnen und Chausseen der Verkehr und das Bedürfniß in den größeren Dörfern im allmäligen Wachsen begriffen ist. Fehlte es bis jetzt den sechs östlichen Provinzen an einer Landgemeinde-Ordnung und soll eine solche jetzt erst gegeben werden, so muß sie auch denjenigen Nahrungs-, Gewerbs- und Besitz-Zuständen Rechnung tragen, die auf dem Boden der Agrar-, Kultur- und Gewerbe-Gesetzgebung seit dem Jahre 1807, 1811 folg. und in Folge seiner Fortschritte in Verkehr und Wohlstand successive erwachsen sind. Die Gesetzgebung würde sonst kein dauerndes Werk schaffen. Es scheint nicht rathsam, innerhalb der ländlichen Gemeindebezirke ganze Klassen von Staatsbürgern vom Gemeinderecht auszuschließen oder dessen Verleihung vom Beschluß einer anderen Klasse, von der der bäuerlichen Grundbesitzer, abhängig zu machen und noch erst auf die beliebige Errichtung eines Orts-Statuts zu verweisen. Es muß vielmehr Aufgabe und Zweck der Gemeinde-Ordnung sein, die vorhandenen selbstständigen und tüchtigen vollkommen

berechtigten, auf dem Boden der Gesetzgebung erwachsenen Elemente (auch Gewerbtreibende, Fabrikanten, Pächter u. s. w.) an den Gemeindeverband zu fesseln und in denselben hineinzuziehen, selbst wenn sie keinen Grundbesitz haben.

Auf diesen Erwägungen beruht der Vorschlag, daß ein Gemeinderecht ohne Rücksicht auf Grundbesitz und ohne dasselbe erst noch von einem Orts-Statut abhängig zu machen, allen denen zustehen soll, welche nächst dem Besitz der allgemeinen Erfordernisse, Einkommensteuer oder einen Jahresbeitrag von drei Thalern Klassensteuer zahlen. Dieser durch keine provinzielle Eigenthümlichkeit beengte und durch allgemeine Motive der Politik und Gerechtigkeit bestimmte Vorschlag gilt daher auch für Pommern, in dessen Entwurf sogar die Bestimmnng ganz fehlt, daß Nichtbesitzer in Folge Ortsstatuts zur Theilnahme am Gemeinderecht zugelassen werden dürfen. Derselbe macht andererseits die Bestimmung im Entwurf für Brandenburg überflüssig, wonach Pächter und Nießbraucher bewohnter Grundstücke zum Gemeinderecht zuzulassen seien.

5. Mit Rücksicht auf den zu 4. motivirten Antrag wird hingegen um so weniger die Bestimmung im Brandenburgischen und Pommerschen Entwurf (§. 6.) zur Annahme zu empfehlen sein, daß den vom Rechte der Theilnahme an den öffentlichen Geschäften der Gemeinde bisher ausgeschlossenen Arten von Grundbesitzern z. B. Neuhäuslern, neuen Büdnern, diese Theilnahme nur durch Ergänzung der Ortsverfassung mittelst Statuts beigelegt werden kann. Sind dergleichen Neubüdner auf bäuerlichen und Gemeinde-Grundstücken angesetzt, so gehörten sie nach §§. 18—20. Tit. 7. Th. II. A. L.-R. von Rechtswegen zur Gemeinde und waren als Gemeindeglieder stimmberechtigt. Wurden sie bisher (observanzmäßig) zur Gemeinde-Versammlung nicht eingeladen, so widersprach eine solche Observanz klaren Gesetzen und konnte sich mit Bestande Rechtens ein solches Gewohnheitsrecht nach Publikation des Allgem. L.-R. seit 1794 gar nicht bilden. Wo eine solche Ausschließung an diesem oder jenem Orte etwa vorgekommen ist, da hat sie auch nur mit der bekannten Thatsache zusammengehangen, daß die aus den ursprünglichen Wirthen bestandene alte Gemeinde über Vermögensstücke und Nutzungen deshalb allein beschloß, weil diese Vermögensstücke und Nutzungen nicht sowohl zum Korporations- als vielmehr zum Interessenten-Vermögen der ursprünglichen altberechtigten Hofbesitzer gehörten, welches Verhältniß in den östlichen Provinzen überwiegend die Regel bildete. Dagegen haben aber die Gerichte bei Streitigkeiten über wirkliches Korporations-Vermögen der Dorfgemeinden, insbesondere also bei Ausstellung der Vollmachten in solchen Prozessen nach §. 40. Tit. 3. Th. I. A. G.-O. stets die Neuanbauer auf bäuerlichen Grundstücken, — innerhalb des Gemeindebezirks, — als Mitglieder der Dorfgemeinde betrachtet und zuziehen lassen.

Ist hin und wieder das Verhältniß der Neubauer unrichtig und unklar aufgefaßt worden, so ist es gerade die Aufgabe der Landgemeinde-Ordnung, darüber den Gesetzen und den gegenwärtigen Besitz- und Rechtszuständen entsprechende Vorschriften zu geben.

6. Wenn in mehreren Entwürfen — auch wiederum nicht in allen —

den Gemeinden zweckmäßig die Befugniß beigelegt ist, von der Beschränkung in Ausübung des Gemeinderechts durch drei Jahre langes Domicil zu dispensiren, so darf doch eine solche Befugniß nicht von der Genehmigung des Landraths abhängig gemacht oder wie im Entwurf für die Provinz Posen geschieht, dem Landrath allein lediglich nach Anhörung der Gemeinde, überlassen werden. Ohnehin handelt es sich hierbei wahrscheinlich um sehr vereinzelte Fälle.

7. Das letzte Alinea im §. 9. des Schlesischen Entwurfs und in den anderen Entwürfen betreffend die Bedingung des Bekenntnisses der christlichen Religion für die Zulassung zu Kommunalämtern, ist hauptsächlich gegen die Juden gerichtet. Diese Bestimmung kann schon deshalb als unnöthig wegfallen, weil schwerlich ein Jude zu Kommunalämtern auf dem Lande gewählt und von der Aufsichtsbehörde bestätigt werden wird, wenn derselbe einer solchen Stellung nicht in einem ganz besonderen Grade würdig wäre. Außerdem steht die Bestimmung im Widerspruch mit den Art. 4 und 12. der geltenden Verfassung des Staats, ferner mit der Städte-Ordnung von 1853, auch selbst mit den älteren Gesetzen (vergl. §§. 7 und 8. Edikt vom 11. März 1812. G.-S. S. 18.).

Zum §. 11.,

welcher das Verhältniß der Forensen als aktiver Gemeindeglieder und resp. deren Gemeinderechte behandelt, worüber die Regierungs-Entwürfe für die verschiedenen sechs Provinzen sehr abweichende Bestimmungen enthalten, ist die Bemerkung vorauszuschicken, daß zu dergleichen Abweichungen die Verschiedenartigkeit oder Eigenthümlichkeit provinzieller Verhältnisse keinen Grund abgeben kann. Denn seit dem Edikt vom 9. Oktober 1807 und dem Landkultur-Edikt vom 14. September 1811, durch welche die Geschlossenheit der Güter und die Verbote wegen Einziehung und Zusammenschlagung von Bauerhöfen und wegen deren Vereinigung mit den Rittergütern aufgehoben worden, sind unzählige bäuerliche Besitzungen, theils von Besitzern des Ritterguts in demselben oder in einem benachbarten Orte, theils von anderen Personen erworben und zum Guts-Areal geschlagen oder unter sich und mit anderen Besitzungen zu größeren Gütern vereinigt oder auch, obschon in der That weniger häufig, in einzelne Trennstücke aufgelöst, von denen einzelne mitunter auch von Bauern oder Tagelöhnern in anderen benachbarten Gemeindebezirken besessen werden. Dies ist so gut in Schlesien als in Pommern, in der Mark, in Posen u. s. w. vorgekommen. Die solchergestalt consolidirten oder dismembrirten bäuerlichen Besitzungen sind ohne Rücksicht auf die Person und sonstige Berechtigung ihres Besitzers kommunalsteuerpflichtig innerhalb des Gemeindebezirks, in welchem sie lagen, verblieben nach Maaßgabe der Verordnungen vom 14. Februar 1808, 27. März 1809 und 9. Oktober 1810, wie späterer Gesetze und Reskripte. Danach ist kein rechtliches Motiv erkennbar, weshalb nur der Rittergutsbesitzer (§§. 4 und 11. des Schlesischen Entwurfs) als Forensen besonders erwähnt ist. — Die ältere Westphälische Landgemeinde-Ordnung vom 31. Oktober 1841 im §. 43. und die Rheinische Gemeinde-Ordnung vom 23. Juli 1845 im §. 36. räumte nur denjenigen Forensen das Gemeinderecht (Stimmrecht in der Gemeinde-Versammlung) ein, welche mit einem Hause im Gemeindebezirk angesessen sind.

In den östlichen Provinzen würde eine solche Beschränkung des Stimmrechts der Forensen auf die Qualität als Hausbesitzer, vorzüglich die Ritterguts- und andere große Grundbesitzer wegen der von ihnen erworbenen Bauerländereien, in der Mehrzahl der Fälle ohne Hausbesitz, vom Stimmrecht in einem Gemeindebezirk ganz ausschließen, zu dessen Kommunalbedürfnissen sie gleichwohl von ihrem Bauerlande beizutragen haben. Das erscheint ungerecht. Wenn aber für die Theilnahme der Forensen eine Grenze gefunden und festgestellt werden muß, so empfiehlt sich in dieser Beziehung am meisten die Bestimmung im Alin. 2 und 6. des Entwurfs für Pommern, „wonach diejenigen Forensen, welche wenigstens soviel Grundstücke im Gemeindebezirk besitzen, daß diese dem Umfange einer Ackernahrung entsprechen, zur Theilnahme an den öffentlichen Geschäften der Gemeinde befugt sein sollen;“ denen aber auch die Besitzer von Fabriketablissements und gewerblichen Anlagen gleichgestellt werden müssen. Dagegen erscheint aber die Bestimmung im §. 6. des Entwurfs für Brandenburg und im §. 8. des Entwurfs für Sachsen: „wonach nur einem Rittergutsbesitzer oder dem Domainen-Fiskus ohne Rücksicht auf Hausbesitz, selbst dann, wenn ein solcher Besitzer nicht Preußischer Unterthan ist, ein bisher zuständig gewesenes Recht zur Theilnahme an den öffentlichen Geschäften der Gemeinde verbleiben soll,“ — zur Annahme nicht geeignet. Denn überdies steht sehr dahin, ob eine Theilnahme am Gemeinderecht in dem vorausgesetzten Falle auf einem wirklichen Rechtstitel und ob sie wirklich auf dem Verhältniß der Gemeinde-Mitgliedschaft beruht hat; jedenfalls muß zur Ausübung politischer Rechte als Bedingung die Eigenschaft eines Preußischen Unterthanen ausnahmslos gefordert werden.

Was von Forensen gilt, muß auch auf juristische Personen (Kirchen, Hospitäler, Stiftungen, Universitäten) wegen des Besitzes kommunalsteuerpflichtiger Grundstücke Anwendung finden. Diese nur in einigen Entwürfen berücksichtigte Forderung der Gerechtigkeit empfiehlt sich für alle Provinzen auf gleiche Weise. Es muß im Allgemeinen an dem alten Rechtsgrundsatz festgehalten werden: „wer mitthatet, der mitrathet.“ —

Zu §§. 12 und 13.

Die Vertretungsbefugniß auswärtiger, wie juristischer Personen, in der im §. 13. gedachten Art, d. h. durch Pächter, Wirthschafts- und Forst-Beamte, durfte nicht (nach Bestimmung des §. 11. im Schlesischen Entwurf, welche aber wiederum in den fünf anderen Entwürfen fehlt) auf Besitzer von Dominien beschränkt werden. Dieselbe war vielmehr auf alle diejenigen auswärts Wohnenden (Forensen), sowie auf juristische Personen auszudehnen, welchen laut §. 11. ein Gemeinderecht beigelegt werden soll. Bei der oft vorkommenden Entfernung des Domicils solcher auswärts wohnenden Grundbesitzer muß ihnen aus Gründen der Billigkeit die Befugniß, sich durch andere Personen vertreten zu lassen, nachgelassen werden, und es sind Pächter und Wirthschaftsbeamte als die passendsten Vertreter anzusehen. Dafür, daß eine solche Vertretung nicht ungeeigneten, sondern nur solchen Personen anvertraut werde, welche mindestens eine gleiche Qualifikation besitzen, als die Gemeindeglieder, in deren Mitte sie erscheinen und mit welchen sie gemeinsam berathen sollen, ist durch das Erforderniß gesorgt, daß dieselben alle übrigen Eigenschaften, welche zur persönlichen Ausübung des Gemeinderechtes erforderlich sind, mit Ausnahme des Domicils, des Hausstandes und Grundbesitzes, besitzen sollen. Danach können mithin nur solche Vertreter bestellt werden, die mindestens drei Thaler als Jahresbetrag ihrer Klassensteuer entrichten, wofern sie nicht selbst Grundbesitzer sind.

Dagegen erschien so wenig bei Rittergutsbesitzern, als bei bäuerlichen Mitgliedern, eine Beschränkung bezüglich der Befugniß zur Wahl von Vertretern angemessen, wie sie die Entwürfe für Preußen §. 7., Pommern §. 7., Sachsen §. 10. und Brandenburg §. 7. aufstellen, nämlich auf stimmberechtigte Eingesessene nur ihrer oder der nächstfolgenden Klasse.

Zum §. 14.

Der §. 14. verfügt über die Vertretung mehrerer Personen, die sich im ungetheilten Besitze eines zum Gemeinderechte befähigenden Grundstücks befinden, und stimmt mit dem §. 12. des Schlesischen Entwurfs wörtlich überein.

Die gleiche Bestimmung fehlt in den Entwürfen der fünf übrigen Provinzen, während doch eben sowohl auch hier Miteigenthumsbesitz Mehrerer an ländlichen Grundstücken vorkommt.

Zum §. 15.

Der §. 15., welcher vom Verlust des Gemeinderechtes in Folge Verlustes der bürgerlichen Ehre u. s. w. handelt, entspricht dem §. 13. des Schlesischen und, abgesehen von einigen Redaktions- und materiellen Abweichungen, dem §. 9. des Sächsischen Entwurfs, wogegen eine ähnliche Bestimmung in den Entwürfen für die Provinzen Preußen, Posen, Brandenburg, Pommern ganz fehlt. Nun scheint aber in allen Provinzen die bürgerliche Ehre der Mitglieder ländlicher Gemeinden, wie die moralische Werthschätzung ihrer Versammlungen gleiche Rücksicht und Beschützung zu erheischen. Auch ist in dieser Beziehung zwischen Stadt- und Landgemeinden kein Unterschied anzuerkennen. Deshalb schien es angemessen, den §. 7. der Städte-Ordnung vom 30. Mai 1853, welcher sich durch bessere Redaktion und größere Vollständigkeit empfiehlt, in die Landgemeinde-Ordnung zu übernehmen und dabei nur den zweiten Satz des Alin. 1. §. 13. des Schlesischen Entwurfs, welcher sich in der Städte-Ordnung von 1853 an einer anderen Stelle (im §. 5.) vorfindet, einzuschalten.

Im Anschluß an §. 14. ist Folgendes zu bemerken:

a) Der §. 14. des Schlesischen Entwurfs, welcher eine rein fakultative Bestimmung enthält wegen Aufnahme einer Matrikel von denjenigen Grundstücken, mit deren Besitz das Gemeinderecht verbunden ist und sich lediglich in dem Gesetz-Entwurf für Schlesien vorfindet, schien besser fortzubleiben. Es ist im Allgemeinen von dem Grundsatz ausgegangen: daß Detail-Bestimmungen, zu denen kein Bedürfniß vorliegt, insbesondere solche, welche von jedem Gemeinde-Vorstande ohne gesetzliche Vorschrift getroffen, eben so gut aber auch unterlassen werden können, oder deren Anordnung nöthigenfalls unbedenklich von den Aufsichtsbehörden im administrativen Wege geschehen kann, der wünschenswerthen Einfachheit und Uebersichtlichkeit einer ländlichen Gemeinde-Ordnung Abbruch thun.

b) Aus gleichem Grunde ist auch der §. 29. des Schlesischen Entwurfs, durch welchen das ohne genügende Entschuldigung in der Gemeinde-Versammlung fehlende Mitglied in 10 Sgr. Strafe genommen werden soll, gestrichen;

c) desgl. der §. 54. desselben Entwurfs wegen Anlegung und Fortführung eines Lagerbuchs, in welches alle Bestandtheile des Gemeinde-Vermögens speziell zu verzeichnen sind.

Für eine solche Bestimmung liegt bei einer Mehrzahl ländlicher Gemeinden keine Veranlassung vor; überdies fehlen dazu beim Mangel eines Katasters oder von Vermessungen oft die nöthigen Grundlagen. Dieselbe bleibt zweckmäßiger für diejenigen einzelnen Orte, in welchen dazu ein Bedürfniß obwaltet, der besonderen administrativen Anordnung vorbehalten.

Zum §. 16.

Der §. 16. enthält Bestimmungen über die Ausübung des Stimmrechts und die Abstufung der Gemeinderechte nach Klassen-Verhältnissen. Derselbe entspricht den §§. 16—18. des Regierungs-Entwurfs für Schlesien, welcher, in Ermangelung einer über die Theilnahme am Stimmrecht und die Art der Ausübung desselben entscheidenden Ortsverfassung, die zur Ausübung des Gemeinderechtes befugten Gemeinde-Mitglieder nach Maaßgabe des Grundbesitzes in drei Klassen theilen will und über diese Abstufung und Abgrenzung einige nähere Anleitungen giebt, desgl. den §§. 12—14. des Entwurfs für die Provinz Sachsen, wonach in der Regel ebenfalls drei Klassen gebildet werden sollen; ferner beziehungsweise den §§. 8. der Gesetz-Entwürfe für Preußen, Brandenburg, Posen und Pommern, welche in der Regel nur zwei Klassen resp. aus den Besitzern von Gespann haltenden oder Acker-Nahrungen und aus den übrigen Grundbesitzern bilden und den ersteren Viril-, den letzteren Kollektiv-Stimmen beilegen wollen und welche zur Feststellung des Unterschiedes von Gespann- resp. Acker-Nahrungen und geringeren Grundbesitzungen, resp. Scheidung der virilstimmberechtigten ersten und collectivstimmberechtigten zweiten Klasse, theils der Sache nach, theils, wie der Entwurf für Posen mit ausdrücklichen Worten, auf die durch das Ablösungs-Gesetz vom 2. März 1850 aufgehobenen Deklarationen der Regulirungs-Gesetze vom 14. September 1811 und 8. April 1823, resp. vom 29. Mai 1816 und 10. Juli 1836 zurückgehen. Es hat sich zwar auch der Entwurf des Ausschusses (Nr. 70.) einer einigen Gemeinde-Ordnung für alle sechs östliche Provinzen, im §. 16. dem Prinzip der Regierungs-Entwürfe im Allgemeinen angeschlossen, jedoch mit Vermeidung von Detail-Bestimmungen sich auf generelle Grundsätze und Anleitungen für die statutarischen und administrativen Anordnungen in den Fällen beschränkt, in welchen eine Ergänzung der Ortsverfassung nöthig wird.

Dieser abweichenden Fassung im §. 16. des Entwurfs des Ausschusses liegen folgende Erwägungen zum Grunde:

Die Gemeinde-Ordnung vom 11. März 1850, wie der Schlesische Entwurf der Regierung gehen bei den Bestimmungen über das Gemeinde- und Stimmrecht insofern von einer gemeinsamen Grundlage aus, als nach beiden — (nach dem vorliegenden Regierungs-Entwurf subsidiarisch, in Ermangelung der zunächst entscheidenden Orts-Verfassung) — drei verschiedene Klassen von Gemeinde-Mitgliedern aufgestellt werden, nur mit dem Unterschiede, daß dies in der Gemeinde-Ordnung von 1850 nach dem Besteuerungs-, im vorliegenden Entwurf nach dem Besitzthums-Verhältniß geschieht. Bei einer richtigen Steuervertheilung können beide Prinzipien zu ein und demselben praktischen Ergebniß führen, wie dies denn auch bei Anwendung des Dreiklassensystems der Gemeinde-Ordnung von 1850 wirklich meist oder doch oft der Fall gewesen ist. Auch erkennt selbst der Regierungs-Entwurf, zufolge der Bestimmung des §. 50. Alin. 2. die Richtigkeit des Grundsatzes an, daß — sobald einmal verschiedene Abstufungen der Gemeinderechte angenommen werden und anderweit zu reguliren sind, alsdann die größere oder geringere Theilnahme an den Lasten und Abgaben des Gemeinde-Verbandes einerseits und an den Rechten desselben, insbesondere am Stimm- und Wahlrechte andererseits, Correlate sein müssen. Der Regierungs-Entwurf glaubt den bisherigen Rechtszuständen und den danach fortdauernden thatsächlichen Verhältnissen in den Landgemeinden dadurch näher zu treten und mehr zu entsprechen, daß wiederum auf das Klassen-Verhältniß nach Maaßgabe der Besitzthümer zurückgegangen wird und diesem Ausgangspunkt schließt sich auch der §. 16. des Entwurfs des Ausschusses im Wesentlichen an. Betrachtet man jedoch den Entwurf der Regierung aus diesem seinem eigenen Standpunkt und Prinzip, so wird nicht bestritten werden können, daß derselbe ebensowohl für die Provinz Schlesien, als für die übrigen Provinzen, — deren Entwürfe im Allgemeinen nur auf zwei Klassen zurückgehen, — in einem Theile des administrativen Provinzial-Verbandes mehr, im anderen weniger, — 1) ein durchaus neues, den wirklich bestehenden Verhältnissen in der That nur theilweise entsprechendes Klassensystem aufstellt, 2) daß die in den Entwürfen vorgeschlagene neue Klasseneintheilung, insoweit sie als allgemeine provinzielle Norm gelten soll, ebenfalls eine gemachte und willkürliche ist und deshalb auch 3) hier mehr dort weniger in wirklich bestehende Verhältnisse der Gemeinden und ihrer Besitzthumsklassen eingreift und verletzend einschneidet, daher an diesem oder jenem Orte vielleicht noch mit mehr Widerstreben aufgenommen werden würde, als die, wenigstens ihrem Prinzip nach einleuchtendere, Klasseneintheilung nach dem Steuerbeitrags-Verhältniß, wie sie die Gemeinde-Ordnung von 1850 enthielt.

Es werden diese Uebelstände in allen Provinzen auf gleiche Weise hervortreten, sobald für eine ganze Provinz, — für einen solchen, aus den verschiedensten, größeren oder kleineren Territorien zusammengesetzten Administrationsbezirk, — ein und dieselben, wenn auch nur subsidiairen Normen aufgestellt werden. Dies tritt in um so höherem Maaße ein, je mehr sich dergleichen Normen, wie es auch in dem Schlesischen Entwurf der Fall ist, auf Detail- und Spezial-Bestimmungen einlassen, weil es eine bekannte Thatsache ist, daß die Bildung und Fixirung der Besitzthums-Klassen der bäuerlichen Wirthe und Hofbesitzer in früherer Zeit hauptsächlich mit der Art und dem Maaße der Leistungen und Dienste aus dem gutsherrlichen und bäuerlichen Verhältniß zusammenhing, und daß deshalb dergleichen Klassificirung nicht einmal in ein und demselben Territorium, viel weniger in ein und demselben, erst weit später eingerichteten Provinzial-Verbande übereinstimmt, sondern sogar ortschaftsweise, in benachbarten Dörfern eine abweichende und unterschiedene gewesen ist.

Deshalb verwies auch das Allgem. Landrecht bei den Gemeindenutzungen, wie bei den Gemeinde-Spanndiensten nicht auf provinzielle Klassen, sondern auf Verträge und hergebrachte Ortsgewohnheit, auf das Verhältniß der Klassen, in welche die Ackerbesitzer an jedem Orte eingetheilt werden (§§. 23. 31. 41. Tit. 7. Thl. II.). Es modificirte sich diese Klasseneintheilung in allen Territorien so mannichfach, daß das Besitzthum und Leistungs-Verhältniß eines Bauern, Ganzhüfners oder Vollbauern u. s. w. in dem einen Dorfe keinesweges dem Besitzthum und den Leistungen eines unter gleicher Bezeichnung vorkommenden bäuerlichen Wirths in einem anderen Dorfe gleich war. Es richtete sich in den verschiedenen einzelnen Orten diese Eintheilung und Benennung bald nach dem Besitz (Ganz-, Dreiviertel-, Halbhüfner, Groß- und Klein-Kossäthen, Groß- und Klein-Häusler, Gärtner, Büdner u. s. w.), bald nach der Art und dem Umfang der Dienstleistung und Haltung von Gespannvieh (Vier-, Drei-Spänner, Spitzspänner, Dreschgärtner, Zehntschnitter u. s. w.), bald nach der rechtlichen Besitzqualität (Frei-, Lehn-, Scharwerks-, oder Laß-Bauern-Gärtner oder Häusler, Auenhäusler, Eigenkäthner u. s. w.). Kommen auch die einen oder anderen Bezeichnungen und Besitzklassen häufiger in der einen als in der anderen Gegend vor, so finden sich doch oft in ein und demselben Orte der Provinz die verschiedenartigsten Besitz- und Klassen-Verhältnisse (Bauern, Ganz- und Halb-Hüfner, Groß- und Klein-Kossäthen, Häusler, Büdner, wiederum Frei-, Erbpachts- und Laß-Besitzer, ebenso köllmische Besitzer von verschiedenen Hufen, Scharwerksbauern, Preußisch Freie, Eigenkäthner, Kolonisten u. s. w.) unter- und nebeneinander, während andererseits in benachbarten Orten nur ein und dasselbe Verhältniß des Besitzes und der Leistungen bei allen bäuerlichen Grundbesitzern obwaltete. So waren 1820 im Regierungsbezirk Gumbinnen an 1185 königliche und nur an 158 adliche Bauerndörfer, 590 Köllmer- resp. ältere Freidörfer und 737 gemischte Dörfer (von Köllmern, Emphyteuten, vormaligen Scharwerksbauern u. s. w.) vorhanden und nur 260 adliche Vorwerke, während diese Besitz- und Dorfschaftsverhältnisse in Ostpreußen und wiederum in Westphalen ganz anders standen (vergl. Freiherr v. Haxthausen ländliche Verf. von Ost- und West-Preußen. S. 186—188.).

Dazu kommen, hier und dort mehr oder weniger, andere Arten von Besitzungen, als alteigenthümliche Mühlen, Schmieden, Krüge u. s. w. innerhalb desselben Gemeindebezirks vor. Zu dieser Mannichfaltigkeit und zum Theil ortschaftsweisen Verschiedenheit von Besitzthums- und Leistungsklassen bäuerlicher Einsassen und Grundstücksbesitzer aus früherer Zeit, sind im Laufe von 40 Jahren noch viel mehr Modifikationen und Aenderungen durch Dismembrationen und Consolidationen getreten; vorzugsweise letztere, namentlich in Pommern, wo drei und mehr Bauerhöfe zusammengekauft und in ein (bäuerliches) Gut vereinigt, häufiger noch die Bauerhöfe von den Rittergutsbesitzern ausgekauft und zu den Rittergütern geschlagen sind, so daß einzelne Dörfer vorkommen, wo alle Bauerhöfe verschwunden und nur noch Büdner theils aus früherer Zeit geblieben, theils auf gerhodetem Forstlande und Hinterländereien neu etablirt sind [1].

Soll der Tendenz der Reg.-Entwürfe wirklich entsprochen werden, so kann dies nur dadurch geschehen daß dieselben dispositive Vorschriften über Details und Specialitäten für die Feststellung allgemeiner provinzieller Normen in Betreff der Klasseneintheilung vermeiden, sich dieserhalb vielmehr auf allgemeine Gesichtspunkte und Anleitungen beschränken und deren Anwendung in den einzelnen streitigen und zweifelhaft gewordenen Fällen, bei verdunkelter Ortsverfassung oder bei sonst eintretendem Bedürfniß den Provinzial-Behörden anheimgeben, beziehungsweise der Entscheidung der Regierung mit Rücksicht auf die (auch in den §§. 16—18ff. und im Alin. 2. §. 50. des Schlesischen Entwurfs angedeuteten) allgemeinen leitenden Prinzipien anvertrauen, hierbei aber zugleich darauf hinweisen, daß die bestehenden Klassen- und Stimmverhältnisse nur so weit, als der vorliegende Fall dazu ein Bedürfniß darbietet, modificirt, und daß deshalb Ergänzungen der Ortsverfassung möglichst an die bisherigen Verhältnisse und Zustände angeschlossen werden, wogegen dispositive Vorschriften specialisirter Normen und Regeln über die Klasseneintheilung für einen ganzen Provinzial-Verband, selbst dann, wenn dergleichen Normen auch nur subsidiarisch sind, meistentheils verletzend in bestehende Verhältnisse eingreifen, auch einer endlosen, einestheils aufregenden, die Zustände verwirrenden, anderentheils dieselben mechanisch schematisirenden, und in dieser Richtung gewiß unerwünschten Einmischung der Bureaukratie ein weites Feld öffnen.

Es gilt dies für alle Gegenden und Distrikte der sechs östlichen Provinzen, denn in allen kommen mehr oder weniger ortschaftsweise abweichende Verschiedenheiten der Besitz- und Leistungs-Verhältnisse derselben Klassen vor. Man vergleiche beispielsweise aus der Mark Brandenburg Gemeinden wie Rixdorf bei Berlin, Sieversdorff im Beeskowschen Kreise, Letschin und Zellin im Oder-, Balz und Kleinheide im Warthebruch u. s. w., mit der Mehrzahl kleiner Dörfer von kaum 10 oder wenig mehr bäuerlichen Wirthen, oft gleicher Qualität. Der polnische und deutsche Theil von Oberschlesien, also nur letzteres für sich betrachtet, das rechte und linke Oderufer, bietet schon ganz andere Grundlagen für die Klassifikation dar. Wenn bereits in einer

[1] Im Regierungs-Bezirk Cöslin sind in den Jahren 1822—1837 dreihundert und zwölf Bauerhöfe mit Rittergütern, sechszehn mit anderen Gütern vereinigt, also 328 durch Consolidation eingegangen, hingegen nur 98 parcellirt.

der noch am homogensten zusammengesetzten, dabei mit Ausnahme der Niederlausitz, seit Jahrhunderten von denselben Regenten besessenen, im Wesentlichen unter gleicher Gesetzgebung befindlichen Provinz, in der Mark Brandenburg, so große Verschiedenheiten vorkommen, so ist dies in anderen Provinzen z. B. in Sachsen in weit höherem Maße der Fall (vergl. oben die allgemeinen Motive), da in einigen Theilen dieser Provinz früher geschlossene und klassenweise abgestufte, in anderen Theilen fast nur aus Wandeläckern zusammengesetzte, nach Umfang und Lasten in jedem Orte sehr verschiedenartige Güter vorkommen, wiederum in einigen Theilen und Orten neben den Neuanbauern meist nur altberechtigte bäuerliche Höfe, in anderen, bei althergebrachter Dismembrationsfreiheit, neben wenigen gespannhaltenden Gütern, in der Mehrzahl nur kleine, theils alte, theils neue Häuslernahrungen und dabei viele Grundstücksbesitzer ohne Wohnhaus existiren. Denn es hat auf die verschiedenen, vor 1807 zum Theil selbstständigen, zum Theil wenigstens unter besonderer Verfassung und Verwaltung stehenden Territorien, aus denen der Provinzial-Verband Sachsen zusammengesetzt ist — (z. B. das Herzogthum Magdeburg, das Fürstenthum Halberstadt, die preußischen und die sächsischen Theile der Grafschaft Mansfeld, auf die Grafschaft Hohenstein, das Eichsfeld, den Saalkreis, die Kreise Torgau und Wittenberg, dann die Jerichowschen Kreise u. s. w.) — ihre frühere abweichende und besondere Territorial-Gesetzgebung, vorzugsweise bezüglich der, selbst bis zu entschiedenen Gegensätzen herausgebildeten Verschiedenartigkeit von Agrar-, Besitz- und Leistungs-Verhältnissen — (den Fundamenten der Klasseneinrichtung in den ländlichen Gemeinden jener Territorien) — eingewirkt. Demnach sind allgemeine, gleichviel ob principale oder subsidiaire Normen und Regeln für die Klassifikation der Gemeindeglieder innerhalb ganzer, nur bezüglich der Verwaltungseinrichtungen homogener Provinzialverbände unzulässig und mit der Tendenz der vorgelegten Entwürfe selber unvereinbar; es lassen sich vielmehr nur ganz allgemeine in allen Landestheilen und Provinzen gleich anwendbare leitende Gesichtspunkte aufstellen. Bei dieser Gestalt der Verhältnisse muß es sich daher auch empfehlen, daß, wenn und soweit die Gemeinden und deren Mitglieder über das bisher Beobachtete (die Ortsverfassung) unter sich einverstanden sind oder sich einigen, es dabei möglichst belassen und von Aufsichtswegen keine normative Neuerung getroffen, demnächst aber nur in folgenden Fällen eingeschritten und eine Ergänzung der bestehenden Ortsverfassung wegen des Stimmrechts veranlaßt werde:

I. wenn ein Bedürfniß dazu deshalb vorliegt, weil die Befugniß zur Ausübung des Gemeinderechts nach den Bestimmungen des Gesetzes (§§. 10—12.) erweitert und die Einreihung neuer Gemeinde-Mitglieder danach erforderlich ist; außerdem aber nur

II. wenn auf eine neue Regulirung des Stimmrechtes von der Gemeinde selber oder von einzelnen Klassen oder von Gliedern der Gemeinde ausdrücklich angetragen wird, welcher Antrag wiederum nur unter folgenden Voraussetzungen motivirt und gerechtfertigt erscheinen kann:

1) wenn Zweifel und Streitigkeiten über die Ortsverfassung bezüglich der Stimmrechte vorliegen,
2) wenn, bei sonst unstreitiger bisheriger Observanz, ein erhebliches Mißverhältniß zwischen der Theilnahme am Stimmrechte und der Theilnahme an den Gemeindelasten besteht.

Abgesehen von diesen besonderen Fällen, gehört dagegen auch unter die allgemeine Bestimmung, wonach wegen der Theilnahme am Stimmrecht zunächst die bestehende Ortsverfassung maßgebend bleibt, das bisher nicht blos in Schlesien, sondern auch in den anderen Provinzen in der Mehrzahl geltende Virilstimmenrecht jedes mit Gemeinderecht versehenen Gemeinde-Mitgliedes, ohne Rücksicht auf Art und Größe des Besitzthums. Wo ein solches gleiches Virilstimmenrecht ortsverfassungsmäßig besteht, ist dasselbe (zufolge Alin. 1.), aufrecht zu erhalten und die Ergänzung hat sich dann auf die Theilnahme derjenigen Gemeindemitglieder zu beschränken, welche keinen Grundbesitz haben, doch 3 Thlr. Klassensteuer zahlen, resp. auf solche, welche bisher an den Gemeinde-Versammlungen nicht Theil nahmen, sofern der Hinzutritt neuer Stimmberechtigter nicht etwa auf das Stimmrecht der älteren Mitglieder dergestalt zurückwirkt, daß dadurch auch zwischen dem Stimmrecht der bisherigen Gemeinde-Mitglieder und ihren Leistungen ein erhebliches Mißverhältniß entsteht. Denn, welche Motive und Thatsachen ein solches Mißverhältniß hervorbringen, ist an sich und für die daran zu knüpfende, im Gesetz auszusprechende Wirkung, — die Ergänzung der Ortsverfassung in Betreff der Stimmrechte, — gleichgültig. Häufig wird ein solches Mißverhältniß zwischen Gemeinderechten und Kommunalbeitragspflichten einzelner Klassen oder Mitglieder der Gemeinde, die Folge sein von den durch Dismembrationen oder Consolidationen bäuerlicher Wirthschaften, auch wohl von Ablösungen, herbeigeführten Veränderungen in den Besitzstands-Verhältnissen und es ist dieser Gegenstand bei dem §. 16. ganz besonders ins Auge zu fassen. Denn die auf dem alten Frohndienstverhältniß und auf sonstiger, vormals dem Bauerstande fast allein obliegender Belastung mit Staats-, Societäts- und gutsherrlichen Leistungen und Abgaben aller Art, beruhende verfassungsmäßige Geschlossenheit der bäuerlichen Güter, ist durch das Edikt vom 9. Oktober 1807 und das Landeskultur-Edikt vom 14. September 1811 mit den diese Geschlossenheit bedingenden persönlichen und dinglichen Beschränkungen, Belastungen und Abhängigkeits-Verhältnissen gelöst, resp. in der Ablösung begriffen; in Folge dessen haben sich die bäuerlichen Klassen-Besitzverhältnisse im Laufe von 40 Jahren durch Dismembrationen und Consolidationen aller Orten mehr oder weniger umgewandelt und aufgelöst. Jene Gesetzgebung und diese ihre Wirkung ist ein historisches Faktum, und zwar ein sehr tiefgreifendes, das bei Berathung der ländlichen Gemeinde-Ordnung nicht verleugnet werden darf, ohne die Rechts- und Gemeinde-Verhältnisse, anstatt sie zu regeln und zu befestigen, in Anarchie zu versetzen.

Hauptsächlich liegen in jener Gesetzgebung und den ihr folgenden Regulirungs- und Separations-Gesetzen die Gründe, welche neue Regulirungen der Gemeinderechte, wie der Gemeindepflichten, hervorrufen und schon seit langer Zeit als eine der dringendsten Aufgaben für die Gesetzgebung und Verwaltung des Staats erscheinen ließen (vgl. dieserhalb auch die §§. 12—15. des Gesetzes vom 3. Januar 1845, betreffend die Zertheilung von Grundstücken und die Gründung neuer Ansiedlungen.).

Dazu kommt die Gesetzgebung über die Gewerbefreiheit und die Aufhebung der Zwangs- und Bannrechte, in Folge deren sich Kaufleute und Gewerbetreibende auf das platte Land übergesiedelt haben. Die vorstehend angeführten Momente sind von überwiegend entscheidendem Einfluß auf die gegenwärtige Gestalt des ländlichen Gemeindewesens, und zwar auf ganz gleiche Weise in allen sechs östlichen Provinzen, sogar noch mehr in Pommern und Preußen, wie in Sachsen, und wie vielleicht selbst einmal in Schlesien. Durch sie wird das Bedürfniß zu einer fortschreitenden Ergänzung der örtlichen Gemeinderechte und Gemeindepflichten neu hinzugetretener und neu aufzunehmender Gemeindemitglieder, insbesondere für den Fall der klassenweisen Regelung des Stimm- und Wahlrechts vorzugsweise hervorgerufen.

Diese Motive der allgemeinen, in allen östlichen Provinzen auf gleiche Weise auf die Kommunal-Verhältnisse einwirkenden Agrar- und Kultur-Gesetzgebung äußeren ihren entscheidenden Einfluß nicht provinzenweise, sondern vielmehr gerade für einzelne Orte, wo Dismembrationen und Consolidationen bäuerlicher Güter, oder wo Ablösungen mit, resp. ohne Landabtretungen in mehr oder weniger erheblichem Umfange vorgekommen sind, woraus wiederum klar hervorgeht, daß provinzielle Normen über die Klassifikation der Gemeindemitglieder unzulässig sind und es weit mehr auf Regulirungen in einzelnen Fällen und Orten ankommen wird. Denn die Dismembrationen, Consolidationen, gutsherrlich-bäuerlichen Regulirungen und Ablösungen sind es hauptsächlich, welche Veränderungen im Besitz- und Nahrungszustande der Gemeindemitglieder und dadurch zur Folge haben, daß die bisherige und frühere Ortsverfassung in Betreff des Stimmrechts entweder verdunkelt, zweifelhaft und streitig, oder erschüttert wird, und nicht mehr paßt, oder daß ein Mißverhältniß zwischen dem Gemeinde- und Stimmrecht und dem Beitrags-Fuß und Verhältniß zu den Kommunallasten entsteht.

Denn so sind z. B. die Kossäthen und kleinen Besitzer in Pommern und der Mark zu verhältnißmäßig höheren Lasten veranlagt und herangezogen, als die Bauern, weil bei der Klassifikation und Einschätzung zur Kontribution auf ihren Nebenerwerb und ihre verhältnißmäßig größere Viehhaltung gerechnet ist, während sie bei den Separationen nach den Bestimmungen der Gemeinheitstheilungs-Ordnung von 1821 meist nur nach dem Verhältniß ihres Grundbesitzes von der Weide abgefunden sind.

Aehnlich ist es in Schlesien und Preußen.

Wenn die vorliegenden Entwürfe, abweichend von der Gemeinde-Ordnung vom 11. März 1850, nach welcher im Allgemeinen Leistungsfähigkeit und Steuerkraft über Stimmrechte entschieden, diese Stimmrechte auf die bisherige Ortsverfassung und eine ihr entsprechende Regelung des Stimmrechts zurückführen, so fällt damit auch die Voraussetzung des §. 96. des Ablösungs-Gesetzes vom 2. März 1850 fort.

Aus vorstehenden Bemerkungen ergiebt sich denn zugleich, daß die Erledigung der dargestellten Mängel und Mißverhältnisse, die bald in größerem Umfange in Bezug auf ganze Klassen, bald nur in Bezug auf einzelne Gemeindemitglieder hervortreten werden, in der Mehrzahl der Fälle nicht dem Ortsstatut, — der Autonomie derer überlassen werden kann, welche bisher im alleinigen Besitz des Gemeinderechts gewesen, daß vielmehr, wenn eine statutarische Festsetzung nicht zu Stande zu bringen ist, alsdann die Entscheidung der Regierung, als derjenige Weg zu bezeichnen ist, auf welchem eine nothwendige neue Regulirung der Stimmrechte zum Ziel und Austrag zu bringen, eben weil es sich häufig um sehr concrete, vereinzelte Fälle an einem einzelnen Orte und um Streitigkeiten einzelner neuer Glieder gegenüber der ganzen übrigen Gemeinde handelt, z. B. eines Rittergutsbesitzers als Forensen, der mehrere Bauerhöfe im Dorfe ausgekauft hat und daher nicht blos zwei, sondern mehrere Stimmen in der Gemeinde beansprucht, dem aber die Gemeinde widerspricht.

Man könnte in Betracht ziehen, ob dabei nicht eine Mitwirkung der Provinzialstände (unter Genehmigung des Königs) einzutreten habe? Eine solche Mitwirkung würde sich indeß wiederum nur für die Festsetzung allgemeiner Normen empfehlen, während es meist auf die Festsetzung zweifelhafter oder streitiger Verhältnisse in den einzelnen Orten ankommen wird. Es bleibt daher nur übrig, dabei die Entscheidung der Regierung — wenigstens für jetzt — eintreten zu lassen, vor deren Ertheilung aber in allen Provinzen der Kreistag zu hören sein wird, der den concreten Verhältnissen nahe steht und mit denselben vertraut, daher zu deren Beurtheilung am besten geeignet ist.

Die vorstehenden Betrachtungen rechtfertigen die anderweit vorgeschlagene Fassung, wobei nur zu bemerken bleibt, daß auch ein Einzelner eine Klasse bilden und nicht blos zwei, sondern auch mehr Stimmen in der Gemeinde-Versammlung führen kann, je nach dem verhältnißmäßig größerem Maße seines Besitzthums oder Steuer- und Lastenbeitrages. Ebenso empfiehlt sich die vorgeschlagene Fassung aus den erörterten, für alle Landestheile gleich zutreffenden Gründen grade auch als eine allgemeine für alle Provinzen.

B. Gemeinde-Verwaltung (§§. 17—47).

Vertretung der Gemeinde u. s. w. (§. 17.).

Zum §. 17.

Der §. 17. entspricht dem §. 15. des schlesischen und dem §. 11. des sächsischen Entwurfs, deren Bestimmungen dagegen in den 4 anderen Entwürfen fehlen.

Der Entwurf des Ausschusses hat, wie es auch die Regierungs-Entwürfe an verschiedenen Orten thun, die Bezeichnung „Gemeindevorsteher“ als die allgemein verständliche, der Amtsstellung entsprechende, beibehalten; für die Beigeordneten des Gemeinde-Vorstehers aber die am meisten übliche und der älteren deutschen Gemeindeverfassung entsprechende der „Schöffen“ gewählt und dabei nur, nach dem Vorgange der §§. 46. und 73. Tit. 7. Th. II. A. L.-R., die anderen, theils nur in einzelnen Landestheilen gebräuchlichen, theils sogar nur lokalen Benennungen des Gemeindevorstehers und der Schöffen zu mehrerer Deutlichkeit in Parenthese beigefügt.

Die Vermehrung der Zahl der Schöffen ist füglich von dem Antrage der Gemeinde abhängig zu machen. Diese kann das Bedürfniß dazu am besten würdigen.

Gemeinde-Versammlung. §§. 18—29.

Zum §. 18.

Der §. 19. des schlesischen, §. 16. des sächsischen Entwurfs und die resp. §§. 12. der übrigen Entwürfe, denen der §. 18. des Entwurfs des Ausschusses entspricht, unterscheiden sich nur durch Abweichung in der Redaktion.

Der Zusatz wegen der Befugniß der Gemeinde-Versammlung, sich von der Ausführung ihrer Beschlüsse Ueberzeugung zu verschaffen, entspricht dem unbestreitbarsten Rechte und Wesen einer solchen Versammlung.

Zum §. 19.

welcher dem §. 20. des schlesischen Entwurfs, den, jedoch in Redaktion und Inhalt abweichenden §§. 15 u. 17. des sächsischen Entwurfs und den §§. 12. der übrigen 4 Entwürfe entspricht, hat das — allein dem schlesischen Entwurf eigenthümliche — 2. Alinea aus §. 20. desselben nicht mit aufgenommen. Welche Befugniß und ob die der Gemeinde-Versammlung beizuwohnen und dieselbe zu leiten, der Polizei-Obrigkeit beizulegen sei? ist bezüglich aller Provinzen auf gleiche Weise zu entscheiden und zwar bei §. 72., wo wegen der Aufsicht über die Gemeinde-Verwaltung bestimmt wird, resp. in der ländlichen Polizei-Ordnung.

Zum §. 20.

1. Nur §. 21. des schlesischen Entwurfs enthielt eine vollständige und nirgends entbehrliche Bestimmung über Zusammenberufung der Gemeinde-Versammlung, während eine solche in den 4 übrigen Entwürfen ohne ersichtliches Motiv ganz fehlt, und der §. 17. des sächsischen Entwurfs nur auf das bisherige ortsübliche Verfahren hinweist.

2. Die im §. 21. des schlesischen Entwurfs enthaltene Bestimmung: „daß vor Beginn jeder Gemeinde-Versammlung gleichzeitig (also ebenfalls 24 Stunden zuvor) von den zur Berathung bestimmten Gegenständen Anzeige an die Polizei-Obrigkeit erstattet werden solle,“ — ist zwar aus der älteren schlesischen Dorfordnung von 1804 entnommen, jedoch antiquirt, in vielen Fällen unausführbar und für die Thätigkeit der Gemeinde-Versammlung lähmend, zumal dann, wenn öfter die Polizei-Obrigkeiten mehrere Meilen vom Orte der Gemeinde-Versammlung entfernt wohnen.

3. Endlich ist die ebenfalls nur im §. 21. des schlesischen Entwurfs

vorkommende Bestimmung gestrichen, wonach jedesmal und über alle Beschlüsse der Gemeinde-Versammlung eine Verhandlung aufgenommen und die bewirkte Vorladung bescheinigt werden sollte, da diese Bestimmung über das Bedürfniß hinausgeht und selbst in der Provinz Schlesien, namentlich in deren polnischen Theile, nicht überall ausführbar ist. Bei wichtigen und solchen Angelegenheiten, welche eine dauernde Wirkung oder eine Bedeutung nach außen hin haben sollen, ist die Feststellung des Beschlusses der Gemeinde in äußerlich erkennbarer, gültiger Form durch den Zweck von selbst geboten und es enthält darüber der §. 26. (§. 28. des schlesischen, §§. 24 u. 25. des sächsischen und resp. §§. 12. des preußischen, brandenburgischen und pommerschen Entwurfs) eine genügende und sehr zweckmäßige Bestimmung, während eine solche in dem Entwurf für Posen wiederum vermißt wird.

4. Aus gleichen Gründen ist die nur im §. 27. des schlesischen Entwurfs vorkommende Bestimmung: „daß jeder Beschluß der Gemeinde-Versammlung in ein Protokollbuch verzeichnet und außer durch den Schulzen und die beigeordneten Gerichtsmänner, noch durch mindestens ein Mitglied aus jeder Klasse der Grundbesitzer unterschrieben werden soll,“ um so mehr weggelassen, da diese Bestimmung auch für Schlesien ganz neu und eine gleiche in den 5 anderen Entwürfen nicht für nöthig erachtet worden war.

Zum §. 21.

Nur die Entwürfe für Schlesien und Sachsen enthalten eine Bestimmung über die Bedingungen zur Gültigkeit eines Gemeinde-Beschlusses. Diese Bestimmung darf indeß nirgends fehlen, weil davon die Wirksamkeit des Gemeindelebens in seinen wesentlichsten Aeußerungen abhängt und ihr Gegenstand das Fundament der Lebensthätigkeit jeder, gleichviel ob großen oder kleinen Gemeinde bildet, dabei aber die Kenntniß und das Zurückgehen auf die Vorschriften der allgemeinen Gesetze von den Mitgliedern der Landgemeinden nicht gefordert werden kann.

Wenn der §. 18. des sächsischen Entwurfs nur die Anwesenheit der Hälfte der Mitglieder verlangt, während §. 22. des schlesischen Entwurfs (in Uebereinstimmung mit §. 55. Tit. 6. Th. II. des A. L.-R.) die Anwesenheit von zwei Drittheilen erfordert, so kann jene Abweichung von den allgemeinen Landesgesetzen durch keinerlei provinzielle Eigenthümlichkeit motivirt werden.

Der Fassung des §. 21. im Entwurfe des Ausschusses liegen außerdem die §§. 54 und 55. Tit. 6. Th. II. des A. L.-R. und §. 85. der Verordnung vom 20. Juni 1817. G.-S. S. 175 zum Grunde.

Zum §. 22.

ist nur zu bemerken, daß sich die gleichwohl unentbehrliche Vorschrift „über Fassung der Beschlüsse in der Gemeinde-Versammlung nach Stimmenmehrheit u. s. w.“, nur in den Entwürfen für Schlesien und Sachsen, im ersteren ferner noch die besondere, jedoch durch keine eigenthümliche Provinzial-Verhältnisse zu rechtfertigende Bestimmung vorfindet: „daß in den Fällen, in welchen die Ortspolizeibehörde die Leitung der Versammlung übernommen hat, bei Stimmengleichheit das Loos entscheiden solle.“

Die Redaktion beim §. 22. schließt sich der einfacheren und dabei erschöpfenden Fassung des §. 19. des sächsischen Entwurfs an.

Zum §. 24.

Dasselbe gilt beim §. 24. welcher dem §. 20. des sächsischen Entwurfs entspricht, während über den Gegenstand in vier Entwürfen jede Bestimmung fehlt, jedoch schon mit Rücksicht auf §. 11. der Verordnung vom 30. Juni 1834, die Kab.-Ord. vom 14. Juli 1833, §. 44. der Städte-Ordnung vom 30. Mai 1853 und die Deklaration vom 26. Juli 1847 nicht entbehrlich sein dürfte.

Zum §. 25.

ist vorgezogen, in den Fällen, in welchen sich eine Klasse von Gemeindegliedern über Rechtsverletzungen durch Gemeindebeschlüsse beschwert — in Uebereinstimmung mit dem Entwurf der Staats-Regierung aus der Sitzungs-Periode von 1852—53 und mit dem bestehenden Organismus der Landesverfassung — die Entscheidung der Regierung und nicht dem Landrath, als Commissarius der Regierung, zu übertragen, dagegen den durch Letzteren anzustellenden Sühneversuch dispositiv, nicht blos facultativ vorzuschreiben.

Zum §. 26.

Diese in allen Entwürfen materiell mit §. 28. des Entwurfs für Schlesien harmonirende Bestimmung, wegen der Form rechtsverbindlicher Urkunden, ist der besseren Redaktion des sächsischen Entwurfs nachgebildet.

Zum §. 27.

Dasselbe gilt bei diesem §. und ist außerdem aus dem sächsischen Entwurf auch die höchst zweckmäßige Bestimmung übernommen wegen der Befugniß der Gemeinde-Versammlung, sich bei ihren Geschäften durch Bevollmächtigte oder besondere Deputationen vertreten lassen zu dürfen, welche in allen übrigen Entwürfen fehlt. Eine solche Bestimmung ist vorzugsweise geeignet, einerseits eine lebendigere Theilnahme an der Verwaltung der Gemeindeangelegenheiten unter den Mitgliedern hervorzurufen, andererseits die Gemeindeverwaltung durch die für die einzelnen Gegenstände tüchtigsten Persönlichkeiten zu unterstützen. Außerdem empfiehlt sie sich deshalb für alle Landestheile, weil dadurch, selbst in größeren Gemeinden mit entwickeltem Gemeinwesen, die fortgesetzte Theilnahme aller einzelnen Gemeindeglieder an den Versammlungen ermöglicht, auch der Uebergang zu einer Vertretung durch Gemeindeverordnete, wenn nicht ganz erübrigt, so doch allmälig und naturgemäß angebahnt wird.

Zum §. 28.

Auch in dem Falle, wenn die Gemeinde-Versammlung einen Beschluß gefaßt hat, der ihre Befugniß überschreitet, die Gesetze oder das Gemeinde-Interesse oder das Staatswohl verletzt und deshalb beanstandet worden, kann nicht dem Landrath, sondern nur der Regierung die Entscheidung übertragen werden, weil sonst in jedem Kreise eines Departements verschiedene und abweichende Principien über die Kompetenz der Gemeinden und andere wichtige Fragen zur Geltung gebracht werden könnten, und weil im Allgemeinen nur in einem größeren (Central-) Collegium deren unbefangenere und zutreffendere Beantwortung vorauszusetzen und gewährleistet ist. Auch war kein Motiv ersichtlich, weshalb in dem Pommerschen, Preußischen, Brandenburgischen und im Schlesischen Entwurf die Ortspolizeibehörde, im Sächsischen und Posenschen Entwurfe die Aufsichtsbehörde als diejenige Instanz bezeichnet wird, auf deren Geheiß ein Beschluß zu suspendiren sei. Es empfiehlt sich vielmehr eine conforme Bestimmung für alle Provinzen auch in dieser Beziehung, und deshalb in Uebereinstimmung mit anderen §§. die Verweisung nur auf die Polizei-Obrigkeit, dabei aber eine nähere Anweisung für den Landrath über das von ihm zu beobachtende Verfahren.

Zum §. 29.

Eine Bestimmung, wie es gehalten werden soll, wenn eine Gemeinde-Versammlung es unterläßt oder verweigert, die Aufbringung derjenigen Leistungen zu beschließen, welche der Gemeinde gesetzlich obliegen, findet sich nur im §. 31. des Schlesischen und im §. 23. des Sächsischen Entwurfs vor. Sie erschien für alle Landestheile gleich nothwendig und war dabei der unbestimmten Bezeichnung der Aufsichtsbehörde hier zweckmäßiger die des Landraths zu substituiren, weil bei einer Mehrzahl der hier in Frage kommenden Angelegenheiten, z. B. bei Ausbesserung von Brücken und Wegen, ein schleunigeres Einschreiten wünschenswerth und daher die Kompetenz des näheren Landraths vorzuziehen scheint.

Gemeindeverordnete (§§. 30 — 38).

Zu §§. 30 folg.

Bei den Bestimmungen über die Einsetzung von Gemeindeverordneten sind die Motive zum §. 6. und §. 16. zu vergleichen und hiernächst (gegenüber den §§. 32 folg. des Schlesischen, §§. 26 folg. des Sächsischen und den resp. §§. 9 folg. der 4 anderen Entwürfe) folgende Erwägungsgründe leitend gewesen:

Zum §. 30.

Die Erwähnung einer bestimmten Klassenzahl, für welche Abgeordnete zu bestellen, ist deshalb nicht wohl zulässig, weil auch, ohne daß Klassen gebildet waren, zu einer Repräsentation übergegangen werden kann. Auch empfiehlt es sich nicht, ein für allemal und im voraus eine bestimmte Anzahl (ein Minimum) festzusetzen, wie es in einigen Entwürfen (Brandenburg, Pommern, Posen) heißt, von stimmberechtigten Gemeindegliedern, wie es im Schlesischen Entwurfe, — ohne ersichtliches Motiv zu einer solchen Abweichung — heißt, von angesessenen Mitgliedern, bei welchem eine Gemeinde-Verordneten-Versammlung nicht gebildet werden dürfe. Die Zahl der Gemeindemitglieder oder der angesessenen Wirthe ist nur ein einseitiges, auch nicht immer das erheblichste Moment für die Entscheidung der Frage: ob die Behandlung der Geschäfte noch zweckmäßig von der ganzen Gemeindeversammlung vorgenommen werden könne? Es werden dabei vielmehr noch manche andere, nicht äußerlich numerische, sondern wesentlich innere Verhältnisse der einzelnen Gemeinde in Betracht gezogen werden müssen, z. B. ob dieselbe aus weit auseinander gebauten, abgelegenen Kolonistenstellen, Hauländereien und Pustkovien besteht, oder aus abgebauten Ortschaften, deren einzelne Gehöfte, wie in der Weichselniederung, im Oberbruch, in Lithauen u. s. w., bei Ueberschwemmung oder unpassirbaren Wegen, zeitweise unerreichbar sind, ob die Gemeindemitglieder meist aus Schiffern oder auswärts, bei Chaussee-, Eisenbahn-, Deich-Bauten, beim Garbenschnitt, durch Handel im Umherziehen oder in ähnlicher Art, Verdienst suchenden kleinen Häuslern bestehen, die in den meisten Jahresperioden nicht einheimisch sind, wie in Dörfern der Meeresküste, in einigen Ortschaften des Warthebruchs, Schlesiens, im Eichsfelde u. s. w., ob die Gemeinde schon bisher durch Ausschüsse, Vormundschaften, Deputationen in ihren meisten Angelegenheiten sich hat vertreten lassen und an eine solche — obschon beim Mangel gesetzlicher Bestimmungen bisher unlegitimirt gewesene Vertretung gewöhnt ist, was nicht blos in einigen Theilen der Provinz Sachsen, sondern, — veranlaßt durch die Nothwendigkeit der Verhältnisse, — auch selbst in einzelnen Ortschaften anderer Provinzen, z. B. der Mark Brandenburg, ferner in der Provinz Schlesien sehr allgemein und hier sogar in kleinen Dörfern stattgefunden hat, worüber in Betreff Schlesiens zum Zeugniß für diese Thatsache die Motive des von einer Kommission der erfahrensten, mit den Verhältnissen vertrauten Mitglieder des Provinzial-Landtages und Landräthe, bearbeiteten Entwurfs einer Landgemeinde-Ordnung für die Provinz Schlesien aus dem Jahre 1845 (zum §. 8.) zu vergleichen sind, wo man sich deshalb für die Repräsentation als die Regel ausgesprochen hat. Es ergiebt sich hieraus zugleich, daß zu der exceptionellen Vorschrift im §. 26. Alin. 2. des Entwurfs für Sachsen, wonach Gemeindeverordnete in der Regel alsdann zu wählen sind, wenn schon bisher eine unvollständige Vertretung stattgefunden hat, — keine in provinzieller Eigenthümlichkeit zu suchende Veranlassung obwaltete und event. diese Bestimmung verallgemeinert werden müßte. Wenn in Pommern statt der Zahl 36 die Zahl 48 als Grenze für die Versagung einer Repräsentation angenommen ist, so ist auch für diese abweichende numerische Bestimmung ein provinzielles Motiv nicht ersichtlich; auch für Pommern empfiehlt es sich nicht, beim Anwachsen mancher Landgemeinden und bei deren Widerstreben gegen Veränderungen des Herkommens, insbesondere gegen die Einführung einer Vertretung durch Verordnete, andererseits mit Rücksicht auf das dazu hervortretende, von der Verwaltung selbst schon mehrfach anerkannte Bedürfniß, die Einführung von Verordneten noch mehr zu erschweren. Deshalb empfiehlt sich noch weniger die, provinziell ebenso wenig motivirte Bestimmung (§. 9. des Pommerschen Entwurfs): „daß zum Antrage der Gemeindeversammlung auf Einführung von Gemeindeverordneten eine Majorität von mindestens zwei Drittel der Stimmen (der Anwesenden oder aller?) erforderlich sein solle. Wo sich für die Selbstvertretung besondere Vorliebe ergiebt, da wird ein Antrag auch nur der absoluten Majorität nicht vorkommen.

Zum §. 31.

Die Zahl von 6 Gemeindeverordneten, denen der Gemeindevorsteher als siebentes stimmberechtigtes Mitglied hinzutritt, ist mit Rücksicht darauf, daß in der Regel nur größere Gemeinden die Repräsentation einführen werden, nicht wohl zu vermindern, dagegen auch genügend, sofern nicht mehrere getrennte Ortschaften zu einem Gemeindeverbande gehören und bei der Einrichtung der Repräsentation auch auf jene einzelne Ortschaften zu rücksichtigen wäre, was den Modalitäten der Einrichtung, worüber die Regierung beim Mangel statutarischer Festsetzungen zu entscheiden hat, überlassen bleiben muß. Bei der Zahl von nur 6 Gemeindeverordneten erscheint hingegen die Wahl von Stellvertretern zweckmäßig.

Zum §. 33.

Wenn für eine Bestimmung, daß bei der klassenweisen Bestellung von Gemeindeverordneten, deren Wahl in jeder Klasse auf Mitglieder dieser Klasse zu beschränken sei, angeführt werden könnte: „wie nur dadurch eine angemessene, den, im Bereich des Gemeindelebens, noch wirklich vorhandenen Klassen und danach geschiedenen Interessen in Wahrheit entsprechende Repräsentation hergestellt und der vom Gesetz im Allgemeinen anerkannte Unterschied von Klassen-Interessen ins Bewußtsein gerufen und lebendig erhalten werde“: so überwiegen auf der anderen Seite doch folgende Betrachtungen:

Wo wirklich geschiedene Interessen der verschiedenen Gemeindeklassen obwalten und Mißtrauen der einen gegen Mitglieder der anderen, oder wo die Meinung vorherrscht, daß dergleichen Interessen nur durch Glieder aus der Mitte der Klasse gehörig vertreten werden können, da ist es, bei völlig unbeschränktem passiven Wahlrecht, der Fakultät jeder Klasse unbenommen, ihre Abgeordnete aus ihrer Mitte zu wählen. Scheidung und Gegensatz solcher Interessen knüpfen sich aber erfahrungsmäßig weit seltener an die eigentlichen Korporations-, als an sogenannte Societäts-Verhältnisse (Interessenten- und resp. Klassen-Vermögen) an, zu welchem letzteren in den östlichen Provinzen meistentheils Hütungs-, Holzungs-, Torf- und ähnliche Nutzungen gehören, deren Gemeinschaften durch die Separationen und Gemeinheits-Theilungen aufgelöst und woran die Antheile der Mitglieder der verschiedenen Klassen in das Sonder- und Privateigenthum des Einzelnen, in Folge der Separation übergegangen sind oder noch übergehen werden. Damit verwischt sich das geschiedene oder collidirende Klasseninteresse fast ganz und es verschwindet vollends bei fortschreitender Entwickelung der Gemeindeverhältnisse, namentlich bei successiver Einführung eines, auf gleichen, gerechten Principien beruhenden richtigeren Kommunalbeitrags-Verhältnisses. Wünschenswerth und zu erstreben bleibt es überdies aber immerhin, daß die unteren Klassen sich auch durch vertrauenswerthe Männer der höheren vertreten lassen, denen nach ihrer Lebensstellung eines Theils mehr Muße zur Besorgung öffentlicher Angelegenheiten, anderen Theils mehr Interesse dafür und mehr allgemeine Einsicht und Kenntniß davon zugetraut werden kann, wozu kommt, daß die Mitglieder der unteren Klassen häufig ihre Zeit der Erwerbung des eigenen Lebensunterhalts ganz zu widmen haben.

Die Regierung selbst hat bei mehreren Entwürfen des vorigen Jahres im Gegentheil vorgeschlagen, daß die Wahlen an Mitglieder der Klasse nicht gebunden sein sollen, und es hat sich z. B. in der Rheinprovinz, nach Einführung der Gemeindeordnung von 1850, überall gezeigt, daß das Vertrauen und die Wahl der dritten Klasse auf geachtete, des allgemeinen Vertrauens werthe, für das Gemeinwesen besonders thätige Männer aus der ersten Klasse gefallen ist. Durch solche werden die unteren Klassen öfter sogar besser vertreten sein, als durch Abgeordnete aus ihrer Mitte.

Zum §. 38.

betreffend die Gründe der Ablehnung oder früheren Niederlegung des Amtes (§. 38. des Schlesischen und §. 31. des Sächsischen Entwurfs, während diese Bestimmungen in den übrigen 4 Entwürfen fehlen). Es erschien den ländlichen Verhältnissen entsprechend, diese Gründe auf wenige zu beschränken.

Gemeindevorstand (§§. 39—45.).

Ernennung desselben (39—43.).

Zu §§. 39 folg.

betreffend die Ernennung des Gemeindevorstandes und das Verhältniß der Besitzer ehemaliger Lehn- und Erbschulzengüter (Erbrichter- oder Freischulzengüter, rittermäßige Erbscholtiseien).

Ueber diesen Gegenstand fehlen in den Regierungs-Entwürfen deshalb alle Vorschriften, weil diese Entwürfe sich nur als Novellen an die §§. 18 ff. Tit. 7. Thl. II. des A. L.-R. anschließen wollen und daher die Bestimmungen des §. 47. wegen Ernennung des Schulzen durch die Gutsherrschaft, und des §. 73. wegen Bestellung der Schöffen oder Gerichtsmänner durch die Gerichtsobrigkeit fortbestehen lassen.

Den vom Ausschusse in seinem Entwurfe vorgeschlagenen Bestimmungen liegen nachstehende Motive zum Grunde:

Zu §§. 39 und 43.

I. In Betreff der Entstehung des Schulzenamts resp. des Amts der Schöffen bieten sich hauptsächlich folgende Vorschläge an, sobald die Ernennung des ersteren von der Gutsherrschaft, der letzteren von der Gerichtsobrigkeit als mit den gegenwärtigen bäuerlichen Besitz- und Rechts-Zuständen, wie mit der Verfassungs-Urkunde vom 31. Januar 1850 unvereinbar, verworfen werden muß.

1) Entweder erfolgt die Ernennung vom Landrath, als Vertreter der Staatsgewalt, dessen Arbitrium es dabei lediglich überlassen bleibt, ob er die Gemeinde oder die Polizeiobrigkeit oder beide über die geeignete Persönlichkeit zuvor hören will; oder

2) es hat die Gemeinde das Recht entweder

   a) eine Kandidatenliste dem Landrath zur Berücksichtigung einzureichen, oder

   b) drei von ihr zu wählende Kandidaten für die Stelle jedes Gemeindevorstehers und jedes Schöffen, zur Auswahl und Ernennung der geeigneten Person durch den Landrath lediglich aus diesen drei Kandidaten, vorzuschlagen; oder aber

3) die Gemeinde ist berechtigt, je eine bestimmte einzelne Person für das Amt des Gemeindevorstehers, wie jedes Schöffen entweder a) zu wählen oder b) wenigstens vorzuschlagen, ersterenfalls unter Bestätigung, letzterenfalls unter Ernennung durch den Landrath, auch, bei

Verwerfung der ersten Wahl oder des ersten Vorschlages, jene Wahl oder diesen Vorschlag noch einmal zu erneuern, worauf alsdann erst die Bestellung seitens der Behörde eintritt, wenn auch diese zweite Wahl oder der erneuerte Vorschlag von dem Landrath nicht bestätigt resp. angenommen werden kann. Die Bestellung eines kommissarischen Amtsverwalters ist in den Landgemeinden weniger anwendbar.

Die zu 1) gedachte Weise der Ernennung, ohne Konkurrenz der Gemeinde, durch den Landrath, gilt jetzt nur in einigen Landestheilen und Gutsbezirken (z. B. nach der V.-O. vom 31. März 1833, G.-S. S. 61 in vormals westphälischen Theilen von Sachsen), ferner auch in Lithauen in den Domainenortschaften, und wenn der Gutsherr ein Jude war; es übte sie der Landrath aber eigentlich auch nur an Stelle der früheren Gutsherrschaft und Gerichtsobrigkeit resp. des Domainenfiskus aus. Dagegen haben viele von Alters her freie Gemeinden, z. B. viele Kölmer Dörfer in Preußen, Schulzen und Schöffen auch bisher selbst gewählt, (vgl. v. Haxthausen Verfassung Preußens S. 196). Ferner haben, auch abgesehen von der älteren Verfassung der freien Dörfer, schon jetzt und seit längerer Zeit mehr oder weniger in allen Landestheilen der östlichen Provinzen, am allgemeinsten in der Provinz Schlesien, die Gemeinden wenigstens eine Mitwirkung bei Bestellung von Schulzen und Gerichtsmännern besessen, welche ihnen, namentlich in Schlesien, ziemlich allgemein, in Folge eines längeren, im Bewußtsein der ländlichen Bewohner bereits mit der Kraft eines Gesetzes bekleideten Herkommens, von vielen Gutsherren selbst in der Weise praktisch zugestanden worden ist, daß bei der Besetzung der Schulzen- und Schöffen-Aemter die Vorschläge der Gemeinde vom Gutsherrn erfordert und meist berücksichtigt worden sind. Es sind hierüber die Zeugnisse der zur Kommission wegen Entwerfung einer ländlichen Gemeinde-Ordnung für Schlesien, im Jahre 1845 zusammengetretenen Mitglieder des Schlesischen Provinzial-Landtages und der Landräthe in den desfalsigen Motiven zu vergleichen. Auch im Bereich anderer Provinzen ist vielfach ebenso verfahren worden, seit der Aufhebung der Erbunterthänigkeit und Gutspflichtigkeit, wie seit Verleihung des vollen Eigenthums an die bäuerlichen Wirthe und seit den Separationen der Guts- und Gemeindefluren, nachdem hierdurch die wechselseitigen öffentlichen und Privatrechtsverhältnisse aus dem gutsherrlichen Verbande großentheils aufgelöst waren.

Der Pommersche Provinzial-Landtag beantragte im Jahre 1851, bei Begutachtung der Grundzüge zur ländlichen Gemeinde-Verfassung in den sechs östlichen Provinzen sogar unbedingt die Einräumung des Wahlrechts an die Gemeinden, das eine nothwendige Bedingung der für diese untersten und darum wichtigsten Organe der öffentlichen Ordnung nöthigen moralischen Autorität in den Gemeinden sei. Ohnehin lag die Einforderung und Berücksichtigung des Vorschlages der Gemeinden bei Besetzung der Aemter des Gemeinde-Vorstehers und der Schöffen im wohlverstandenen eigenen Interesse der resp. Gutsherrn und früheren Polizeiobrigkeiten, wenn sie Einfluß und williges Gehör bei Durchführung zweckmäßiger Einrichtungen in den Gemeinden finden wollten.

Außerdem kommt in Betracht, daß der Gemeinde-Vorsteher, wie dessen Beigeordnete eine zwiefache Stellung und Funktion bekleiden. Einestheils sind sie Organe und Hülfsbehörden der Staatsgewalten, der Landespolizei- und Finanz-Behörden und selbst der Gerichte (§. 79ff. Tit. 7. Thl. II. A. L.-R.); anderentheils sind sie die Vorsteher und Verwalter der inneren und äußeren Angelegenheiten der Gemeinden. Dieser doppelten Stellung und Amtsthätigkeit entspricht es, daß bei ihrer Bestellung die Staatsbehörde nicht allein einwirkt, vielmehr auch der Gemeinde dabei eine Mitwirkung zugestanden werde. Ohnehin würde der Landrath vor Ausübung des Ernennungsrechtes die Gemeinde neben der Polizei-Obrigkeit mit ihren Wünschen und Anträgen wenigstens hören; dies schon deshalb, weil ihm schwerlich in allen Orten des Kreises die geeignetsten Persönlichkeiten bekannt sein können.

Zu 2a). Der Vorschlag von Kandidaten, dessen Berücksichtigung lediglich in dem Belieben der landräthlichen Behörde stände, hat erfahrungsmäßig zwei Uebelstände im Gefolge. Einmal fühlt sich die Gemeinde leicht von aller Verantwortlichkeit dafür entbunden, daß auch wirklich die tüchtigsten Männer ausgewählt werden; sodann tritt dabei Gleichgültigkeit ein, zumal, wenn der Fall oft vorkommt, daß auf keinen der von ihr bezeichneten Kandidaten gerücksichtigt wird. 2b) Dagegen ist die Bezeichnung von drei Kandidaten seitens der Gemeinde, von denen der Landrath den einen ernennen muß, mit dem Interesse des Staats an der Besetzung dieser Beamtenstellen, weil sie zugleich Organe und Hülfsbehörden für Landespolizei, Gerichtswesen, Steuererhebung u. s. w. sind und bleiben sollen, nicht vereinbar; denn die Gemeinde hat es dabei in der Hand, die Befugniß der Staatsbehörde bei der Auswahl und Ernennung der geeignetsten Persönlichkeit aus dreien, dadurch illusorisch zu machen, daß sie neben dem eigentlichen, von ihr gewünschten und an sich befähigten Kandidaten ihrer Wahl, zwei offenbar Unfähige, sogenannte Strohmänner, vorschlägt.

Zu 3). Die bezeichneten Uebelstände werden für den Fall einer Mitwirkung der Gemeinde voraussichtlich am sichersten dann vermieden, wenn diese Mitwirkung, — sei es in Form der Wahl, unter Vorbehalt der Bestätigung seitens des Landraths, sei es in Form des Vorschlages in Folge einer Stimmenmehrheit in der Gemeinde-Versammlung unter Ernennung des Vorgeschlagenen vom Landrath, — in jedem einzelnen Falle auf eine bestimmte Person gerichtet wird. Besteht die Gemeinde aus mehreren, auch wirklich in ihren Interessen geschiedenen Klassen, z. B. aus einer sogenannten Bauer-, Kossäthen- und Büdner-Gemeinde, so ist sie, sobald nur eine Person zu bezeichnen ist, von selbst genöthigt, sich über diese Klasseninteressen zu erheben und sich bei der Wahl oder der Ausübung eines ihr gesetzlich zustehenden Vorschlagsrechts aus einem allgemeinen Gesichtspunkte darüber zu entschließen, wen sie zur Amts-Verwaltung für das gemeinsame Corporations-Interesse für den fähigsten und tüchtigsten hält.

Das Recht zur Bestätigung der Gemeinde-Vorstände, daher auch zur Prüfung ihrer Qualification, stand selbst nach der bisherigen Verfassung, bei Präsentation und Besetzung durch die Gutsherrschaften oder Gerichts-

Obrigkeiten dem Landrath als Commissarius perpetuus der Regierung bereits zu. Deshalb soll die entscheidende Einwirkung auf die Bestellung derselben auch ins Künftige in Betracht der gleichzeitigen Eigenschaft der Gemeinde-Vorsteher und Schöffen als Hülfsorgane der Staatsgewalt dem Landrath nicht entzogen werden.

Die Amtsbefugnisse, mit denen Schulz und Schöffen bekleidet sind, ihre Wirksamkeit nach Außen, haben wesentlich ihre Quelle in der allgemeinen Staatsgewalt und werden von dieser entlehnt. In der Sache selbst ist bei Aufrechthaltung des Bestätigungsrechtes der Staatsbehörde, zwischen einem Wahl- oder einem Vorschlagsrechte der Gemeinden wenig Unterschied.

Da nun die Staatsbehörde bei Ausübung des Bestätigungsrechts die Bestätigung ebensowohl versagen kann, ohne dieserhalb über die Gründe ihrer Versagung der Gemeinde Rechenschaft und Antwort geben zu müssen und einem höhern Richter, etwa dem Staatsrath und dessen Urtheil, unterworfen zu sein, so kommt einerseits die Befugniß der Gemeinde zur Wahl des Vorstehers und seiner Beigeordneten nur einem Vorschlagsrechte, andererseits die Befugniß der Staatsbehörde, zur Bestätigung, in Verbindung mit dem Rechte der Verwerfung, insbesondere auch mit der Befugniß zu einer commissarischen Verwaltung oder schließlichen Ernennung nach ein- oder auch mehrmaliger Versagung der Approbation, dem Rechte zur Ernennung in der That und Wahrheit gleich. — Wird dagegen der Staatsbehörde von vorn herein das Recht der Ernennung, doch andererseits der Gemeinde das des Vorschlages, aber einer bestimmten Person, und als eine im Gesetz beruhende, daher nicht zu umgehende verfassungsmäßige Befugniß, beigelegt, so wird durch eine solche Anordnung des Gesetzes der inneren Wahrheit des Sachverhalts zutreffender entsprochen. Es wird dadurch sowohl der Gemeinde, wie der Staatsbehörde, innerhalb klarer, den wirklichen Macht-Verhältnissen entsprechender Competenz-Bestimmungen, die volle Freiheit und Unbefangenheit ihres Gewissens und ihres Entschlusses bewahrt.

Ein mit Gemeinsinn, auf Grund einer gesetzlichen Ermächtigung ausgeübtes zweimaliges Vorschlagsrecht der Kommune wird immer das Gewicht eines großen moralischen Einflusses bei der Ernennung seitens des Landraths in sich tragen.

Diese Betrachtungen liegen den Vorschlägen im §. 39 und im §. 43. zum Grunde.

Zu §. 42.

II. Gegen die unentgeldliche und unbedingte Aufhebung der mit den Lehn- und Erbschulzen-Gütern verbundenen Rechte und Pflichten in Beziehung auf die Verwaltung des Schulzenamts, durch §. 7. der jetzt außer Kraft gesetzten Gemeinde-Ordnung vom 11. März 1850, ist nicht ohne Grund erinnert worden, daß eine solche Aufhebung der mit Lasten und Kosten verbundenen Amtspflichten, ohne Entschädigung der Gemeinden, welche dagegen die Kosten resp. Remunerationen zu übernehmen, oder doch aus ihrer Mitte den Verwalter zu bestellen haben, der Bestimmung des §. 50. Tit. 7. Thl. II. A. L.-R. widerspricht, auch mit den Principien der Preußischen Gesetze, überdies mit den Wünschen mancher Gemeinden nicht im Einklang steht.

Bekanntlich waren die Erb- und Lehnschulzen (besonders im 13. und 14. Jahrhundert), die ursprünglichen Entrepreneurs und Gründer neuer Dörfer, meist auf wüsten oder unkultivirten Feldmarken, welche ihnen von Fürsten, Kirchen, Klöstern u. s. w. zur Einführung deutscher Kolonisten und Einsetzung derselben nach deutschem Recht, d. h. mit Freiheit der Person und zu Zins- oder Erbzins-Eigenthum überwiesen, wobei ihnen selbst aber verhältnißmäßig größere Besitzungen für sich und ihre Erben überlassen wurden, meist frei von Zinsen, Zehnten und anderen Abgaben, hingegen mit der Verpflichtung zu Lehn- und Heeresdienst, wie zur Verwaltung des damals mit umfassenderen, auch richterlichen Funktionen, verbundenen Schulzenamtes.

Dergleichen Erb- und Lehnschulzen (Erbrichter, in Schlesien auch rittermäßige Erbscholtiseien), existiren meist als die Ueberreste jener alten Kolonisation nach deutschem Recht, seltener in Folge späterer Gründung, mehr oder weniger zahlreich in allen sechs östlichen Provinzen, vorzugsweise in Schlesien, in der Mark und Altpommern.

Ein früher gemachter Vorschlag: diesen Erbschulzen bei Befreiung von ihrer Amtspflicht die Güter selbst bezahlen zu lassen, widerspricht offenbar der Gerechtigkeit, wie der historischen Entstehung und Ausbildung des Verhältnisses. Dagegen ist aber auch ebensowenig die sofortige und unentgeltliche Aufhebung der den Erbschulzen, vermöge des Besitzes ihrer Güter, obgelegenen Amtspflichten, principiell gerechtfertigt. An manchen Orten und in manchen Gegenden, unter anderen auch in einigen Distrikten von Hinterpommern, wie bei manchen kleineren und ärmeren Gemeinden in allen Provinzen, würde die Uebernahme des Schulzenamtes jetzt nur noch von der Seite einer neuen Last der Kommunen aufgefaßt und eine, wenn auch geringe Remunerirung des aus der Mitte der Gemeinde-Glieder bestellten Schulzen, schwer getragen werden. In der Mehrzahl sind die Erb- und Lehnschulzen-Güter (Erbrichter-Besitzungen — rittermäßige Scholtiseien) im Besitz verhältnißmäßig wohlhabenderer und intelligenterer Personen, die deshalb einen vorwiegenden Einfluß in der Gemeinde haben.

Dabei kann indeß auf der anderen Seite die auf Erfahrung beruhende Thatsache nicht abgeleugnet werden, daß auch über manche Erb- und Lehnschulzen in den Gemeinden große Unzufriedenheit und bei den Staatsbehörden der Wunsch und das Bedürfniß der Entbindung derselben vom Amte obwaltet, indem sie mitunter durch tadelhafte moralische und amtliche Führung, oder doch durch Mangel an Energie und Umsicht das Vertrauen bei der Gemeinde, wie bei der Staatsbehörde verloren haben und die Gemeindesachen in Unordnung bringen, ohne daß doch die Behörde im Stande wäre, dergleichen Individuen auf gesetzlichem Wege ihres Amtes zu entsetzen. Jedoch ist schon jetzt nach dem geltenden Recht die Prüfung ihrer Qualification seitens der Staatsbehörde und ihre Bestätigung vor dem Amtsantritt, ferner die Bestellung eines Stellvertreters beim Mangel der erforderlichen persönlichen Eigenschaften (während des Besitzes von Minorennen, von Frauen bei moralischen Gebrechen oder sonstiger evidenter Amtsunfähigkeit des Schulzenhofsbesitzers), mit Aussetzung einer dem Stellvertreter aus dem Schulzengut zu gewährenden billigen Belohnung, zulässig und geboten (§§. 48—50. Tit. 7. Thl. II. A. L.-R.).

Mit Rücksicht auf die vorstehend erörterten Momente werden deshalb die beantragten Bestimmungen geeignet scheinen, um die öffentlichen, wie die Gemeinde-Interessen, insbesondere auch die Grundsätze der Verfassungs-Urkunde vom 31. Januar 1850, einestheils mit den bisher geltenden Gesetzen, anderentheils mit den eigenen Interessen des Erbschulzen-Gutsbesitzers möglichst in Einklang zu setzen und zu vermitteln, sobald nur diesem letzteren die Provokation auf Ablösung seiner mit dem Gute verbundenen, dem Schulzenhofe obliegenden Amtspflichten freigestellt wird.

Ist die Ablösung selbst vom Antrage des Schulzen-Gutsbesitzers abhängig und ist es seiner Entschließung anheimgegeben, ob er sich von der Amtslast, wie von dem gleichzeitigen Ehrenrecht und der Ehrenpflicht loskaufen will, so trägt auch nur er selber die Schuld, wenn er einen interimistischen Stellvertreter (den von der Gemeinde vorgeschlagenen, resp. vom Landrath ernannten Schulzen) zu remuneriren hat. Denn es soll ihm auch in dem Falle, wenn er bei der Bestellung des Gemeinde-Vorstehers übergangen würde, sich aber zu dieser Stelle für qualificirt hält und die Amtsverwaltung selbst übernehmen will, die Befugniß bleiben, hierüber auf die Entscheidung der Regierung zu provociren.

Wird ferner, sowohl für den Fall der vorübergehenden Stellvertretung, als für den Fall der Festsetzung einer Rente und definitiven Ablösung, die Remuneration nur nach Anhörung der Betheiligten, der Gemeinde, wie des Schulzenhofsbesitzers, insbesondere aber bei der definitiven Einsetzung einer Rente und der Ablösung erst nach vernommenem Gutachten des Kreistages, von der Regierung festgestellt, so läßt sich erwarten, daß der festgestellte Betrag in beiden Fällen den nach Billigkeit und örtlichen Verhältnissen abzumessenden Bedürfnissen entsprechen werde.

In der überwiegenden Mehrzahl der Fälle beträgt die Remuneration der gesetzten Schulzen da, wo keine Schulzendienstländereien oder andere Natural-Emolumente herkömmlich, wenige Thaler, oft nur 5 bis 10, höchstens 20 Thaler; wo sie mitunter höher sein möchte, da sind auch mit Verwaltung des Schulzen-Amtes sehr erhebliche Lasten und Unkosten verbunden und die Schulzengüter von einem höheren, den mittleren Rittergütern sich annähernden Werthe. Eine billige Entschädigung wird vom Besitzer des Erbschulzenguts der Fortdauer seiner dinglichen, oft sonstigen Lebensverhältnissen und seinen Fähigkeiten nicht zusagenden Amtspflicht häufig vorgezogen werden.

Zu §. 39 und §. 43.

III. Die Dienstzeit des Gemeinde-Vorstehers und der Schöffen, von sechs Jahren, ist deshalb als allgemeine Regel zu empfehlen, weil in einigen Gegenden, wo keine Schulzendienstländereien herkömmlich sind, das Amt gegenwärtig nicht gern auf lange Zeit übernommen wird, in anderen Gegenden (wie zum Theil in Schlesien) auch nur eine dreijährige Dienstzeit, wiederum in anderen die lebenslängliche Beibehaltung gebräuchlich ist. Eine zu kurze Dienstzeit empfiehlt sich so wenig, wie auf der anderen Seite die lebenslängliche Amtsdauer. Behufs der Conservation tüchtiger Individuen im Amte war aber den Gemeinden die Befugniß beizulegen, die Schulzen resp. Schöffen auf 12 Jahre, jedenfalls auch von Neuem wiederum vorzuschlagen, wobei diesen letzteren indeß freizustellen ist, das Amt je nach einer dreijährigen Amtsperiode niederzulegen.

Als eine sehr wichtige Bestimmung muß der Vorschlag angesehen werden, daß zu Gemeinde-Vorstehern und Schöffen nur solche Gemeindeglieder in Vorschlag gebracht, resp. ernannt werden dürfen, welche im Gemeindebezirk mit Grundeigenthum angesessen sind, wogegen es nicht für nöthig und angemessen zu erachten ist, dieserhalb noch weitere beschränkende Bestimmungen z. B. daß der Schulz aus den größeren Wirthen zu ernennen sei, ausdrücklich vorzuschreiben. Zur Zeit wird an manchen Orten das Amt durch kleine Grundbesitzer gut und zur Zufriedenheit der Gemeinden, wie der Polizeiobrigkeiten verwaltet.

Jene Bestimmung enthält bereits das Allgemeine Landrecht (§§. 47. 74.). Danach sollen zu Schulzen und Schöffen in der Regel nur angesessene Wirthe bestellt werden. Die Grundbesitzer haben an den Gemeinde-Angelegenheiten allerdings ein näheres und dauernderes Interesse.

Hin und wieder ist es vorgekommen, daß Guts- und Gerichtsherren, Oekonomen oder ähnliche Officianten zu Schulzen ernannt haben mit Uebergehung der dazu geeigneten, zur Gemeinde gehörigen Grundbesitzer, was Widerstreben und Erbitterung in den Gemeinden veranlaßt hat. Lassen sich auch bei den Staatsbehörden nicht leicht Mißgriffe dieser und ähnlicher Art besorgen, so muß doch, sobald denselben das Ernennungsrecht beigelegt wird, andererseits auch den Gemeinden eine gesetzliche Gewähr dafür gegeben werden, daß bei Ausübung jenes Rechts Mißbräuche vermieden werden. Indeß kommen einzelne Fälle vor, wo es an angesessenen Wirthen fehlt, was z. B. in kleinen Walddörfern, in Fabrik-Etablissements aus wenigen Hausbesitzern, welche für sich besondere Gemeinden bilden, eintreten kann. In solchen Fällen wird aber auch die Gemeinde selbst, wie bisher die Erfahrung gelehrt hat, ihren Antrag auf andere Personen, z. B. Förster, Werkmeister u. s. w., richten. Von einem solchen Antrage der Gemeinde selbst muß aber die Bestellung unangesessener Personen in allen Fällen abhängig bleiben; in der Regel ist ein kleiner Hausbesitzer als Gemeinde-Vorsteher einem, obschon intelligenteren, aber an den Ort nicht gebundenen und vermöge seiner Dienststellung wechselnden Wirthschafts- oder Fabrik-Beamten (Jäger, Oekonomen, Werkführer) vorzuziehen.

Stellung des Gemeinde-Vorstehers (§ 44.).

Zum §. 44.

1. Die §§. 39. des schlesischen, 32. des sächsischen und resp. 14. der übrigen Entwürfe enthalten unter andern auch die Bestimmung: „daß der Schulze in den Gemeinden, in welchen er noch kein Amtsabzeichen führt, ein solches erhalten soll.“ Es ist jedoch auf Weglassung dieser Bestimmung im Gesetz aus den nachfolgenden Gründen und mit Rücksicht darauf angetragen, daß dieselbe jederzeit im Wege der Verordnung eingeführt werden könne.

Die Nützlichkeit der Bestimmung ist zwar vollkommen anzuerkennen und dabei noch zu bemerken: sie besteht unter anderen in Schlesien, wo zufolge Dorfordnung von 1804 die Schulzen einen eigenen Schulzenstock führen, auch in der Herrschaft Schwedt, wo dieselben einen ähnlichen Stock führen und einen grünen Oberrock mit Knöpfen, auf denen der Adler befindlich, tragen, und wird hier sehr werth gehalten. Es ist ferner anzuerkennen, daß das Amtszeichen bei Feuersbrünsten und ähnlichen Gelegenheiten, bei denen der Gemeinde-Vorsteher mit der Autorität und im Beruf seines Amtes Anordnungen zu treffen und willige augenblickliche Folgeleistung zu verlangen hat, höchst nützlich werden kann, um den Anordnenden jedem erkennbar zu machen. Es lassen sich aber nach der praktischen Natur der Verhältnisse keine rechtlichen Folgen und namentlich nicht die Wirkung an ein solches Abzeichen knüpfen, daß der Gemeinde-Vorsteher nur dann, wenn er das Amtszeichen mit sich führt, überhaupt oder im höheren Grade, als wenn er dasselbe nicht trägt, respektirt, oder daß eine Widersetzlichkeit gegen ihn in dem einen Falle schwerer, als in dem andern geahndet werden sollte. Denn der Gemeinde-Vorsteher kann oft vom Pfluge oder vom Erndtewagen weg in Funktion gerufen werden und muß dann ohne Amtszeichen ebensowohl Respekt und Gehorsam fordern dürfen.

Deshalb und weil über den Werth, welchen die ländliche Bevölkerung in der einen oder anderen Gegend auf solche Zeichen legt, nur die Sitte entscheidet, da ferner auch die Städte-Ordnung für die 6 östlichen Provinzen von 1853, im Gegensatz zur älteren, eine ähnliche Bestimmung in den Text des Gesetzes nicht aufgenommen hat, insbesondere und endlich aber, weil eine solche Vorschrift wesentlich administrativer Art, und demgemäß passender im Wege administrativer Verordnungen einzuführen ist, erscheint es nicht angemessen, die Bestimmung wegen des Amtsabzeichens in das Gesetz selbst aufzunehmen.

2. Im 4. Alinea, welches von der Ahndung der Beleidigungen und Widersetzlichkeiten gegen Gemeinde-Vorsteher spricht, waren zur näheren Charakterisirung der ersteren die Worte einzuschalten: „bei Ausübung seines Amtes," weil die Bestimmung zu einer großen, unpassenden Härte führen kann, wenn dabei nicht die durch die eingeschalteten Worte angedeutete Voraussetzung festgehalten wird. Dies deshalb, weil der Gemeinde-Vorsteher nach seiner sonstigen Lebensstellung in vielfachen privatlichen Beziehungen zu anderen Gemeindegliedern steht, ihm aber nur dann, wenn er in amtlicher Funktion auftritt, wegen der Autorität des Amtes und der Wirksamkeit der Gesetze, der besondere Schutz des Strafgesetzes zu statten kommen soll.

Remuneration (§. 45.).

Zum §. 45. (§. 40. des Schlesischen Entwurfs.)

1. Die Festsetzung einer Remuneration des Gemeinde-Vorstehers darf nicht dem Landrath zustehen, sondern nur der Entscheidung der Regierung, und zwar nach Anhörung des Kreistages, vorbehalten werden, und ist der Kreistag besser vor der definitiven Festsetzung, nicht erst beim Recurse, zu hören.

Daß die Regierung zur Entscheidung berufen wird, scheint dem bestehenden Organismus der Landesverfassung anpassender, da neue Gehalts-Feststellungen der Art für den Etat der Landgemeinden von besonderer Bedeutung sind.

2. Diejenigen Bestimmungen, welche sich auf Gebühren für Verhandlungen der Dorfgerichte beziehen, sind zweckmäßiger von der Gemeinde-Ordnung auszuscheiden. Denn es bleibt wegen der Gebühren, welche der Gemeinde-Vorsteher (Schulz, Dorfrichter) und die Schöffen (Gerichtsmänner, Schöppen, Dorfsgeschworne) in ihrer Eigenschaft und bei ihren Funktionen als Dorfgerichte (vergl. §§. 79—86. Tit. 7. Th. II. A. L.-R.) nach den bestehenden Vorschriften zu erheben haben, bei den in besonderen gesetzlichen Verordnungen gegründeten Ansprüchen auf dergleichen Gebühren; es verfügt das vorletzte Alin. des §. 40. des Schlesischen Entwurfs über einen zur Gemeinde-Ordnung nicht gehörigen Gegenstand und würde überdies späteren Bestimmungen darüber vorgreifen, ob für aufzuhebende Gebühren eine anderweite Vergütigung den Dorfgerichten gewährt werden solle? Dergleichen Vergütigung kann nur da Platz greifen, wo schon gegenwärtig ein Anspruch auf Gebühren gesetzlich bestand, indem nur ein solcher rechtlich bestehende Anspruch fortdauern soll.

Der Fortdauer der dorfrichterlichen Funktionen selbst, für welche die vorgedachten Gebühren fortbestehen und von der Kommunal-Ordnung unberührt bleiben sollen, ist im Gesetz nicht erwähnt; es scheint dies auch unnöthig, so weit sie durch das Gesetz nicht etwa ausdrücklich aufgehoben werden sollen.

Hingegen drängt sich allerdings, mit Rücksicht auf die Bestimmungen des §. 40., bei §§. 39 und 40. des Schlesischen Entwurfs eine weitergreifende Frage auf, nämlich die: wieweit diese Bestimmungen durch Aufnahme, einestheils der §§. 52 folg. Tit. 7. Th. II. A. L.-R., betreffend die Amtsobliegenheiten des Gemeinde-Vorstehers (Schulzen, Dorfrichters), und der §§. 76—78. a. a. O. betreffend die Pflichten der Schöffen (Dorfsgeschwornen, Gerichtsmänner, Schöppen), anderntheils der §§. 81—86. a. a. O. betreffend die Funktionen von beiderlei Beamten zusammen, in ihrer gemeinschaftlichen Eigenschaft als Dorfgericht, einer Erwähnung und Ergänzung bedürften, sobald beim Entwurf die Form der Novelle verlassen und die einer vollständigen Codifikation vorgezogen wird?

Dabei kommt zunächst in Betracht, a) daß der wesentliche Theil derjenigen §§., welche die Eigenschaft beiderlei Beamten als Gemeindevorstand und Kommunalbehörde angehen, ihrem Inhalte nach, nur in veränderter Fassung und Gruppirung sich in den Vorlagen wirklich schon wiederfindet, sodann b) daß nur diejenigen §§. des A. L.-R. dem vorliegenden Entwurf nicht speziell einverleibt sind, welche die Stellung von Schulzen und Schöffen als Hilfsbehörde der Landespolizei und der Gerichte zum Gegenstande haben z. B. die Pflicht von ausbrechenden Viehseuchen und anderen Landplagen dem Landrathe Anzeige zu machen (§. 60.), Bettler u. s. w. die keinen obrigkeitlichen Paß haben, zu verhaften und an die Behörde abzuliefern (§. 61.), sich bei Schlägereien ins Mittel zu legen (§. 62.), bei Visitationen Beistand zu leisten (§. 63.), Feld- und Garten-Diebstähle anzuzeigen (§. 66.), desgl. dafür zu sorgen, daß verwaiste Kinder und wahn- oder blödsinnige Personen dem Gerichte zur Bevormundung angezeigt werden (§. 67.), darauf zu achten, daß die Feuerlöschgeräthschaften in brauchbarem Stande gehalten, und die Schornsteine gehörig gefegt werden (§§. 70. 71.); bei Vollstreckung von Exekutionen zu helfen (§. 86.), endlich c) daß auch nicht diejenigen §§. des A. L.-R., welche die Befugniß des Dorfgerichts zu polizeirichterlichen Funktionen (§. 81.), zu Handlungen der freiwilligen Gerichtsbarkeit (§. 82 ff.), als Beisitzer des Gerichts (§. 85.), wie zur Aufnahme von Inventarien und Taxen, bestimmen, speziell in den Entwurf übernommen sind.

Möchte man auch diese ausgelassenen Bestimmungen der vorgedachten Art deswegen in den Entwurf selbst einzuschalten geneigt sein, um den Gemeinde-Vorstehern und Schöffen die Uebersicht ihres Berufs- und Pflichten-Kreises zu erleichtern, obwohl sie in den Polizei-Verordnungen, ferner in der Kriminal-, der Gerichts- und Vormundschafts-Ordnung, auch in der Feld-Polizei-Ordnung passender ihre Stelle finden und bereits gefunden haben, so steht doch der Uebernahme in die Gemeinde-Ordnung insbesondere auch der Umstand entgegen, daß jene §§. des A. L.-R. einleuchtend ganz unvollständig, überdies durch spätere Gesetze und Verordnungen modifizirt und ergänzt sind, daher zuvor einer vollständigen Revision mit Rücksicht auf die in ihnen berührten Gebiete und dafür ergangenen späteren Anordnungen bedürften. Deshalb ist es denn zweckmäßiger nur der späteren Gesetzgebung, event. einer im Verwaltungswege anzuordnenden Zusammenstellung und Instruktion zu überlassen, das noch Gültige und Anwendbare aus jenen §§., in Verbindung und mit Hinzufügung der abändernden oder ergänzenden Bestimmungen neuerer speziellerer Gesetze, besonders bekannt zu machen; wie dies z. B. vom Justiz-Ministerium hinsichtlich der dorfrichterlichen Amtsfunktionen, wegen Aufnahmen von Testamenten u. s. w., vor einiger Zeit geschehen ist. Dazu kommt, daß die Staats-Regierung selbst die polizeilichen Amtsfunktionen der Dorfgerichte als besonderen legislativen Gegenstand ansieht und dieserhalb Berathungen eingeleitet hat.

Gemeindeschreiber.

Zum §. 46.

Es schien zweckmäßig, diese nur im §. 41. des Schlesischen und im §. 33. des Sächsischen Entwurfs vorkommende Bestimmung allgemein zu übernehmen, und zwar aus folgenden Motiven:

Das Institut der Gemeinde- oder vielmehr Gerichtsschreiber ist jetzt allerdings ein der Provinz Schlesien eigenthümliches; dasselbe bezieht sich aber weit mehr auf gerichtliche, als auf Gemeinde-Geschäfte, wenigstens seinem Ursprung nach, weil fast in ganz Schlesien von Altersher Eigenthumsbesitz der bäuerlichen Wirthe, früher auch persönliche Freiheit die Regel bildete, und deshalb von frühester Zeit her in dem Bauernstande Käufe und Verkäufe, Uebertragungen des Vermögens von Todeswegen, Aufnahme von Darlehnen, Verpfändungen, Quittungen, überhaupt Rechtsgeschäfte mannichfacher Art vorkamen. In Folge dessen aber entstand schon sehr früh und bevor an die späteren Gerichtseinrichtungen gedacht war, vorzugsweise in Schlesien das Bedürfniß und wurde nach alter deutscher Gemeindeverfassung dadurch befriedigt, daß die Vorstände und Verwaltungsorgane der Gemeinden in Bezug auf die Gemeindemitglieder zugleich richterliche Geschäfte mancher Art besorgten. Hieraus erklärt es sich, daß sich gerade in Schlesien das gedachte Institut und zwar bis zur Einführung der Gerichts-Verfassung Friedrich des Großen ganz vollständig erhalten hatte und daß daselbst den Dorfgerichten eine weitgreifendere richterliche Kompetenz, insbesondere in Bezug auf Kauf- und Uebergabe-Punktationen, auf Testamente, überhaupt auf Handlungen der freiwilligen Gerichtsbarkeit sogar bis in die neuere Zeit geblieben ist, bei welchen dann der Gerichts- oder Gemeindeschreiber dem Dorfgericht assistirte. Damit ging denn auf ihn auch die ähnliche Arbeit in Kommunalsachen über.

Es ist dies Institut der Gemeindeschreiberei indeß auch in anderen Landestheilen, namentlich der Provinz Sachsen, eingeführt, unter ähnlichen Verhältnissen und Zuständen, weil sich nämlich im Bauernstande der meisten Landestheile auch der jetzigen Provinz Sachsen Eigenthumsbesitz und persönliche Freiheit, wenn auch durch Abhängigkeitsverhältnisse zur Gutsherrschaft mannigfach modifizirt, erhalten und deshalb eine mehr entwickelte Gemeinde-Verwaltung in verschiedenen bevölkerten Landgemeinden ausgebildet hatte, wogegen die von mancher älteren Gesetzgebung anderer Provinzen hin und wieder versuchte Einführung ähnlicher Einrichtungen, z. B. von Schöppenbüchern, an dem niedergedrückten Zustande des leibeigenen oder erbunterthänigen Bauernstandes scheiterte. Gegenwärtig nun aber besitzt derselbe überall die gleiche Freiheit des Eigenthums und der Person.

Wo das Amt der Gemeindeschreiberei, sei es durch Gesetz oder Herkommen, rechtlich geordnet ist, soll dasselbe bestehen bleiben. Es ist das ein allgemein gültiger Grundsatz, wenn derselbe zunächst auch nur für die Provinz Schlesien und für einige Theile der Provinz Sachsen Bedeutung hat. Berücksichtigt man nun aber die Gründe der Entstehung und Ausbildung des Instituts, so ist keine Veranlassung, dasselbe in anderen Provinzen in dem Falle auszuschließen, wenn die Gemeinde-Versammlung ausdrücklich die Einführung desselben verlangt und beschließt, da es in allen Theilen der Monarchie einzelne im Wachsthum begriffene, zu städtischen Gemeinwesen vorschreitende ländliche Ortschaften giebt, in denen das Bedürfniß einer solchen Schreibehilfe vom Gemeindevorstande gefühlt und nur jetzt in sehr ungenügender Weise, dennoch aber in ähnlicher Art befriedigt wird, ohne daß andererseits der Gemeinde die Garantie einer förmlichen Verpflichtung des benutzten Schreibers geboten wird. Es erwähnt übrigens doch das Allgem. Landrecht bei der Lehre von dorfgerichtlichen Testamenten der Gerichtsschreiber und daraus ergiebt sich wenigstens soviel, daß das Institut im Sinne des Landrechts kein provinzielles ist.

Ortserheber.

Zum §. 47.

Wegen der Ernennung eines besonderen Ortserhebers enthalten nur der §. 42. des Schlesischen, §. 23. des Sächsischen und §. 17. des Preußischen

Entwurfs eine Bestimmung. Man hat aus folgenden Motiven die Nothwendigkeit erkannt, dieselbe allgemein zu machen und sich der Redaktion des §. 23. des Sächsischen Entwurfs angeschlossen, weil derselbe in präciserer Fassung alle diejenigen Kombinationen enthält, welche möglich sind und vorkommen, nämlich:

1. Die Zulässigkeit der Bestellung eines besonderen Ortssteuererhebers und eines besonderen Gemeindeeinnehmers außerhalb des Gemeindevorstandes; 2. die Zulässigkeit der Verbindung beider Funktionen in einer Person; 3. die Verbindung der einen oder beider Funktionen mit dem Amte entweder a) des Gemeindevorstehers oder b) eines Schöffen (Gerichtsmannes). Das Bedenken, ob es rathsam sei, eine solche Bestimmung, wie die des §. 42. im Schlesischen und §. 23. im Sächsischen Entwurf, in eine Gemeinde-Ordnung für andere Provinzen, z. B. für Pommern, zu übernehmen? erledigt sich durch die Bemerkung, daß auch in Pommern, wie in anderen Provinzen, in denen größere bevölkerte Landgemeinden, wie sie Schlesien und Sachsen hat, seltener vorkommen, dennoch an verschiedenen Orten die Einrichtung besonderer Gemeinde-Einnehmer und Orts-Steuererheber bereits hergebracht, und auch nothwendig ist. Die obengedachten Kombinationen, die Verbindung oder Trennung der Aemter unter sich oder auch deren Vereinigung mit denen eines Mitgliedes des Gemeindevorstandes, finden daher in allen sechs Provinzialverbänden Anwendung; nur die eine häufiger und als Regel, die andere hingegen seltener und mehr ausnahmsweise in diesen oder jenen Gegenden und Landestheilen. Deshalb aber kann die Einrichtung selbst und die verschiedenartige Kombination bei derselben, in keinem Entwurf übergangen werden. Sie ist denn auch selbst im §. 17. des Preußischen Entwurfs enthalten. In keiner Provinz durfte aber bisher schon das Amt des Gemeindeerhebers oder Orts-Steuerempfängers mit dem eines Vorstandes der Gemeinde, resp. eines Gerichtsmannes und Schöffen, vereinigt werden, ohne daß dazu der Landrath seine ausdrückliche Genehmigung ertheilte; dies gilt gegenwärtig allgemein und ist nothwendig wegen der Kollision mit der Pflicht der Aufsicht und Revision der Kasse, die dem Gemeinde-Vorsteher obliegt. Die Genehmigung wird aber wohl nirgends versagt werden, wo aus der Verbindung keine Uebelstände zu besorgen sind und die Verhältnisse die Verbindung hergebracht haben oder nöthig erscheinen lassen.

C. Gemeindehaushalt. (§§. 48—67.)

Zu §§. 48—51.

Diese §§. enthalten einige allgemeine Grundbestimmungen über den Gegenstand, wie über die Verwaltung des Gemeindehaushalts. Sie entsprechen den §§. 43 folg. des Schlesischen Entwurfs, fehlen dagegen in den übrigen Entwürfen, während es doch im Bereich aller Provinzialverbände eine Anzahl von Landgemeinden giebt, bei denen von der Verwaltung eines Gemeindehaushalts auch im eminenteren Sinne die Rede ist. Auch handelt es sich in diesen §§. lediglich um Vorzeichnung der allgemeinsten, einfachsten

Grundsätze über diesen Gegenstand. Ueberdies ist die höchst zweckmäßige Bestimmung im §. 50. wegen Bildung von Vorständen oder Deputationen für einzelne Gegenstände des Gemeindehaushalts, die eine fortlaufende Verwaltung erfordern, nur fakultativ und dem §. 58. des Schlesischen Entwurfs entnommen; während auch sie in den übrigen Entwürfen fehlte.

Ferner aber ist für die Gemeinden aller Provinzen, zur Begegnung nicht so seltener Mißbräuche, die Bestimmung des §. 51. nicht blos nützlich, sondern nothwendig, „daß alle Gemeinde-Einkünfte zu keinem anderen Zwecke als zur Deckung der Gemeindebedürfnisse verwendet werden dürfen."

Zum §. 52. und §. 53.

Der §. 52. betrifft a) die Vorschriften der Deklaration vom 26. Juli 1847 in Betreff des nutzbaren Gemeinde-Vermögens, welche fernerhin maaßgebend bleiben sollen, b) die Zulässigkeit der Verwendung von Nutzungen des Gemeindeglieder-Vermögens zur Deckung von Gemeindebedürfnissen, c) die Unzulässigkeit von Verfügungen der Gemeinde-Versammlung über das Vermögen von Interessenten (Societäts-Genossen), wie besonderer Stiftungen; hingegen betrifft der §. 53. die Entscheidung über die Streitigkeiten wegen Theilnahme an Gemeindenutzungen.

Darüber enthalten nur der §. 46. des Schlesischen und der §. 36. des Sächsischen Entwurfs Bestimmungen. Eine Ausdehnung derselben auf alle sechs Provinzen, wie eine entsprechendere Fassung scheint aber aus folgenden Beweggründen gerechtfertigt:

Es handelt sich hier um einen Gegenstand, — das Gemeinde- (Korporations-, in Städten Kämmerei-) Vermögen, desgleichen das Gemeindeglieder- (in Städten Bürger-) Vermögen und das Interessenten- (oder Societäts-) Vermögen, — welcher bekanntlich zu den größten Zweifeln, vielfältigsten Controversen und langwierigsten Verhandlungen im administrativen und legislativen Wege, ingleichen zu sehr abweichenden Ansichten der verschiedenen Regierungen und Auseinandersetzungs-Behörden, wie zu abweichenden Entscheidungen der Gerichte und der General-Kommissionen Veranlassung gegeben hat, bis endlich die (durch §. 17. der Gemeinheitstheilungs-Ordnung vom 7. Juni 1821 hervorgerufenen, fast schon seit Emanation derselben erörterten) Zweifel und Controversen durch die Deklaration vom 26. Juli 1847 ihre Erledigung erhielten. Auf Grund dieser Deklaration hat sich seitdem bei den Gerichten, wie bei den General-Kommissionen und beim Revisions-Kollegium eine übereinstimmende und sichere Jurisprudenz in Bezug auf die Anwendung der verschiedenen Rechtsbegriffe über Korporations-, Gemeindeglieder- und Interessenten-Vermögen ausgebildet und festgestellt. Man muß die lange Geschichte der Deklaration von 1847 ins Auge fassen, um die Gefahr von Rechtsverletzungen zu würdigen, welche auf der einen, wie auf der anderen, auf der Seite der Gemeinde-Korporationen, wie auf der Seite des wohlerworbenen Privat-Vermögens der Gemeinde-Mitglieder, mit jeder legislativen Abweichung von der Deklaration vom 26. Juli 1847 und mit Aenderungen ihrer schließlich durch den Staatsrath festgestellten Fassung verbunden sind. Dadurch erscheint zunächst der Antrag gerechtfertigt: „eine unvollkommene, der Deklaration von 1847 nicht wörtlich entsprechende Fassung, insbesondere also auch eine besondere Umschreibung des Begriffs von Gemeindeglieder-Vermögen (wie im Schlesischen Entwurf geschehen) — in den vorliegenden Entwürfen zu vermeiden, sich vielmehr, wie es im Sächsischen Entwurfe geschehen, auf den Ausdruck: Gemeindeglieder-Vermögen, und die ausdrückliche Allegation der §§. aus der Deklaration vom 26. Juli 1847, in denen der Begriff näher entwickelt ist, zu beschränken.

Dieselben Motive rechtfertigen ferner bei diesem Gegenstande den Antrag: die Genehmigung eines Beschlusses der Gemeinde niemals allein dem Landrathe, sondern vielmehr der Regierung zu übertragen, weil schon die Voraussetzung der Zulässigkeit eines solchen Beschlusses von der rechtlichen Natur und einer vielseitigen Prüfung desjenigen Objekts abhängt, worüber zu beschließen ist. Dazu kommt, daß die Prüfung und Genehmigung von Gemeindebeschlüssen, welche Dispositionen, insbesondere Gemeinheitstheilungen betreffen, bei welchen die rechtliche Natur solchen Vermögens in Frage kommt, nach dem zur Zeit geltenden Verwaltungs-Organismus überall den Regierungen zugewiesen ist (vergl. §. 118. der revidirten Städte-Ordnung vom 17. März 1831, §. 11. Verordnung vom 30. Juni 1834 u. a. a. O.).

Wenn die Bestimmung im §. 46. Alin. 3. des Schlesischen Entwurfs wegen Verwandlung des Gemeindeglieder- in Korporations-Vermögen, welche dem §. 53. der älteren Städte-Ordnung vom 19. November 1808 nachgebildet ist, unter den ausnahmsweisen Bedingungen des §. 46., beim Fortschritt des ländlichen Gemeinwesens im Allgemeinen, gerechtfertigt scheint, so darf doch eine solche Maßregel nur von der freien Entschließung der Gemeinden ausgehen, in keinem Falle aber von der Regierung der Gemeinde, ohne deren freie Zustimmung, octroyirt werden, wie es der Entwurf für Sachsen will. Vorzugsweise in Betreff dieses Gegenstandes wäre ein derartiges büreaukratisches Eingreifen der Aufsichts- und Verwaltungs-Behörden in die von altersher bestehenden Theilnahmerechts- und Vermögens-Verhältnisse der ländlichen Gemeinden höchst bedenklich. Dies einestheils deshalb, weil bei diesem Gegenstande die Rechts-Eigenschaft und Grenze einerseits von korporativen, andererseits von privatrechtlichen und Societäts-Nutzungen, in den concreten Fällen oft schwer erkennbar ist, und bei diesem ländlichen Gemeindeglieder-Vermögen Gemeinde- und Privat-Eigenthum häufig vermischt, oder nebeneinander vorkommt; wie z. B. bei Kommun-Weiden und Holzungen, oder bei den Nutzungen der in einigen Gegenden der Provinz Sachsen und deren Gemeinden vorkommenden sogenannten Gerechtigkeitshäuser, welchen gegen dergleichen Nutzungen gewisse Kommunallasten entweder vorzugsweise oder allein obliegen. Anderentheils deshalb, weil dergleichen tief eingreifende Veränderungen in den Zuständen der Landgemeinden der conservativen Gesinnung derselben nicht zusagen und Widerstreben hervorrufen, daher nur mit großer Discretion und Schonung vorgenommen, und unter der Zustimmung und nach eigener Ueberzeugung der Gemeinden vor sich gehen sollen, zumal in solchen Fällen, in denen — wie im vorliegenden — es sich um Vermögensrechte handelt, und die Gefahr einer Verletzung wohlerworbener Rechte, wie der Uebergriff in das Gebiet des Privatrechts so nahe liegt.

Wiederum erscheint aber auch das Alin. 4. des Schlesischen Entwurfs mit der vorausgegangenen Bestimmung nicht wohl vereinbar, sobald einmal zufolge dieser letzteren, die Zulässigkeit eines solchen Gemeindebeschlusses gesetzlich anerkannt worden ist. Es genügt in diesem Falle vielmehr, daß über eine vermeintliche Verletzung von Privatvermögens-Rechten der Weg Rechtens vorbehalten und namentlich darüber der Beweis und die Rechtsverfolgung vor dem Richter offen gelassen werde: „daß die Nutzungen der einzelnen Gemeindeglieder oder Gemeindeklassen, über welche fortan zum Besten der Korporation verfügt werden soll, nicht zum Gemeindeglieder-, sondern zum Privat- (Interessenten- oder Societäts-) Vermögen der nutzungsberechtigten Gemeindeglieder oder Gemeindeklassen gehören,“ — worauf jeder Widerspruch nur hinauslaufen kann. Der Rechtsweg darf in den an sich zulässigen Fällen weder direkt noch indirekt verschränkt werden. Die Sonderung in Theile bietet dafür keinen Ersatz. —

Deshalb empfiehlt sich aber auch die Uebernahme des Alin. 4. §. 36. aus dem Sächsischen Entwurf — als Abs. 3. §. 52. des Ausschuß-Entwurfs — weil es einer solchen ausdrücklichen Hinweisung auf die ganz verschiedene Beurtheilung und Behandlung des Interessenten- (Societäts-) Vermögens bedarf, um den bei diesem Gegenstande nahe liegenden Rechtsverletzungen und Uebergriffen vorzubeugen. Dergleichen Vermögen ist in allen Provinzen vorhanden. Es bildet diese Art von gemeinsamem Vermögen, im Gegensatz zu Korporations- oder Gemeindeglieder-Vermögen, in den östlichen Provinzen sogar überwiegend die Regel. In den meisten Orten fehlt Korporations-Vermögen oder Gemeindeglieder-Vermögen ganz, während dagegen nicht selten die Kossäthen, Bauern, Büdner klassenweise Societäten in Bezug auf gewisse ihnen zustehende, aber subjektiv-dingliche, ihren Gütern anklebende und zum Privatgrundvermögen gehörige Nutzungen bilden.

An eine provinzielle Eigenthümlichkeit in dem einen oder anderen der sechs östlichen Provinzial-Verbände, kann bei der Bestimmung im §. 46. des Schlesischen und im §. 36. des Sächsischen Entwurfs gar nicht gedacht werden. Wie der Gegenstand, den der §. 46. behandelt, in allen Provinzen vorkommt, so gilt der §. 17. der Gemeinheitstheilungs-Ordnung vom 7. Juni 1821 und die Deklaration von 1847, die dabei in Betracht kommen, im ganzen Staate, soweit das Allg. Landrecht Gesetzeskraft hat, mithin also jedenfalls in allen sechs östlichen Provinzen auf gleiche Weise.

Zu §§. 56—59.

Es ist auf die Motive zum §. 8. zu verweisen und nur zu bemerken, daß in Ermangelung aller etwa hierauf einwirkender provinzieller Eigenthümlichkeiten, zur Vervollständigung dieser sehr wichtigen Bestimmungen, nur die zweckmäßigsten Vorschriften aus den verschiedenen Entwürfen in klarerer und vollständiger Redaktion zusammengestellt sind.

Zu §§. 60—63.

1. Diese §§. behandeln a) die freiwillige Veräußerung von Gemeinde-Grundstücken nebst den zu deren Gültigkeit erforderlichen Vorschriften (§. 60.), b) die Fälle, in denen zu Verfügungen und Beschlüssen der Gemeinde die Genehmigung der Regierung erforderlich ist (§. 61.).

Sie entsprechen dem §. 52. des Schlesischen, dem §. 42. des Sächsischen, dem §. 21. des Preußischen und den §§. 18. des Brandenburgischen, Posenschen und Pommerschen Entwurfs.

2. Dabei kommen jedoch in den einzelnen Entwürfen Redaktions-Verschiedenheiten vor und es fehlen in vier Entwürfen die Bestimmungen in Betreff der Aufnahme von Anleihen, wie des Verzinsungs- und Tilgungs-Plans. In provinziellen Eigenthümlichkeiten kann auch hier zu jener abweichenden Fassung und dieser Omission eine Veranlassung nicht erkannt werden.

Zur Vermeidung von Controversen und Zweifeln, zu denen eine verschiedene Redaktion von Bestimmungen über denselben Gegenstand in Gesetzen, welche eine und dieselbe Aufgabe haben, leicht Veranlassung giebt, empfiehlt sich ganz vorzüglich bei einer Landgemeinde-Ordnung wegen der einfacheren Verhältnisse, die sie zu behandeln, und in Rücksicht auf die Volksklassen, deren gemeinsame Interessen sie zu regeln hat, die Aufstellung klarer und fester Normen.

3. Wenn, wie im §. 52. des Schlesischen Entwurfs und den entsprechenden §§. anderer Entwürfe geschehen, exemplificirt wird, darf unter diesen Beispielen, bei der vorherrschenden Wichtigkeit der Forstnutzungen in den Gemeinde-Verhältnissen, das Wort „Wald“ nicht fehlen.

4. Einer besonderen Bestimmung, daß (wie es im Sächsischen Entwurf heißt) die Genehmigung der Regierung auch zu Verpfändungen nöthig sei, bedarf es deshalb nicht, weil ein derartiges Rechtsgeschäft nur bei Anleihen vorzukommen pflegt, bei denen bereits Regierungs-Genehmigung vorgeschrieben ist.

5. Eine Vervollständigung der Bestimmungen über die Erfordernisse zur freiwilligen Veräußerung von Gemeinde-Grundstücken und dieser gesetzlich gleichstehenden Gerechtsame, schien deshalb nöthig, weil der Mangel ähnlicher Bestimmungen über die zur Gültigkeit des öffentlichen Meistgebots von Grundstücken gehörigen Formen u. s. w., wie sie der §. 51. der Städte-Ordnung vom 30. Mai 1853 enthält, im Gegentheil besondere Nachtheile und größere Weiterungen für die Landgemeinden mit sich führen würde. Denn, abgesehen von den Zweifeln und Anfragen der Administrativ-Behörden über die Ausführung einer unvollkommenen Vorschrift, würden Gerichte, Verwaltungs- und Hypothekenbehörden beim Mangel specieller Erleichterungen, auf die allgemein vorgeschriebenen Bestimmungen und Formen wegen der Subhastation zurückgehen, und deren Erfüllung, anstatt der erleichterten Formen des §. 51. der Städte-Ordnung, verlangen, und dadurch den Landgemeinden mehr Weiterungen und Kosten verursacht werden, als wenn der Inhalt des §. 51. a. a. O. vollständig, nur mit einigen den ländlichen Verhältnissen zusagenden Modifikationen, in die Landgemeinde-Ordnung aufgenommen wird. Ueberdies enthält §. 51. a. a. O. die für die ländlichen Gemeinden nicht minder erwünschte Bestimmung, daß die Regierung auch den Verkauf aus freier Hand, sowie einen Tausch gestatten kann. Würde diese Bestimmung in die Landgemeinde-Ordnung nicht aufgenommen, so würden die Landgemeinden unter anderem auch von den Vortheilen des Ge-

setzes über den erleichterten Austausch einzelner Parzellen von Grundstücken vom 13. April 1841 (G.=S. S. 79) ausgeschlossen.

6. Im Anschluß an die Bestimmungen der §§. 60—62. wird sich der Vorschlag im §. 63. empfehlen, daß für die Hypothekenbehörde die Beibringung der Genehmigung der Regierung zum Nachweise, daß die Vorschriften jener Paragraphen befolgt seien, genügen solle.

Zum §. 64.

1. Für alle Landestheile, für die sächsischen mit Rücksicht auf die Verordnung vom 24. Dcbr. 1816 (G.=S. 1817 S. 57) empfiehlt sich der Zusatz: daß die wegen Behandlung der Gemeinde=Waldungen für die einzelnen Landestheile erlassenen Gesetze und Bestimmungen in Kraft bleiben.

2. Dagegen scheint es zweckmäßiger, aus den Entwürfen für Pommern §. 20. und Brandenburg §. 19. die Bestimmung fortzulassen, daß die Gemeinde durch Anordnung der Regierung, soweit es ihre Kräfte gestatten, zur Deckung der ihr gehörigen Sandschollen, resp. Dünen, angehalten werden könne.

Denn eine solche Bestimmung gehört nicht in die Landgemeinde=Ordnung, sondern in ein besonders, den Gegenstand betreffendes Kulturgesetz, da für die Nothwendigkeit oder Nützlichkeit einer solchen Kulturmaßregel die sonstige Eigenschaft des Besitzers gleichgültig ist, und Stadtgemeinden, wie Rittergüter dabei auf gleiche Weise betheiligt werden müßten. Ein besonderer Gesetzentwurf darüber ist auch bereits vor längerer Zeit den Provinzial=Landtagen vorgelegt gewesen, aber von den meisten ganz abgelehnt und später reponirt worden. Die dagegen erhobenen zum Theil nicht unerheblichen Bedenken können nicht wohl ohne weitere Prüfung nur bei Gelegenheit des Erlasses der ländlichen Gemeinde=Ordnung beseitigt werden. Auch ist der Gegenstand nicht dergestalt provinzieller Natur, daß er sich auf 2 Provinzen beschränkt; vielmehr würde derselbe für die Provinz Preußen gleiche Wichtigkeit und noch größere, als für das Binnenland Brandenburg haben.

Aehnliche Motive sprachen auch gegen die speciell im Preußischen Entwurf §. 18. vorkommende Bestimmung: „wegen Bildung einer Sparkasse für das Gesinde und die zur dienenden Klasse gehörenden Einwohner durch jährliche Abgaben oder Abentrichtungen beim Dienstwechsel.“ So ansprechend ein solcher Vorschlag scheint, so kann der Gegenstand nicht ortschaftsweise regulirt, auch bei seiner vielseitigen Einwirkung auf die Verhältnisse ganzer Einwohnerklassen, nicht gelegentlich abgemacht werden.

Zum §. 65.

Betreffend die Aufstellung eines Haushalts=Etats, ist auf die Motive zu §§. 48—50 zu verweisen und nur noch zu bemerken, daß sich dieserhalb allein im §. 55. des Schlesischen und im §. 44. des Sächsischen Entwurfs eine Vorschrift vorfand, während eine solche in den 4 übrigen Entwürfen fehlte. Man glaubte aber die desfallsige Bestimmung verallgemeinern und sich bei Fassung derselben dem Schlesischen Entwurf anschließen zu sollen. Dies besonders wegen der größeren Elasticität dieses letzteren, indem danach die Etats=Aufstellung vom Beschluß der Gemeinde, event. der Anordnung der

Regierung abhängig gemacht wird und eine solche Fakultät in Aufstellung eines Haushalts-Etats geeignet ist, den örtlichen Verhältnissen und dem danach abzumessenden wirklichen Bedürfniß Rechnung zu tragen. Die Anordnung der Regierung wird überdies an die Voraussetzung geknüpft, daß die Etats-Aufstellung nothwendig sei, um den zu besorgenden oder vorhandenen Verwirrungen und Unordnungen in der Gemeinde-Verwaltung zu begegnen. Danach soll also die Einrichtung eines Haushalts-Etats auf das allerdringendste Bedürfniß beschränkt und nur in denjenigen einzelnen Ortschaften angeordnet werden, welche, sei es wegen Größe der Bevölkerung, Bedeutendheit ihres Vermögens, Umfang ihrer Einnahmen und Ausgaben, Lage ihrer Finanzen u. s. w., ohne eine Uebersicht ihres Haushalts durch einen im voraus aufzustellenden Etat, mit ihrer Verwaltung in Unordnung kommen würden oder schon in Verwirrung gerathen sind, und sonst aus dieser Verwirrung nicht herauskommen.

Der §. 44. des Sächsischen Entwurfs stellte dagegen die je 3jährige Entwerfung eines Haushalts-Etats als die Regel hin, läßt aber doch wiederum auch von dieser Regel, unter Genehmigung des Landraths, Ausnahmen zu. Bei der großen Verschiedenheit der Orte und Gemeinden in dem, aus den verschiedensten Landestheilen bestehenden Verbande des Ober-Präsidial-Verwaltungsbezirks der Provinz Sachsen schien jedoch auch für diesen Verwaltungsbereich der §. 55. des Schlesischen Entwurfs vorzuziehen.

Wenn dagegen in den anderen Entwürfen eine solche zufolge des Schlesischen Entwurfs auf das obwaltende Bedürfniß beschränkte oder nur nach ausdrücklichem Beschluß der Gemeinde selber, eintretende Vorschrift ganz fehlt, so scheint weder die Aufnahme in den Schlesischen, noch die Lücke in anderen Entwürfen auf provinzielle Eigenthümlichkeiten zurückgeführt werden zu können. Eine Bestimmung, wie sie §. 65. enthält, scheint für alle Provinzialverbände auf gleiche Weise, hier mehr, dort weniger, ein Bedürfniß zu sein.

Zum §. 66.

Ueber die Anfertigung der Gemeinde-Rechnung enthält nur §. 57. des Schlesischen Entwurfs eine ausführlichere Anordnung, dagegen der §. 44. des Sächsischen Entwurfs bloß die Bestimmung: daß die Regulirung des Gemeinde-Rechnungswesens einer Instruktion des Oberpräsidenten vorbehalten bleibt, während in den 4 Entwürfen für Preußen, Brandenburg, Posen und Pommern jede Bestimmung darüber mangelt. Diese erschien jedoch für alle Landestheile gleich unentbehrlich. Denn daraus, daß es bisher an einer solchen Vorschrift gefehlt hat, und an vielen Orten vom Gemeinde-Vorsteher bisher keine Rechnung gelegt wurde, sind vielfach Zwietracht und Zerwürfnisse in den Gemeinden, Mißtrauen, Verdächtigungen und Anklagen gegen die Schulzen, oft ohne Grund, öfter aber auch Unterschleife und Betrügereien der Schulzen, erfahrungsmäßig auch in der Mark Brandenburg, entstanden, und hat der Umstand, daß die Schulzen keine Rechnungen legten, daher wegen der gehörigen Verrechnung von Gemeinde-Einnahmen und Ausgaben schon lange in manchen Gemeinden Mißtrauen geherrscht hatte, vielfach Aufregung, insbesondere auch im Jahre 1848, in den Landgemeinden hervorgerufen und begünstigt. Im Regierungsbezirk Marienwerder ist die regelmäßige Anfertigung und Legung der Gemeinde-Rechnungen für jedes Jahr von der Regierung im administrativen Wege seit längerer Zeit allgemein angeordnet und zum Theil wenigstens ins Leben getreten.

Da die Einrichtung des Rechnungswesens über die Gemeinde-Verwaltung zum großen Theil erst neu eingeführt werden soll, so erscheint es angemessener, dieserhalb keine Detail-Bestimmungen, mithin auch nicht wegen der Fristen zur Vorlegung und Decharge und wegen der Anzeige hierüber bei dem Landrath (wie es im Schlesischen Entwurf geschehen ist) in das Gesetz aufzunehmen, vielmehr dergleichen je nach dem Bedürfniß erforderliche besondere Anordnungen über die Art und Weise, wie das Gemeinde-Rechnungswesen zu reguliren sei (nach §. 44. des Sächsischen Entwurfs), einer Instruktion des Oberpräsidenten vorzubehalten.

Zum §. 67.

Bei der Redaktion ist die vollständigere präcisere Fassung des §. 68. der Städte-Ordnung vom 30. Mai 1853 berücksichtigt.

IV. Selbstständige Gutsbezirke (§§. 68—71.).

Zum §. 68. ist zu bemerken:

1. Die in der Gemeinde-Ordnung von 1850 als Regel vorausgesetzte Vereinigung der Rittergüter und Domainen-Vorwerke mit den Ortsgemeinden ist aufgegeben und soll die Herstellung einer solchen Vereinigung zu einem Communal-Verbande lediglich der Uebereinkunft der Betheiligten überlassen bleiben. Um so weniger dürfen in der neu zu erlassenden ländlichen Gemeinde-Ordnung gleich bestimmte und vollständige Vorschriften über die communalen Rechte und Pflichten der aus Ritterguts- oder Domainen-Vorwerks-Grundstücken bestehenden selbstständigen Gutsbezirke fehlen. Denn es haben dergleichen Besitzungen vermöge und seit der Auflösung der gutsherrlichen und bäuerlichen Verhältnisse eigene, meist gesonderte Communal-Verpflichtungen, und sind in dieser Beziehung, getrennt von den Ortsgemeinden, besondere (Communal-)Bezirke geworden. Das Bedürfniß derartiger Bestimmungen ist auch bereits in älteren Gemeinde-Ordnungen, namentlich der Westphälischen vom 31. Oktober 1841 §. 8., anerkannt, woselbst es heißt: „die Besitzer von Rittergütern, welche aus der Verbindung mit den Ortsgemeinden ausscheiden, sind für den Bereich des Gutes zu allen Leistungen und Pflichten verbunden, welche gesetzlich oder verfassungsmäßig den Gemeinden obliegen,“ — ferner, in Uebereinstimmung mit der bestehenden Verfassung der östlichen Provinzen, z. B. auch nach §§. 5, 6. Ges. Nr. 2318 vom 31. Decbr. 1842 über die Verpflichtung zur Armenpflege. Es ist zufolge des Commissions-Berichts der ersten Kammer vom 28. Februar 1853 No. 160 S. 8 u. 9 — wie es daselbst heißt: — nicht die Absicht gewesen, den schon früher zweifellosen, auch in den Vorlagen der Regierung zur Zeit der Kammersitzung von 1851—1852 enthaltenen allgemeinen Grundsatz zu ändern: „daß die Gutsbezirke nach außen hin dieselben Lasten und **Verpflichtungen** zu **erfüllen** hätten, wie die Gemeinden, vielmehr sei es bei dieser neuen

Gesetzgebung wünschenswerth, auch selbst den Schein davon sorgfältig zu vermeiden, als sollten die selbstständigen Gutsbezirke etwa günstiger gestellt werden, wie die Dorfgemeinden.“ (Vergl. auch S. 8 a. a. O. mit §. 69. des neuesten Entwurfs No. 10 für Westphalen).

Sonst würde auch der Zweck einer ländlichen Gemeinde-Ordnung in den östlichen Provinzen, zumal rechts der Elbe, sehr beeinträchtigt werden. Hier haben dergleichen Gutsbezirke, vermöge der großen Zahl besonders von Rittergütern und des erheblichen Areals einer Mehrzahl derselben, im Gegensatz zu den westlichen Provinzen, für das ländliche Gemeinde- und Polizeiwesen eine große, zum Theil eine überwiegende Bedeutung, woraus vielmehr die Motive gegen eine Verbindung der Rittergüter mit den Ortsgemeinden zu einem corporativen Verbande, von entgegengesetzten Seiten entnommen wurden. Beispielsweise umfaßt in der Provinz Posen der Gesammtbesitz von circa 1200 Rittergütern im Verhältniß zu dem der Bauergemeinden circa 58 Prct., in Pommern, im Stettiner Regierungs-Departement bei mehr als 600 Rittergütern etwa 56 Prct. und im Kösliner Departement bei über 1000 Rittergütern circa 70 Prct.; in Schlesien mag das Areal von mehr als 3000 Rittergütern im Verhältniß zum bäuerlichen Areal wohl die Hälfte erreichen.

2. In Uebereinstimmung mit den Regierungsvorlagen in der Sitzung der Kammern von 1852—1853 (s. Beil. zu No. 160 unter No. 166 §. 4) darf die Beitragspflicht der Einsassen von Gutsbezirken nicht bloß auf Grundbesitzer; sie darf aber ferner auch nicht bloß auf künftig anzusetzende Einwohner beschränkt werden.

Die zuerst gedachte Beschränkung war in der Gemeinde-Commission der ersten Kammer (s. Bericht No. 160 S. 9 vom 28. Febr. 1853), der Regierungs-Vorlage entgegen, vorgeschlagen, und erst in der jetzigen Regierungs-Vorlage No. 35 v. 12. Decbr. 1853 adoptirt. Sie scheint indeß aus folgenden Gründen nicht zu empfehlen. Es kann von der Beihülfe zu gewissen Communallasten, z. B. bei Feuers-, Wassers- und ähnlichen Gefahren kein selbstständiger Einwohner frei bleiben, er mag mit Grundeigenthum angesessen sein oder nicht, es mag seine Ansässigkeit vor oder nach Verkündigung dieser Landgemeinde-Ordnung entstanden sein. Es widerspräche das dem öffentlichen Interesse des Gemeindewesens, welches durch besondere Verträge unter Privaten nicht gefährdet werden darf. Dies würde bei einer Beschränkung der Communalbeitragspflicht auf künftig anzusetzende Grundbesitzer um so mehr der Fall sein, als mitunter bei Parzellirungen die ganze Last der Communalleistungen dem durch successive Dismembrationen bis zur Leistungsunfähigkeit verminderten Stammgut verblieben ist. Es stände dies aber auch nicht überall mit den wirklich stattfindenden Rechtszuständen verschiedener Landestheile im Einklang, z. B. in Preußen, in der Nieder- und Ober-Lausitz, wo auch gutsherrliche Tagelöhner, insbesondere Laßhäusler (welche gleichwohl nicht regulirungsfähig sind; vergl. Entscheidung des Rev.-Colleg. in dessen Zeitschrift Bd. 6. S. 125), zu Communalleistungen meist beitragen, wie denn selbst auch in der Kur- und Neumark Landarmen-Beiträge von Jedem, welcher Feuer und Heerd hat resp. von allen selbstständigen Individuen zu entrichten sind (vergl. Landarmen-Regl. für die Kurmark v. 16. Juni 1791 §. 53. und für die Neumark v. 12. Mai 1800 §. 25).

3. Die Bestimmung: „daß die Rechte der Trennstücksbesitzer, denen Kommunal-Abgabenfreiheit in den Erwerbungsverträgen vom Gutsbesitzer ausdrücklich zugesichert worden ist, nicht gekränkt werden sollen:“ kann sich nur auf Erhaltung privatrechtlicher Ansprüche wegen Gewähr, event. wegen Entschädigung im Wege der Ablösung, beziehen, hingegen nicht die Rechte des Staats und Gemeinwesens beeinträchtigen. Das Gemeinwesen muß, mindestens in besonderen Nothstandsfällen, auf Kommunalbeiträge aller selbstständigen Einwohner durch Handlungen oder sonst rechnen können. Wie innerhalb der Gemeindeverbände, so wird auch innerhalb der Gutsbezirke die Ablösung dinglicher Befreiungen, ebenso wie im §. 4. der Städte-Ordnung geschehen ist, vorbehalten und darüber in der Landgemeinde-Ordnung nähere Bestimmung getroffen werden müssen.

4. Sodann kommt in Betracht, daß dergleichen Befreiungen von Kommunalbeiträgen nicht allein auf Primordial-Erwerbungs-Verträgen beruhen, sondern öfter auch späterhin noch durch spezielle Rechtstitel erworben sind. Deswegen bedürfen auch sonstige Rechtstitel einer gleichen Erwähnung und Berücksichtigung, indem dem richterlichen Ermessen über derartige privatrechtliche Befreiungsgründe und darauf zu gründende Ansprüche auf Eviction und Entschädigung durch eine beschränktere, allein die Ansetzungsverträge berücksichtigende Fassung nicht vorgegriffen werden darf. Die vollständigere Bestimmung über den Gegenstand, wie sie im §. 68. gegeben worden, ist schon deshalb nöthig, weil der §. 96. des Ablös.-Ges. vom 2. März 1850 auf die künftige Gemeinde-Ordnung ausdrücklich hingewiesen hat.

Zu §§. 69—71.

Die Verpflichtung der Besitzer selbstständiger Gutsbezirke resp. Waldgrundstücke zur unentgeldlichen Uebernahme der den Gemeinde-Vorstehern obliegenden Geschäfte in Ansehung dieser Gutsbezirke und ihrer Einwohner, hatte bereits §. 11. der unterm 24. November 1851 von der Regierung vorgelegten Hauptgrundsätze für die Gemeinde-Ordnung der 6 östlichen Provinzen und §. 43. der Anlage I. zum Kommissions-Gutachten der ersten Kammer vom 20. Februar 1852 Nr. 104, ingl. §. 45. der Anlage II. zum Kommissions-Gutachten der zweiten Kammer vom 6. Mai 1852 Nr. 279, ausgesprochen. Hiergegen scheint es nicht gerechtfertigt, die dauernde Substitution eines Stellvertreters mit Uebertragung aller Pflichten und aller Verantwortlichkeit von dem Belieben des Besitzers eines solchen Gutsbezirks abhängig zu machen; innerhalb der Gemeindebezirke soll die Ablehnung des übertragenen Amtes als Gemeinde-Vorsteher oder Schöffen ebenfalls nicht vom Belieben der dazu ausgewählten Gemeindemitglieder abhängen; sie setzt vielmehr bestimmte, im Gesetz näher bezeichnete Entschuldigungsgründe voraus.

Diesen Principien gemäß mußte daher im §. 70. bestimmt werden, daß, abgesehen von den daselbst und im §. 69. angegebenen Gründen und Voraussetzungen, im Falle der Ablehnung oder im Falle der Nichtbefähigung wegen der im §. 70. bezeichneten Verhältnisse, die Ernennung des

Stellvertreters auf Kosten des Besitzers, nicht durch ihn selbst geschehen darf, sondern durch die Regierung erfolgen soll.

V. Aufsicht über die Gemeinde-Verwaltung und die Verwaltung der Kommunal-Angelegenheiten in den selbstständigen Gutsbezirken.

Zum §. 72.

1. Bei diesem Gegenstande sind die Motive zu dem unter No. 178 der Drucksachen der zweiten Kammer mittelst Antrages vom 9. März 1854 übergebenen Entwurf eines Gesetzes betreffend die ländliche Polizei-Verwaltung in den 6 östlichen Provinzen zu vergleichen.

2. Der Kommunal-Verwaltung in den selbstständigen Gutsbezirken erwähnten nur die Entwürfe für Sachsen und für Posen bei Regelung der Aufsichts-Instanzen, neben der Gemeinde-Verwaltung. Bei der oben geschilderten Bedeutung, welche die selbstständigen Gutsbezirke im Bereiche des ländlichen Kommunalwesens der östlichen Provinzen, besonders diesseits der Elbe, in Anspruch nehmen, muß dies aber überall geschehen.

Denn, wenngleich innerhalb mancher Gutsbezirke — nach Einziehung oder Auskaufung der Bauergüter — nur Wirthschafts-Beamte, Deputanten, als Schäfer, Meier und Tagelöhner, wohnen, so existiren doch auch da nichts desto weniger häufig Kommunal-Einrichtungen, als Elementarschulen, Feuerlöschgeräthschaften, es sind Straßen und Kommunikations-Wege zu unterhalten und es ist Armenverpflegung zu leisten. Es giebt außerdem aber wiederum auch solche Gutsbezirke, in denen neben dem Gutsbesitzer noch andere selbstständige Glieder und Grundbesitzer vorkommen (vergl. unter andern §. 6. des Gesetzes vom 31. December 1842 über die Armenpflege G.-S. 1843. S. 8), in welchen also auch zwischen dem Gutsbesitzer und anderen Einwohnern des Gutsbezirks, die der §. 68. antheilig zu den Kommunallasten heranziehen will, wirkliche kommunale Gemeinschaften bestehen.

Die selbständigen Gutsbezirke müssen demzufolge ebenso wegen der Aufsichts-Instanzen, wie wegen der Verpflichtungen, in den Organismus des ländlichen Gemeindewesens eingeordnet werden. Ihr Verhältniß zur nächsten unmittelbaren Aufsichts-Instanz, gleichwie das Verhältniß der Landgemeinden zu derselben, kann indeß erst bei der Reform der ländlichen Polizei-Verfassung erwogen und festgestellt werden (vergl. dieserhalb die Vorlage Nr. 178 vom 9. März 1854 und die Motive dazu).

Allgemeine Bestimmungen.

Zum §. 74.

An Stelle der in allen 6 Entwürfen (§. 62. für Schlesien, §. 49. für Sachsen, §. 25. für Preußen und resp. §§. 22. für Brandenburg, Posen u. Pommern) gleichlautenden Bestimmung, „daß die Nr. 14 §. 3. des Gesetzes vom 2. März 1850 betreffend die Ablösung der Reallasten und die Regulirung der gutsherrlichen und bäuerlichen Verhältnisse in Zukunft ganz außer Anwendung komme," wird vielmehr die Bestimmung vorgeschlagen: „daß der §. 3. Nr. 14 a. a. O., vorbehaltlich weiterer gesetzlicher Bestimmungen über Straßengerechtigkeit und Auenrecht, blos einstweilen suspendirt bleibe."

Dies aus folgenden Gründen:

Die Vorschrift unter Nr. 14 §. 3. des Ges. v. 2. März 1850 (G.-S. S. 77 ff.) bestimmt: ""Die unter dem Namen "Straßengerechtigkeit oder Auenrecht" vorkommende Befugniß des Gutsherrn über die nicht zu den Wegen nöthigen freien Plätze innerhalb der Dorflage zu verfügen, soweit jene aus der gutsherrlichen Polizeigerichtsbarkeit hergeleitet wird, ist ohne Entschädigung aufgehoben.

Das Eigenthum dieser Grundstücke fällt, insofern dieselben nicht schon vor Verkündigung des Sistirungs-Gesetzes vom 9. Oktober 1848 in die privative Benutzung des Gutsherrn oder eines Dritten übergegangen, oder zwischen der Gutsherrschaft und der Dorfgemeinde rechtsverbindlich getheilt worden sind, der Ortsgemeinde als solcher zu, welche aber fortan auch die bisher damit verbunden gewesenen Lasten, z. B. die Instandhaltung der Dorfstraße, der Brücken, Stege u. s. w. zu tragen hat.

Vorstehende Bestimmungen treten erst mit Einführung der neuen Gemeinde-Ordnung in den einzelnen Gemeinden in Kraft.""

Die Bestimmungen können nicht ohne Weiteres außer Anwendung bleiben. Event. würde wenigstens in dem Gesetze ausdrücklich verfügt werden müssen: "daß die Nr. 14 §.3. aufgehoben und das frühere Eigenthums- und Lasten-Verhältniß wiederhergestellt sein solle." Zur Zeit ist die Frage jedenfalls nicht ohne Zweifel: ob nicht bereits aus der Nr. 14 des §. 3. a. a. O. für die Gemeinden Rechte erworben sind, deren Ausübung nur an eine Suspensiv-Bedingung geknüpft war; ebenso auf der anderen Seite, ob nicht der Gutsherr auf Grund der Nr. 14 a. a. O. die Befreiung der mit der Straßen- und Auen-Gerechtigkeit verbunden gewesenen Lasten rechtmäßig bereits erlangt habe? Dabei kommt ferner in Betracht, daß die Straßen- oder Auen-Gerechtigkeit als ein Ausfluß und Zubehör der ortsobrigkeitlichen Rechte, namentlich der Polizeigerichtsbarkeit der Gutsherren angesehen wurde, dieses obrigkeitliche Recht aber durch die Verfassung aufgehoben und es bei dieser Aufhebung verblieben ist; ferner, daß die mit jener Straßengerechtigkeit resp. der Polizeigerichtsbarkeit verbundenen Pflichten und Lasten auf den Staat, theilweise auch auf die Gemeinden übergegangen sind; endlich, daß der Uebergang des Eigenthums der Straße oder Dorfsaue auf die Gemeinde nicht von der Publikation einer bestimmten Gemeinde-Ordnung, etwa der von 1850, abhängig gemacht ist; endlich, daß die Vorschrift der Nr. 14 sich nicht in der Gemeinde-Ordnung vorfindet, vielmehr im Ablösungsgesetz steht, daher mit der Gemeinde-Ordnung vom 11. März 1850 nicht zugleich aufgehoben werden konnte. Andererseits aber kommt in Betracht, daß die Voraussetzung der Gemeinde-Ordnung vom 11. März 1850, wonach Gutsbesitzer und Dorfseinwohner zu einem Kommunalverbande in der Regel verbunden werden sollten, nicht mehr zutrifft, daß deshalb auch wegen der mit dem Auenrecht verbundenen Straßenbaupflicht, die ebenfalls event. wieder auflebt, eine veränderte legislative Beurtheilung Platz greift.

Bei dieser rechtlichen Lage der Sache dürfte sie einer besonderen legislativen Behandlung und Entscheidung vorbehalten bleiben müssen.

Zum §. 75.

Sobald die Gemeinde-Ordnung nicht als eine Novelle und Ergänzung zum Allgemeinen Land-Recht erlassen wird, bedarf es ausdrücklich der Aufhebung aller in dieselbe nicht aufgenommenen früheren gesetzlichen Vorschriften über Gegenstände, worüber das neue Gesetz verfügt. Es ist eine solche Bestimmung auch deshalb nöthig, weil, wie in vorstehenden Motiven an verschiedenen Stellen gezeigt worden, viele §§. des Allgemeinen Land-Rechts durch die Gemeinde-Ordnung nach ihrem Inhalt und ihrer Fassung aufgehoben oder erheblich modificirt, außerdem zum Theil antiquirt, daher zu einer Heranziehung und Bezugnahme nicht mehr geeignet sind.

II.

Entwurf eines Gesetzes,

betreffend

die ländliche Polizei-Verwaltung in den sechs östlichen Provinzen der Monarchie.

Wir Friedrich Wilhelm, von Gottes Gnaden, König von Preußen ꝛc. ꝛc.

verordnen in Betreff der Polizei-Verwaltung in den Landgemeinden und selbstständigen Gutsbezirken der sechs östlichen Provinzen mit Zustimmung der Kammern, was folgt:

§. 1.

In allen Landgemeinden und selbstständigen Gutsbezirken der sechs östlichen Provinzen wird die Polizei im Namen und im Auftrage des Königs verwaltet.

§. 2.

Jeder Kreis wird in Polizei-Verwaltungs-Bezirke getheilt.

Der Regel nach soll ein solcher Bezirk mehrere Landgemeinden und selbstständige Gutsbezirke oder, wo es die örtlichen Verhältnisse nöthig machen, lediglich eine Mehrzahl der ersteren oder eine Mehrzahl der letzteren umfassen.

Ausnahmsweise kann jedoch auch eine Landgemeinde oder ein selbstständiger Gutsbezirk für sich allein einen Polizei-Verwaltungs-Bezirk bilden, wenn die Erheblichkeit des Umfanges und der Einwohnerzahl eine solche Abweichung von der Regel besonders rechtfertigt.

Eben so ist es ausnahmsweise zulässig, einzelne Theile eines Gemeinde-Bezirkes oder selbstständigen Gutsbezirkes von dem Polizei-Verwaltungs-Bezirk, welchem dieser Gemeinde- oder Gutsbezirk überwiesen wird, auszuschließen und einem anderen Polizei-Verwaltungs-Bezirke zuzulegen, wenn dies wegen ihrer entfernten Lage zur Herstellung einer ordnungsmäßigen Polizeiverwaltung nothwendig ist.

§. 3.

Die Polizei-Verwaltungs-Bezirke müssen einerseits groß genug sein, um innerhalb derselben eine dem Bedürfniß entsprechende Polizei-Verwaltung herstellen und deren Kosten ohne Druck aufbringen zu können, dürfen aber andererseits auch nicht eine solche Ausdehnung erhalten, daß dadurch die Verwaltung derselben neben anderen Erwerbs- und Berufsgeschäften unmöglich gemacht oder zu sehr erschwert würde. — Neben der Rücksicht auf angemessene Größe und Abrundung ist bei der Abgrenzung der Polizei-Verwaltungs-Bezirke möglichst darauf zu achten, daß einerseits Gemeinde- und Gutsbezirke, welche bisher unter einer gemeinschaftlichen Polizei-Verwaltung standen, nicht von einander getrennt und andererseits die innerhalb der Kreise bereits bestehenden Verbände (Kirchspiele, Schulverbände, Wegebau-Bezirke, Feuer-Lösch-Distrikte u. s. w.) nicht zerrissen werden.

§. 4.

Die Polizei-Verwaltungs-Bezirke werden, nachdem der Kreistag über deren Bildung gutachtlich vernommen worden ist, durch die Regierung festgestellt.

§. 5.

Wenn ein Bedürfniß dazu vorliegt, so können, nach Anhörung der Betheiligten und des Kreistages, durch den Minister des Innern einzelne Theile eines städtischen Gemeindebezirks einem ländlichen Polizei-Verwaltungs-Bezirke einverleibt, sowie ländliche Gemeinde- oder Gutsbezirke oder einzelne Bestandtheile derselben einer städtischen Polizei-Verwaltung überwiesen werden.

§. 6.

Eine Vermehrung oder Verminderung der nach den Bestimmungen der §§ 4. und 5. festgestellten Polizei-Verwaltungs-Bezirke, sowie überhaupt eine Veränderung in der Abgrenzung derselben darf von der Regierung nur vorgenommen werden, wenn dies ohne Beeinträchtigung der dabei maaßgebend bleibenden Grundsätze der §§. 2. und 3. geschehen kann und der Minister des Innern nach vorheriger Anhörung des Kreistages seine Genehmigung dazu ertheilt.

§. 7.

Der König ernennt für jeden der nach den §§. 2. bis 6. gebildeten Bezirke einen Bezirks-Verwalter und einen Stellvertreter desselben. Beide werden vor dem Antritte ihres Amtes durch den Landrath vereidet.

§. 8.

Das Amt des Bezirks-Verwalters ist ein unentgeltlich zu übernehmendes Ehrenamt. Der Bezirks-Verwalter ist die Polizei-Obrigkeit des Bezirks und hat in dieser Eigenschaft im ganzen Umfange desselben unter der Aufsicht und Kontrole des Landraths die Polizei zu verwalten. Er ist verpflichtet, den Anordnungen des Landraths Folge zu leisten.

§. 9.

Die Gemeinde-Vorsteher und die Besitzer selbstständiger Gutsbezirke haben, ein jeder innerhalb seines Bezirkes, unter der Aufsicht und Verantwortlichkeit des Bezirks-Verwalters die Ortspolizei zu handhaben. — Sie sind verpflichtet, den Anordnungen des Letzteren Folge zu leisten.

§. 10.

Vor jeder Ernennung eines Bezirks-Verwalters oder Stellvertreters (§. 7.) ist der Kreistag zur Abgabe gutachtlicher Vorschläge aufzufordern.

§. 11.

Bei der Auswahl der zu ernennenden Bezirks-Verwalter und ihrer Stellvertreter (§. 7.) und demgemäß auch bei den von den Kreistagen zu machenden Vorschlägen (§. 10.) sind vorzugsweise die dem Polizei-Verwaltungs-Bezirk angehörigen Besitzer selbstständiger Gutsbezirke und anderer größerer Güter, sowie die Pächter Königlicher Domainen und ausgedehnter Privatgüter, wenn es aber an derartigen geeigneten Kandidaten mangelt, auch andere angesehene Männer, welche innerhalb des Bezirkes ihren Wohnsitz haben, in Betracht zu ziehen.

§. 12.

Zur Ablehnung oder vorzeitigen Niederlegung (§. 13.) des Amtes eines Bezirks-Verwalters oder Stellvertreters berechtigen nur:

1) die Verwaltung eines anderen öffentlichen Amtes, dessen Geschäfte damit nicht vereinbar sind;
2) anhaltende Krankheiten;
3) Geschäfte, die längere und öftere Reisen nothwendig machen;
4) ein Alter über 60 Jahre;
5) sonstige besondere Verhältnisse, welche eine gültige Entschuldigung begründen.

Bei jeder Ablehnung hat der Kreistag zu entscheiden, ob der dafür angeführte Entschuldigungsgrund als genügend zu betrachten ist. Wird diese Frage verneint, so kann der Ablehnende durch einen Plenar-Beschluß der Regierung auf einen Zeitraum von drei Jahren der Befugniß an den öffentlichen Geschäften der Gemeinde Theil zu nehmen und derjenigen Rechte verlustig erklärt werden, welche ihm die Gesetze über die Kreis-Vertretung beilegen. Gegen den Beschluß der Regierung findet nur der Rekurs an den Minister des Innern statt.

§. 13.

Der in der Ernennung zum Bezirks-Verwalter oder Stellvertreter liegende Auftrag kann von drei zu drei Jahren erneuert werden. Erfolgt nach Ablauf dieser Frist die Erneuerung des Auftrags nicht, so ist derselbe erloschen.

Nach dreijähriger Führung des Amtes kann die fernere Verwaltung desselben für die nächsten drei Jahre abgelehnt werden.

§. 14.

Kommt ein Bezirks-Verwalter durch Erkrankung oder Reisen außerhalb des Bezirks u. s. w. in die Lage, die Geschäfte seines Amtes nicht wahrnehmen zu können, so hat er dieselben seinem Stellvertreter zu übertragen und dem Landrathe davon Anzeige zu machen. Sollte der Stellvertreter abwesend oder die Geschäfte zu übernehmen nicht im Stande sein, so muß diese Anzeige, mit Ausnahme dringender, nicht vorherzusehender Behinderungsfälle so zeitig gemacht werden, daß dem Landrathe die Möglichkeit bleibt, durch Vermittelung einer anderweiten Vertretung eine Stockung der Geschäfte zu vermeiden.

§. 15.

Den Bezirks-Verwaltern wird eine nach Anhörung des Kreistages von der Regierung festzusetzende Entschädigung zur Bestreitung der durch die ordnungsmäßige Verwaltung bedingten, nothwendigen Ausgaben (Amtsunkosten) gewährt.

§. 16.

Für welche polizeilichen Bedürfnisse zu sorgen ist und welche Geldmittel zur Bestreitung derselben aufzubringen sind, entscheidet nach Anhörung des Kreistages die Regierung.

§. 17.

Polizeiliche Kosten, welche lediglich zum Nutzen und im Interesse einzelner Gemeinden oder Gutsbezirke zu verwenden sind, fallen diesen Gemeinden oder Gutsbezirken zur Last. — Alle übrigen polizeilichen Kosten mit Einschluß der den Bezirks-Verwaltern nach §. 15. zu gewährenden Entschädigung sind als Bezirkskosten anzusehen.

Die Bezirkskosten können entweder kreisweise (für sämmtliche Bezirke des Kreises durch die Gesammtheit der Bezirksangehörigen) oder bezirksweise (für jeden einzelnen Bezirk durch die Angehörigen desselben) oder verbandsweise (für mehrere Bezirke durch die zu einem besonderen Verbande zusammentretenden Angehörigen derselben) oder endlich zum Theil in der einen und zum Theil in einer anderen dieser drei Formen aufgebracht werden.

Welche Kosten als örtliche und welche als Bezirkskosten zu behandeln sind, wird in streitigen Fällen durch einen von der Regierung zu genehmigenden Kreistagsbeschluß festgestellt. Ebenso hat der Kreistag unter Genehmigung der Regierung zu beschließen, ob und in wieweit die Bezirkskosten kreis-, bezirks- oder verbandsweise aufzubringen sind und welcher Maaßstab und Erhebungsmodus bei der Vertheilung und Aufbringung derselben zur Anwendung kommen soll.

§. 18.

Alle Geldstrafen, welche auf Grund der von den Polizei-Verwaltern kraft des Gesetzes vom 14. Mai 1852 (Gesetz-Sammlung S. 245) erlassenen Strafverfügungen einzuziehen sind, fließen in die Kreis-Kommunal-Kassen, um nach Maaßgabe der durch Kreistagsbeschlüsse zu treffenden näheren Bestimmungen zur Deckung der polizeilichen Bezirkskosten verwendet zu werden.

§. 19.

Der Minister des Innern hat die zur Ausführung dieses Gesetzes erforderlichen Anordnungen und Instruktionen zu erlassen.

§. 20.

Das gegenwärtige Gesetz tritt in jedem Kreise erst mit dem Zeitpunkte in Kraft, welcher von der Regierung im Amtsblatte bekannt gemacht wird. Vor dieser Bekanntmachung müssen nicht allein die Polizei-Verwaltungs-Bezirke gebildet und die Bezirks-Verwalter nebst ihren Stellvertretern ernannt, sondern auch die nach den Bestimmungen der §§. 15 bis 17. erforderlichen Festsetzungen über die aufzubringenden polizeilichen Kosten getroffen sein.

§. 21.

Alle diesem Gesetze entgegenstehenden allgemeinen und besondern Bestimmungen werden aufgehoben.

Urkundlich ꝛc.

Motive.

Nach der Gemeinde-Ordnung vom 11. März 1850 (§§. 58., 114., 126. und 135.) und nach dem unter demselben Datum erschienenen Gesetz über die Polizei-Verwaltung sollte diese letztere im Zusammenhange mit dem Gemeindewesen geordnet und im Allgemeinen mit der Gemeinde-Verwaltung verbunden, jedoch überall im Namen des Königs geführt werden.

Auch in der Kammersitzung von 1851—1852 hatte die Kommission der ersten Kammer (Drucksachen Nr. 104.) und nach deren Vorschlägen das Plenum derselben eine Vervollständigung der von der Regierung vorgelegten Hauptgrundsätze einer Gemeinde-Ordnung für die sechs östlichen Provinzen der Monarchie dahin für unerläßlich erachtet, daß dem Entwurfe des Gouvernements ein zweiter Theil betreffend die ländliche Polizei-Verfassung als ein nothwendiges Correlat der Gemeinde-Gesetzgebung hinzugefügt werde.

Gegenwärtig, nachdem sechs besondere Entwürfe einer Gemeinde-Ordnung für die sechs östlichen Provinzen vorgelegt worden, ist auch die Regierung, zufolge Allerhöchster Ermächtigung vom 16. Februar 1854 mit einem besonderen Gesetz-Entwurf betreffend die ländliche Polizei-Verfassung in den sechs östlichen Provinzen hervorgetreten, welcher nach dem Kommissions-Bericht der ersten Kammer (Nr. 144. der Drucksachen der ersten Kammer vom 22. Februar c.) von der ersten Kammer mit einigen nicht wesentlichen Abänderungen angenommen ist.

Es wird daselbst anerkannt, daß es hohe Zeit sei, an die Wegräumung derjenigen Hindernisse eine kräftige Hand anzulegen, welche zur Zeit einer gedeihlichen Entwickelung des ländlichen Polizeiwesens entgegenstehen.

Auch die Antragsteller erkennen ihrerseits an, daß kaum ein anderes Bedürfniß der Gesetzgebung dringender und kaum irgend ein anderer Gegenstand der Reform bedürftiger sei, als die ländliche Polizei-Verfassung.

So herrscht über die Bedürfnißfrage auf allen Seiten und mit dem Gouvernement vollständiges Einverständniß. Nur über die Art und Weise der Reform stehen sich zwei in ihren Fundamental-Prinzipien, wie in ihrer Ausführung völlig abweichende Systeme gegenüber.

Zwar könnte in Frage kommen, ob nicht ein drittes System: „die Verbindung der Polizei mit der Gemeindeverwaltung,“ welches der Gesetzgebung von 1850 zum Grunde lag, den Vorzug verdiene? Nach Aufhebung der Gemeinde-Ordnung von 1850 und in Ermangelung von Sammtgemeinden kann indeß darauf nicht zurückgegangen werden.

Der von der ersten Kammer genehmigte Entwurf der Regierung geht auf diejenigen Grundprinzipien der ländlichen Polizei-Verfassung zurück, welche bis zur Emanation der Verfassungs-Urkunde vom 31. Januar 1850, beziehungsweise bis zum Jahre 1848, geltendes Recht gewesen, auch bis zum Jahre 1807, dem Beginn und weitern Ausbau der Preußischen Agrar-, Kultur- und Gewerbe-Gesetzgebung, in ihren inneren Beziehungen zwischen den ländlichen Polizeiobrigkeiten und der ihrer Polizeigewalt unterworfenen Bevölkerung unangetastet waren und erst seit der Emanation des Edikts vom 9. Oktober 1807 und einer auf derselben Bahn fortschreitenden Gesetzgebung angezweifelt und bestritten sind.

Motive sind dem Regierungs-Entwurfe nicht beigegeben; diesem Mangel ist jedoch durch den Kommissionsbericht der ersten Kammer begegnet, indem derselbe den allgemeinen Standpunkt, von welchem der Regierungs-Entwurf ausgeht, klar zu machen sucht und der Herr Minister des Innern, wie die Regierungs-Kommissarien sich im Wesentlichen damit einverstanden erklärt haben.

Die Grundzüge des Regierungs-Entwurfs sind folgende:

1) Er schließt sich als eine Ergänzung, in Form einer Novelle, an das Allgemeine Land-Recht von 1794 an, wobei er die späteren Verordnungen über den Gegenstand resp. vom 8. Mai 1837 (Ges.-S. S. 99.), vom 31. März 1838 (Ges.-S. S. 253.), vom 24. April 1846 (Ges.-S. S. 167.) und 23. Juli 1847 (Ges.-S. S. 279.) als vermeintliche Verbesserungen der im Allgemeinen Land-Recht anerkannten früheren Verfassung bestehen läßt, ebenso die Verordnung vom 31. März 1833 (Ges.-S. S. 61.), deren Abänderung jedoch in der Tendenz des Gesetz-Entwurfes liegt.

2) Die polizeiobrigkeitliche Gewalt soll im Allgemeinen ein Zubehör derjenigen Güter (resp. Rittergüter, Domainen oder Kämmereien) bleiben, denen sie vor Publikation der Verfassungs-Urkunde zustand.

Auch inskünftige soll wiederum jeder Käufer oder Erbe eines Ritterguts Inhaber der Polizeiobrigkeit sein und der Besitz dieser Hoheitsrechte ihm nur für seine Person ganz oder zeitweise entzogen werden können, in Folge der in den Gesetzen vom 8. Mai 1837 und 23. Juli 1847 bezeichneten Handlungen, oder nach §. 12. des Gesetz-Entwurfs, wenn er sich des erforderlichen Ansehens oder Vertrauens durch sein Benehmen verlustig macht, worüber die Regierung durch einen Plenarbeschluß nach Anhörung des Kreistages zu entscheiden hat.

3) Die Polizeigewalt wird von ihrem Inhaber, wie es der §. 12. des Gesetz-Entwurfs ausdrücklich besagt, wiederum im eigenen Namen ausgeübt, nicht im Namen und Auftrage des Königs.

Es ist richtig, daß die Ausübung obrigkeitlicher Rechte und Pflichten als ein Ausfluß der allgemeinen Staatsgewalt angesehen und behandelt werden müsse (vergl. S. 11. des Kommissionsberichts der ersten Kammer Nr. 144.); nur läßt sich mit Bezug auf den Inhalt des Regierungs-Entwurfs mit keinem Rechte behaupten, daß danach die gutsherrliche Polizei im Namen des Königs verwaltet werde.

4) Es sollen die Inhaber der Polizeigewalt, welche dies an sich zweifellose Hoheitsrecht mit ihren Gütern als ein Zubehör derselben erkauft oder ererbt haben, nicht vereidet werden, eine Vereidung vielmehr nur bei den von ihnen (nach den Gesetzen vom 31. März 1838 und 24. April 1846) ernannten Stellvertretern (Wirthschaftsbeamten, Pächtern rc.), wie bei den von der Regierung kommissarisch beauftragten Polizeiverwaltern stattfinden. (§. 17. des Regierungs-Entwurfs Nr. 45.)

Dennoch sollen dergleichen Gutskäufer oder Erben, als Inhaber der polizeiobrigkeitlichen Rechte und selbst ihre Stellvertreter als unmittelbare Königliche Beamte betrachtet und in Ausübung ihrer Funktionen auch durch Anwendung des in der Berathung begriffenen Gesetzes, betreffend die Konflikte bei gerichtlichen Verfolgungen wegen amtlicher und Dienst-Handlungen, insbesondere also auch durch die Entscheidung des Gerichtshofes für Kompetenzkonflikte, bei etwanigen Klagen über Amtsüberschreitungen und Amtsmißbräuche geschützt werden, während andererseits die Uebertragung der polizeiobrigkeitlichen Gewalt von einzelnen Grundstücken auf ein anderes Gut als eine Expropriation aufgefaßt und dabei von einer Entschädigung des bisherigen Inhabers gesprochen, mithin diese Polizeigewalt unter dem Gesichtspunkt des Privatrechts, als Privateigenthum, behandelt wird (vergl. S. 10. des Kommissionsberichts der ersten Kammer).

5) Das Institut der gutsherrlichen Polizei soll nicht blos in dem früheren Rechtsumfange konservirt und von Neuem befestigt, es soll dasselbe in denjenigen Landestheilen und Ortschaften, wo es bisher nicht mehr bestand, möglichst von Neuem wieder eingeführt und soweit dies unmöglich wäre, wenigstens durch eine analoge Institution ersetzt werden.

Deshalb soll

a) bei einer Zerstückelung oder beim gänzlichen Verschwinden des obrigkeitlich berechtigten Gutes in Folge von Ablösungen oder dann, wenn mehrere Personen der der Polizeiobrigkeit unterworfenen Landgemeinde das berechtigte Gut erwerben,

b) ingleichen in den Fällen, wo der Staat (nach den früheren, der gegenwärtigen Vorlage entgegenlaufenden Regierungs-Maximen) die polizeiobrigkeitlichen Rechte von Privatgutsbesitzern erworben oder bei Veräußerung von Domainen-Vorwerken ausdrücklich vorbehalten hatte, —

die polizeiobrigkeitliche Gewalt in Zukunft wiederum mit dem Besitze eines größeren Gutes als ein Zubehör desselben vereinigt werden.

Nur als Ausnahme und Nothbehelf wird die Uebertragung der Polizeiverwaltung an einen angesehenen Eingesessenen als unentgeldliches Ehrenamt oder deren einstweilige Verwaltung durch einen Kommissarius der Regierung betrachtet.

In jener Wiedervereinigung der polizeiobrigkeitlichen Rechte mit einem Gute, und in der Wiederbeseitigung derjenigen Veränderungen, welche in dieser Beziehung während der Epoche von 1807 bis jetzt stattgefunden haben, erblickt der Regierungs-Entwurf die anerkannt nothwendige erheblichste Verbesserung der gegenwärtigen Zustände des ländlichen Polizeiwesens. Nur in dem Falle, wenn einzelne Theile einer Ortschaft verschiedenen Polizeiobrigkeiten unterworfen sind und diese sich über die ungetheilte Verwaltung der Polizei durch einen der Inhaber nicht einigen können, legt der Entwurf der Regierung das Recht bei, bis zur erfolgten Einigung eine kommissarische Verwaltung auf Kosten der Inhaber anzuordnen. (§. 2., §. 3., §. 7. und §. 8. des Entwurfs.)

Diesem Regierungs-Entwurf steht der vorstehende Entwurf gegenüber. Bei den Antragstellern waltet entgegengesetzt die Ueberzeugung ob, daß der Entwurf der Regierung, selbst abgesehen davon, daß er der Verfassungs-Urkunde vom 31. Januar 1850 zuwiderläuft, mit der fast 50jährigen, durch die Agrar- und Landeskultur-, die Gewerbe- und die Finanz-Gesetzgebung auf allen Gebieten des Staatslebens allmälig befestigten Entwickelung des Preußischen Staates, wie mit den aus dieser Entwickelung hervorgegangenen Zuständen und gegenwärtigen Standes-, Personen- und Güter-Rechts-Verhältnissen nicht vereinbar sei, daß deshalb die mittelst dieses Entwurfs anzubahnenden Einrichtungen, wenn sie ins Leben eingeführt würden, keine haltbaren und dauernden sein werden, auch die allseitig anerkannten, gerade in der früheren Verfassung beruhenden mangelhaften Zustände des ländlichen Polizeiwesens nicht heilen, sondern vermehren würden.

Gewiß ist es eine Aufgabe der Gesetzgebung und gereicht ihr zur Ehre, die innere Kontinuität der historischen Entwickelung des Staatslebens im Auge zu behalten; sie darf aber auch das historisch entstandene Recht der Gegenwart nicht verkennen und die Geschichte nicht mißdeuten.

Der Entwurf des Gouvernements beruht auf dem Axiom, „„daß in den sechs östlichen Provinzen wie in andern deutschen Ländern die polizeiobrigkeitlichen Rechte von jeher ein Zubehör des großen Grundeigenthums als solchen gewesen, daß die obrigkeitliche Stellung des großen Grundbesitzes mit der Ausbildung der Landeshoheit der Fürsten Hand in Hand gegangen, eine der wesentlichsten Grundlagen der natürlichen Aristokratie des Landes sei, hingegen mit den persönlichen und dinglichen Abhängigkeits- und Leistungsverhältnissen des Bauernstandes zu den Gutsherrn in keinem innern und nothwendigen Zusammenhange stehe.““

Der Kommissions-Bericht der ersten Kammer bemerkt aber auch andererseits sehr richtig, daß nach dem ganzen bisherigen Rechtssystem die Polizeiverwaltung stets in unmittelbarer Verbindung mit der Gerichtsbarkeit gestanden hat, daher (eben sowohl in den älteren Verordnungen, wie in der späteren Gesetzgebung) sogar die Bezeichnung „Gutsherr“ und „Gutsobrigkeit“ mit der des „Gerichtsherrn“ und der „Gerichtsobrigkeit“ vermischt gebraucht ist.

Schon hieraus aber würde vielmehr umgekehrt von selbst folgen, daß mit der Aufhebung der Patrimonialgerichtsbarkeit durch die Verfassungs-Urkunde, wie durch das Justiz-Organisationsgesetz vom 2. Januar 1849, auch die Patrimonial-Polizei wegfallen müsse; gleiche Gründe und Bedürfnisse sprechen für die Aufhebung der einen, wie der anderen.

Denn allerdings beruhten beide auf gleichen historischen Rechtstiteln, und zwar zufolge des Zeugnisses aller Forscher und Kenner des deutschen Rechtes und der deutschen Geschichte, nicht etwa auf einem allgemeinen Motiv der Zweckmäßigkeit, wonach der größere Grundbesitzer als solcher am geeignetsten sei, die obrigkeitlichen Rechte über seine Nebenwohner und Hintersassen auszuüben, sondern in der früheren Gesellschafts-Verfassung, nämlich einestheils auf dem Eigenthum des Gutsherrn an der Person und den Gütern der Hintersassen, oder doch auf den verschiedenen Rechten an beide, rücksichtlich deren ihm die Befugniß des Selbstschutzes und der Selbsthülfe zustand, wie auf dem Korrelat dieser Rechte, — auf der gutsherrlichen Pflicht zur Beschirmung und Vertretung der Hintersassen, anderntheils aber — und zwar hauptsächlich in der Mark, — auf ausdrücklicher Verleihung der Fürsten und Landesherren. Theilweise entsprang sie aus den Eigen- und Hofgerichten, an denen aber in älterer Zeit häufig Mitglieder der Gemeinde als Beisitzer, selbst dann Theil nahmen, wenn die Gemeinde aus eigenbehörigen und erbunterthänigen Leuten bestand (vgl. Runde Grundſ. d. gem. deutschen Privatrechts 5. A. §. 702. S. 700., Eichhorn Einl. ins deutsche Privatrecht §. 245. S. 626. und §. 54., desselben deutsche Staats- und Rechtsgeschichte §. 86. Th. I. und §. 303. Th. II. S. 356—360., wie a. a. O.).

Auch in der Mark, wo alle Gerichtsbarkeit in noch älterer Zeit allein durch fürstliche Beamte geübt wurde und an die Gutsbesitzer erst infolge besonderer Verleihungen überging, erfolgten letztere nicht etwa an alle größeren Grundbesitzer, sondern besonders da, wo es mehrere in einem Orte gab, in der Regel nur an den einen oder anderen. Die Gestalt, welche die Patrimonial-Polizei und Gerichtsbarkeit zuletzt annahm, erhielt sie wiederum erst später. Sie ging Hand in Hand mit den (bekanntlich erst in und kurz nach dem 30jährigen Kriege) sehr vermehrten dinglichen und persönlichen Beschränkungen des Bauernstandes; dies auch in Niederschlesien, Sachsen und der Altmark, wo die Hintersassen, ungeachtet sie als persönlich freie Leute und als vollständige Eigenthümer ihrer Höfe galten, doch fast denselben persönlichen und dinglichen Belastungen unterworfen wurden, wie die Hintersassen in anderen Landestheilen, wo nicht eigenthümlicher Besitz und Leibeigenschaft oder Erbunterthänigkeit die Regel bildete.

Auch stand die Patrimonial-Polizei und Gerichtsbarkeit als ein verfassungsmäßiges Privilegium nicht dem großen Grundbesitz als solchem, sondern früher als ein Ehrenrecht des Adels nur den adlichen oder Rittergütern zu, während die Erwerber bürgerlichen Standes dieselbe, wie andere Ehrenrechte nur mittelst spezieller Verleihung erhalten konnten (vergl. z. B. die Verordnung vom 18. Februar 1775 und §. 42. Tit. 9. Th. II. des A. L.-R.).

Diese Bemerkungen genügen, um das vermeintliche historische Axiom, von welchem der Regierungs-Entwurf ausgeht, zu widerlegen und an die geschichtliche Thatsache zu erinnern, daß das Recht der Patrimonial-Polizei und Gerichtsbarkeit mit den früheren Standes-, Personen- und Güter-Rechts-Verhältnissen enge zusammenhing.

Die historische Entwickelung in Preußen ist jedoch bei jenen früheren Zuständen nicht stehen geblieben.

Seit dem Edikt vom 9. Oktober 1807 und der ihm folgenden Agrar- und Kultur-Gesetzgebung hat das Standesprivilegium des Adels auf den Besitz von Rittergütern und der damit verbundenen Ehrenrechte, ingleichen aber auch die Pflicht der Guts- und Gerichts-Obrigkeiten zur Erhaltung, Vertretung und Beschützung der Personen, wie der Güter ihrer Hintersassen, welche noch das Allgemeine Landrecht in sehr weiter Ausdehnung ihnen auflegte, andererseits die Erbunterthänigkeit, wie die ganze gutsherrlich-bäuerliche Verfassung mit ihren mannigfachen dinglichen Lasten- und Abhängigkeits-Verhältnissen aufgehört; die ehemaligen Hintersassen sind unmittelbare Staatsunterthanen und gleichberechtigte Eigenthümer geworden. Die Schollenpflichtigkeit, welche die Hintersassen verhinderte, ohne Erlaubniß und Loslassungsgeld den Ort zu verlassen, wie die Befugniß der Gutsherrschaften, jeden Fremden am Einziehen in den Ort zu hindern, sind dem Rechte allgemeiner Freizügigkeit gewichen; infolge dessen und der Preußischen Gewerbe-Gesetzgebung haben sich in allen Provinzen, hier mehr, dort weniger, Kapital-Vermögen, Intelligenz, Gewerbe und Fabriken unter den vormaligen Hintersassen und auf deren Gütern niedergelassen. Deshalb läßt sich auf jene früheren gesellschaftlichen Grundlagen vor dem Jahre 1807, nachdem sie dem naturgemäßen Fortschritt verfallen sind, eine Reform der ländlichen Polizei-Verfassung nicht mehr zurückführen.

Die Patrimonial-Polizei und Gerichtsbarkeit hatte sich schon lange überlebt und mit der Umgestaltung ihrer geschichtlichen Grundlagen auch ihre frühere praktische Bedeutung für die Gutsherren selbst und in dem Maaße mehr und mehr verloren, als durch die Ausführung der Agrar- und Kulturgesetze die gutsherrlichen und bäuerlichen Regulirungen, die Ablösungen der Frohnden und sonstigen Leistungen von den Gütern der Hintersassen und die Gemeinheitstheilungen zwischen ihnen und dem Gutsherrn voranschritten und solchergestalt die Bande und Elemente des polizeiobrigkeitlichen, guts- und gerichtsherrlichen Verhältnisses aufgelöst wurden. Ließ man sie dessenungeachtet noch bis zum Jahre 1849 resp. 1850 bestehen, so zeigte sich eben dieser innere Widerspruch im Organismus des Staatslebens, in der mangelhaften, den Anforderungen der Gegenwart nicht genügenden Polizei-Verwaltung auf dem Lande. Großentheils war diese Polizei-Verwaltung erschlafft, sie hatte für viele Gutsbesitzer wenig oder gar kein Interesse mehr. Wie fühlbar dies z. B. für die Landwirthschaft und hier grade deshalb hervortrat, weil dieselbe vermöge der Preußischen Agrikultur-Gesetzgebung neue Bahnen beschritt und in ihrer freieren und höheren Entwickelung auch des polizeilichen Schutzes mehr bedurfte, bezeugen unter Anderem die Verhandlungen der Provinzial-Landtage der östlichen Provinzen bei Gelegenheit der von ihnen begutachteten Feldpolizei-Ordnung.

Die Stelle, welche, beim thatsächlichen Zurücktreten der Guts- und Gerichtsherren von der Handhabung der polizeilichen Ordnung, durch die Königlichen Behörden, zunächst die Kreislandräthe, eingenommen wurde, konnte von diesen, beim Mangel an Zeit und Kräften und bei ihrer örtlichen Entfernung, nicht ausgefüllt werden.

Auch ihrerseits erkennen die Antragsteller vollkommen an, daß sich bei einer Mehrzahl der Klasse der größeren Grundbesitzer (der Rittergutsbesitzer) am meisten Intelligenz und Befähigung zur Verwaltung öffentlicher Aemter, wie ein im Ganzen günstiger Einfluß auf die ländliche Bevölkerung vorfindet. Dieser Erfahrungssatz ist aber doch kein so ausnahmsloser, daß sich darauf allein die Verknüpfung der Polizei-Obrigkeit als Regel mit allen größeren Grundbesitzungen wiederum gründen ließe.

Denn seit dem Jahre 1807 steht der Erwerb von Rittergütern Jedermann frei, der sein Kapital-Vermögen darin anlegen will. Die Richtung der Zeit hat auch viele Rittergüter zum Gegenstande der Spekulation und des Güterverkehrs gemacht, was einen sehr nachtheiligen, sich wiederholenden Wechsel der ländlichen Polizei-Obrigkeiten zur Folge hat. Es wird gewiß von allen Seiten zugegeben werden, daß es auch unter den Rittergutsbesitzern sehr ehrenwerthe Männer giebt, denen die Qualifikation zur Verwaltung öffentlicher Funktionen nicht beiwohnt. Wie unter allen Berufsklassen kommen überdies aber auch Einzelne vor, deren Ansehen und Ruf durch Handlungen erschüttert ist, die sie, wenn nicht dem Strafgesetz, so doch der Mißachtung des Publikums preisgeben, oder solche, die sich arge Mißbräuche bei Ausübung ihrer Polizeigewalt haben zu Schulden kommen lassen; auch sind manche Rittergüter im Besitze von Minorennen oder Frauen, andere von geringem Umfange und Werth und nicht bei allen Besitzern trifft die Voraussetzung einer höheren Bildung und unabhängigeren Lebenslage und Gesinnung zu.

Dazu kommt, daß schon früher, z. B. in Schlesien, infolge des Edikts vom 11. März 1787 wegen Dismembration und Veräußerung der herrschaftlichen Grundstücke und Gerechtsame an Unterthanen zum Zweck der gleichzeitigen Reluition und Ablösung besonders drückender Lasten und Frohnden, noch mehr aber infolge der seit 1807 und seit dem Landkultur-Edikt vom 14. September 1811 in allen Provinzen freigegebenen Theilbarkeit der Rittergüter, eine Anzahl dieser letzteren parzellirt oder erheblich verkleinert ist.

Bisher hat die Stellvertretung, welche der Regierungs-Entwurf sanktionirt und noch weiter ausdehnt, — sei es, daß dem einen oder andern Gutsbesitzer die Neigung zur Ausübung der Polizei-Verwaltung in eigener Person fehlte, sei es wegen dauernder Abwesenheit oder bei sonstiger Verhinderung, in der ländlichen Polizei-Verwaltung vielfach Platz gegriffen.

Es liegt aber gerade in der Zulässigkeit einer solchen Stellvertretung, wie sie bisher stattfand und nach den Verhältnissen nur stattfinden kann, nämlich durch gutsherrliche Wirthschafts- und Forst-Beamte, Pächter u. s. w., zufolge §. 2. der Verordnung vom 31. März 1838, wie des Gesetzes vom 24. April 1846, ein wesentlicher Uebelstand des bisherigen Systems der ländlichen Polizei-Verwaltung. Dergleichen aufkündbare gutsherrliche Diener oder Pächter wechseln natürlich noch häufiger, wie ihre Mandanten; jedenfalls fehlt ihnen nicht selten der richtige Takt und dasjenige durch eine unabhängige bürgerliche Lebensstellung, wie durch höhere Bildung gehobene Bewußtsein, welches bei Verwaltung gerade dieses Amts vorausgesetzt werden soll. Es liegt nahe, daß hin und wieder die Konflikte und Reibungen im Privatleben und in der Gutsverwaltung zwischen dem zur Polizei-Obrigkeit bestellten Wirthschafts-Inspektor einerseits und den ihm untergebenen Knechten und Tagelöhnern andererseits, in das öffentliche Gebiet der Polizei-Verwaltung hinübergezogen wurden.

Dabei dürfte doch auch auf die Inhaber der Patrimonial-Polizei der alte Grundsatz Anwendung finden müssen: daß, wer ein Amt hat, des Amtes selber warten solle.

Nach dem Regierungs-Entwurf würden (zufolge der im Kommissions-Bericht der ersten Kammer gegebenen Erläuterung) nicht bloß fast alle Gutsbesitzer, resp. Inhaber der Polizeigewalt, sondern selbst deren Stellvertreter, also viele Forst- und Wirthschafts-Beamte, Rechnungsführer, Pächter, als unmittelbare Königliche Beamte anerkannt werden, denen bei Ausübung ihres Amtes der Schutz des Konfliktgesetzes und des Gerichtshofes für Kompetenz-Konflikte zukomme. Man wird die sehr bedenklichen Wirkungen einer solchen, gleichwohl unausweichlichen Konsequenz des Regierungs-Entwurfs für die persönliche Freiheit und den Rechtsschutz der übrigen Bewohner des ländlichen Polizeibezirks im ganzen Umfange würdigen, wenn man sich die häufigen Veranlassungen zu Konflikten im Gebiete des Privatrechts vergegenwärtigt, welche zwischen dem Besitzer oder Verwalter und Pächter eines größeren Gutes einerseits und seinen Dienstboten und Tagelöhnern, wie den innerhalb des Polizeibereichs beschäftigten auswärtigen Arbeitern und selbst zwischen ihm und den übrigen Grundbesitzern andererseits, täglich vorkommen können.

Der Regierungs-Entwurf hält auch einen zweiten nicht minder bedenklichen Uebelstand der früheren Polizei-Verfassung aufrecht, nämlich die Bestimmung der Verordnung vom 31. März 1838, wonach die Inhaber der polizeiobrigkeitlichen Gewalt auch dann befugt sind, polizeiliche Vergehungen in eigener Person zu untersuchen und zu bestrafen, wenn mit dem öffentlichen ihr persönliches Interesse zusammentrifft; die nachtheiligen Folgen hiervon werden durch das Submissions- und Mandats-Verfahren nach dem Gesetze vom 14. Mai 1852 nur abgeschwächt, nicht beseitigt.

Das System des Regierungs-Entwurfs entspricht ferner zum großen Theil nicht den wirklichen Besitzzuständen des Landes, wenn darin als Regel vorausgesetzt ist, daß sich überall eine genügende, angemessen vertheilte Zahl von Rittergütern oder großen selbstständigen Gutsbezirken, denen die Polizei-Obrigkeit verbleiben oder neu überwiesen werden solle, vorfinde. Denn so beträgt z. B. im Bereich der ostpreußischen Landschaft der ritterschaftliche Besitz nur $^{1}/_{11}$, hingegen der nichtritterschaftliche, mithin mit polizeiobrigkeitlichen Rechten nicht ausgestattete, köllmische oder bäuerliche Besitz $^{9}/_{11}$ der Fläche. Während in manchen Gegenden, z. B. in den Kreisen Friedland und Rastenburg, ebenso in Hinterpommern, zahlreiche mit ritterschaftlichen Rechten ausgestattete Güter, von geringerem oder größerem Umfange, dicht neben einander grenzen und nur Gutsbezirke mit wenig zahlreichen Deputanten, Instleuten, Tagelöhnern und Dienstboten vorkommen, giebt es wiederum andere Gegenden, wo unter den 20 und mehr aneinander grenzenden Landgemeinden kaum ein Rittergut sporadisch eingestreut ist. In der ganzen Weichselniederung von Weichselmünde bis zur Montauer Spitze giebt es nur ein Rittergut und das ist im Besitz von Bauern.

Dagegen sind in manchen Landestheilen an verschiedenen Orten die Rittergüter so klein und zum Theil ohne Grundbesitz, nur mit Hebungen und Renten versehen, welche in der Ablösung begriffen oder schon abgelös't sind, daß auf sie die Präsumtion des Gesetz=Entwurfs gewiß nicht paßt.

Zwar sollen nach dem Regierungs=Entwurf die Besitzer von Rittergutsantheilen oder verschiedenen Rittergütern in einem und demselben Orte sich über einen gemeinschaftlichen Stellvertreter einigen. Solche Verhältnisse bestehen indeß nicht so selten, wie dies der Entwurf vorauszusetzen scheint. Sie kommen häufig in Hinterpommern, außerdem auch in einigen Kreisen von Sachsen, in Schlesien, selbst in der Mark vor. Beispielsweise bestehen im Departement des Kammergerichts 289 Ortschaften mit verschiedenen Jurisdiktionen, darunter 60 mit 3, 20 mit 4, 17 mit 5, 7 mit 6, 2 mit 7, 3 mit 8, eine sogar mit 12 verschiedenen polizeiobrigkeitlich berechtigten Gütern; allein in der Priegnitz giebt es deren 108, theils mit geringerem, theils ohne Grundbesitz (vergl. die Topographie der Untergerichte der Kurmark Brandenburg von 1837); die Besitzer wohnen oft entfernt und haben wenig Interesse an ihrer vielleicht ein Paar Büdner= oder Bauergüter, oder nur ein Paar Tagelöhnerwohnungen umfassenden Polizeiherrlichkeit. Eine Vereinigung der desiderirten Art wird oft nicht zu Stande kommen, und eine kommissarische Verwaltung, bei der Geringfügigkeit der Gutsgrundstücke, auf denen sich deshalb öfter nicht einmal Wirthschafts=Inspektoren vorfinden, wie aus anderen Gründen, nicht selten unausführbar sein.

Dabei ist nicht abzusehen, warum dergleichen Antheilsgüter in Bezug auf das Recht zur Polizei=Verwaltung anders und günstiger gestellt werden sollen, als die nicht ritterschaftlichen Gutsbesitzer oder Gemeindemitglieder, welche, wie dies in Schlesien, in der Priegnitz u. s. w. öfter vorgekommen ist, Rittergüter erworben haben, unter denen sich öfter doch auch ganz vermögliche und intelligente Leute vorfinden.

Es kommt ferner in Betracht, daß nicht nur einzelne Privat=Gutsbesitzer, sondern vorzüglich größere Institute, als Universitäten, höhere Schulen, Stifter u. dergl. mitunter eine große Zahl, bis zu 30 Gütern, zuweilen mit wenigen oder gar keinen Grundstücken, sondern nur mit Hebungen oder Gerechtigkeiten, besitzen, welche überdies bei manchen Instituten der Art, im Lande zerstreut umherliegen.

Gewiß kann hier den Bedürfnissen und Ansprüchen des Gemeinwesens an eine tüchtige polizeiliche Ordnung und Verwaltung auf dem Lande nicht entsprochen werden, wenn die polizeiobrigkeitliche Gewalt jenen Instituten und Stiftungen verbleibt und da sie von ihnen selbst nicht ausgeübt werden kann, regelmäßig ihren Wirthschafts-Inspektoren, Kassen- oder Rentbeamten, Pächtern u. s. w., wo dergleichen überhaupt noch existiren, aufgetragen werden müßte.

Allen diesen verschiedenen Verhältnissen, welche in einigen Gegenden und Landestheilen das im Regierungs-Entwurf vorausgesetzte Axiom vielmehr als die Ausnahme erscheinen lassen, trägt der Gesetz-Entwurf keine Rechnung.

Außerdem befindet er sich mit den seit fast 50 Jahren in Preußen leitend gewesenen Maximen der Staats-Regierung im Widerspruch, wenn er in seiner weiteren Tendenz dahin geht: „durch Kreirung neuer polizeiobrigkeitlicher Güter das Hoheitsrecht der Polizei-Verwaltung aus den Händen der Staats-Regierung allmälig wiederum dem Privatbesitz zu überliefern und möglichst zum Pertinenz des größeren Grundbesitzes zu machen.“

Denn es sollte vielmehr zufolge der Kabinets-Ordre vom 20. Februar 1812 (Gesetz-Samml. S. 23) bei der Veräußerung von Domainen und geistlichen Gütern die Patrimonialgerichtsbarkeit und Polizei ausdrücklich ausgenommen und dem Staate vorbehalten bleiben, wodurch schon, besonders in der Provinz Preußen, doch auch in anderen Provinzen, die früher den veräußerten Domainen und geistlichen Grundstücken anklebende Patrimonial-Polizei und Gerichtsbarkeit diesen ihren früheren Karakter verlor.

Im Großherzogthum Posen haben die Gutsherren nur noch die Polizei auf ihren eigenen Höfen und Grundstücken, während dieselbe über die früheren Hintersassen und Nebenbewohner von Königlichen Behörden verwaltet wird.

In den vormals westphälischen Theilen der Provinz Sachsen, wo seit dem Jahre 1807 die Polizei-Obrigkeit der Gutsherren aufgehoben war, wurde diese zwar durch die Verordnung vom 31. März 1833, indeß über die Dorfsbewohner nur soweit wiederhergestellt, als den Rittergütern die Patrimonial-Gerichtsbarkeit zurückgegeben ist; im Uebrigen blieb die Polizei-Verwaltung der vormaligen Gutsherren auf ihre eigenen Höfe und Grundstücke beschränkt und über die vormaligen Hintersassen und Nebenbewohner des Gutsherrn dem Kreislandrath überlassen.

Den Mängeln der Polizei-Verwaltung, sei es durch die zu entfernten Landräthe oder sei es durch schlecht besoldete Subaltern-Beamte (wie in Posen durch die Distrikts-Kommissarien und früheren Woyts), kann nun aber nicht durch die Restauration der gutsherrlichen Polizei-Obrigkeiten abgeholfen werden.

Auf welchem Wege und in welcher Richtung dies vielmehr zu geschehen habe, ist an der Hand bisheriger Erfahrungen, nach einzelnen von der Verwaltung, aus dem dringenden Bedürfniß zeitgemäßer Reformen, hier und dort angebahnten Einrichtungen erkennbar. Um die fühlbare Lücke der bisherigen Polizei-Verfassung auszufüllen, sind schon seit längerer Zeit, namentlich in Schlesien Polizei-Distrikts-Kommissarien als Organe und Gehülfen des Landraths für die örtliche Polizei-Verwaltung, ferner in anderen Landestheilen der östlichen Provinzen Wege- und Feuer-Distrikts-Kommissarien für diese örtlichen Gegenstände der ländlichen Polizei, von der Regierung auf Vorschlag des Kreistages bestellt, deren Wirkungskreis mehrere Guts- und Gemeindebezirke resp. örtliche Polizeibezirke umfaßt.

Der Regierungs-Entwurf weist sogar selber auf diesen Weg der Reform hin, indem er neben den alten oder neu zu kreirenden polizeiobrigkeitlichen Gütern eventuell und in zweiter Linie eines zweiten Systems gedenkt, das der Polizei-Verwaltung durch befähigte Eingesessene als unentgeldliches Ehrenamt, während er aber in dritter Linie noch ein anderes System in Aussicht nimmt, das einer kostspieligen kommissarischen Verwaltung durch besoldete Beamte. Auf diese Weise wird zwar der Regierung eine sehr ausgedehnte Fakultät vorbehalten. Es gehen indeß diese drei in sich durchaus abweichenden Systeme von ganz verschiedenen Prinzipien und Grundanschauungen aus. Das erste trägt den Karakter des Patrimonial- oder Feudal-Staats, das dritte den eines rein büreaukratischen Verwaltungs-Systems an sich. Nur das zweite, nach dem Regierungs-Entwurf jedoch in zweiter Linie stehende System der Polizei-Verwaltung auf dem Lande entspricht eben sowohl der monarchischen Staatsform und der Verfassungs-Urkunde von 1850, als den wirklichen gegenwärtigen Rechtszuständen und Bedürfnissen des Landes.

Die Antragsteller gehen deshalb bei ihrem Vorschlage von dem Fundamental-Prinzip aus:

> daß diejenigen Personen, welchen im Lande die polizeiobrigkeitlichen Funktionen zu übertragen sind, ausschließlich aus Königlicher Ernennung hervorgehen müssen und daß das Amt der Polizei-Verwaltung in einem bestimmten Bezirk allein im Namen und Auftrag des Königs und zwar als ein vom Könige zu übertragendes unentgeldliches Ehrenamt zu führen sei.

Gegen die Ausführbarkeit dieses Vorschlages ist das Bedenken erhoben, „„daß sich keine hinreichende Zahl von patriotischen und unabhängigen Männern zur unentgeldlichen Uebernahme des mit Mühseligkeiten verbundenen Ehrenamtes der polizeiobrigkeitlichen Verwaltung finden und daß diese Männer bei ihren Untergebenen die zur nutzbringenden Ausübung des Amtes natürliche Autorität entbehren würden, daß hierauf insbesondere dann nicht zu rechnen sei, wenn man den jetzt vermöge eigenen vieljährigen Rechtes im Besitz des Ehrenamtes befindlichen Inhabern das obrigkeitliche Recht entziehe.““

Dies Bedenken erscheint indeß nicht begründet. Allerdings wird darauf gerechnet, daß diejenigen Personen, denen fortan die polizeiobrigkeitliche Verwaltung übertragen werden soll, vorzugsweise aus der Klasse derjenigen Gutsbesitzer, welche bis dahin Inhaber der Polizei-Obrigkeit waren, oder wenigstens aus den größeren Grundbesitzern des Landes sich darbieten werden. Es kann aber keineswegs bezweifelt werden, daß einer Mehrzahl von Männern dieser Klasse der Patriotismus und Gemeinsinn, wie die Befähigung und die Bereitwilligkeit zur Uebernahme des Amtes beiwohnt.

Es wird dies alsdann gewiß um so mehr noch der Fall sein, wenn ihnen das Amt durch Königliches Vertrauen und Königliche Ernennung übertragen wird.

In keinem Falle würde man einem ferneren ebenfalls für die Regierungs-Vorlage angeführten Grunde beistimmen können: „„daß die sogenannte natürliche Autorität der Inhaber der Polizeigewalt, d. h. also die vermöge Erwerbung oder Erkaufung eines Rittergutes mit polizeiobrigkeitlichen Rechten, vermöge eines solchen reinen Privat-Rechtstitels, erlangte, größer sei, als die obrigkeitliche Autorität, welche jedesmal von dem Könige übertragen wird,““ wobei, vermöge der Königlichen Ernennung und deren Erneuerung, den Eingesessenen diese höchste Quelle der Autorität unmittelbar und lebendig vor Augen tritt.

Mit jener früheren Verfassung hat sich das allmälig bis in die untersten Schichten des Bauernstandes eingedrungene Rechtsbewußtsein, wie der Sitten- und Bildungszustand der Nation schon längst im Widerspruch befunden.

Die Ernennung durch die Krone ist nach der Ueberzeugung der Antragsteller ein wesentliches Erforderniß für die Wirksamkeit der vorgeschlagenen Institution. Die Herstellung der unentbehrlichen Autorität der ländlichen Polizei-Obrigkeiten muß auf anderen Wegen gesucht werden, als durch die Restauration der Zustände von 1806, resp. vor 1848.

Der gegenwärtige Vorschlag führt deshalb das Fundamental-Prinzip, welches er für die nothwendige Reform im §. 1. an die Spitze stellt:

> daß über alle Landgemeinden und selbstständigen Gutsbezirke in den 6 östlichen Provinzen die Polizei im Namen und Auftrage des Königs verwaltet wird,

in allen Bestimmungen durch, indem nach §. 7. der König für jeden Polizei-Verwaltungsbezirk den Polizei-Bezirksverwalter und dessen Stellvertreter zu ernennen hat, ohne daß diese freie Königliche Entschließung und Auswahl an eine andere Bedingung, als die Ansässigkeit im Bezirk und die formale gebunden ist, daß vor der Ausübung des Königlichen Ernennungsrechtes der Kreistag, welcher voraussichtlich mit den geeignetsten Persönlichkeiten des Kreises am vertrautesten ist, mit seinem gutachtlichen Vorschlage gehört werden soll.

Zur näheren Karakterisirung des dem überreichten Entwurf zum Grunde liegenden Gedankens bedarf es hiernächst nur noch folgender Bemerkungen:

Indem dem vom Könige ernannten Bezirks-Verwalter, als der eigentlichen Polizei-Obrigkeit im Bezirke, die Polizei-Verwaltung in demselben zusteht, fällt damit eine eigentliche polizeiobrigkeitliche Gewalt der Rittergutsbesitzer überhaupt, wie die über die vormaligen Hintersassen und Nebenbewohner, über die Gemeinden, fort. Dabei bleibt den Besitzern selbstständiger Gutsbezirke (den Rittergutsbesitzern) für ihre Gutsbezirke (ihre eigenen Höfe, Gebäude und Feldmarken), gleich wie den Gemeinde-Vorstehern (Schulzen, Ortsrichtern ꝛc.) für den Gemeindebezirk, die Befugniß und Verpflichtung, die örtliche Polizei innerhalb dieser Guts- und Gemeindebezirke zu handhaben. Denn diese Befugniß entspricht schon der natürlichen Quelle aller Polizei, dem Eigenthums- und Hausrechte, wie dem Interesse an der Beschützung und Erhaltung der Ordnung innerhalb der eigenen Höfe, Gebäude und Feldmarken. Es behält sonach jeder Rittergutsbesitzer im Wesentlichen dasjenige Recht, welches der §. 3. d. der Verordnung vom 31. März 1833 (Ges.-Samml. S. 61) den Gutsbesitzern im vormals Westphälischen Theile der Provinz Sachsen beließ, welche die Patrimonial-Gerichtsbarkeit verloren und nicht wieder erlangt hatten. Dasselbe Recht soll jedem Besitzer eines selbstständigen Gutsbezirks, auch wenn dieser letztere nicht Ritterguts-Eigenschaft hat, zustehen.

Muß anerkannt werden, daß weder in allen Orten des Landes eine hinreichende Zahl von Ritter- oder anderen großen Grundbesitzern vorhanden, sowie, daß ein Theil derselben zur Ausübung polizeiobrigkeitlicher Funktionen nicht geeignet, endlich, daß die überwiegende Mehrzahl der einzelnen Güter und Ortsgemeinden zur Herstellung einer ordnungsmäßigen ländlichen Polizei nicht im Stande ist, so folgt daraus auch mit nothwendiger Konsequenz die Bildung von Polizei-Verwaltungs-Bezirken aus mehreren Guts- und kleinen Gemeindebezirken, wie die Auswahl der geeignetsten Persönlichkeiten entweder aus den Ritterguts- und großen Grundbesitzern, den Domainen- und ähnlichen Gutspächtern, oder wo es an geeigneten Individuen in diesen Klassen fehlt, aus angesehenen und des Vertrauens würdigen Eingesessenen anderer Kategorien.

Es sind nunmehr die einzelnen Bestimmungen des Gesetz-Entwurfs zu rechtfertigen und näher zu erläutern.

Derselbe zerfällt im Allgemeinen und abgesehen von dem oben gedachten im §. 1. enthaltenen Fundamental-Prinzip in drei Abschnitte:

I. (§§. 2—6.) von der Bildung der Polizei-Verwaltungs-Bezirke, wie von deren Veränderung,

II. (§§. 7—14.) von der Bestellung der Bezirks-Verwalter und ihrer Stellvertreter und deren Amtsverhältniß,

III. (§§. 15—18.) von den persönlichen und sachlichen Kosten der Polizei-Verwaltung und deren Aufbringung.

Zu I. (§§. 2. 3.)

Während gegenwärtig auf der einen Seite oft kleine Güter oder Antheilsgüter mit wenigen Deputanten, Inst- und Tagelöhner-Familien und Dienstboten, auf der anderen Seite oft große Domainen-Intendantur-Aemter, wie ähnliche Ortschaftskomplexe eigene Polizei-Verwaltungs-Bezirke von sehr verschiedenem Umfange bilden, soll in jedem Kreis eine den Zwecken der Polizei-Verwaltung entsprechendere Eintheilung eintreten, wobei selbstredend die Kreisgrenzen festzuhalten und nicht zu überschreiten sind, um den Verwaltungs-Organismus bezüglich des Polizeiwesens nicht zu stören, bei welchem dem Kreis-Landrathe die Aufsicht und dem Kreistage eine wesentliche Mitwirkung zustehen soll.

Bei dieser Bildung müssen aber, wenn dadurch für eine wirkliche Verbesserung des ländlichen Polizeiwesens Gewähr geleistet werden soll, die allgemeinen Gesichtspunkte und Regeln leitend sein, welche die §§. 2. und 3. vorzeichnen, durch welche indeß dem durch die verschiedenen lokalen Verhältnisse bedingten Arbitrium der Regierung keine beengende Fesseln angelegt werden. Eben deshalb ist es auch vermieden, eine bestimmte Seelenzahl oder einen bestimmten Flächenraum als ein geringstes Maaß für einen Polizei-Verwaltungs-Bezirk gesetzlich vorzuschreiben. Denn während, wie bereits oben bemerkt ist, im Bereich der ostpreußischen Landschaft große Strecken Landes kein oder nur ein sporadisch eingestreutes Rittergut besitzen, liegen in anderen Kreisen Preußens, wie in manchen Theilen anderer Provinzen ausgedehnte Rittergüter mit einer geringen Bevölkerung von Tagelöhnern und Dienstleuten nahe an einander, ohne eine erhebliche Landgemeinde in der Mitte zu haben. Eine einzelne Landgemeinde, wie z. B. die Ortschaft Kaukehmen in Lithauen mit 2 bis 3,000 Seelen, wie ferner manche Gemeinde mit dem innerhalb derselben belegenen Gutsbezirk in Schlesien und Sachsen, auch im Oderbruch, mit noch zahlreicherer Bevölkerung, oder sogar bedeutendem Gewerbe- und Fabrikbetrieb, oder selbst ein einzelner Gutsbezirk, z. B. Trakehnen mit 200 Familien und 14 Vorwerken, können für sich genommen, je nach ihrer örtlichen Lage, zur Bildung eines Polizei-Verwaltungs-Bezirks vollkommen genügen, während andererseits eine Anzahl kleiner Landgemeinden oder selbstständiger Gutsbezirke zu einem Polizei-Verwaltungs-Bezirk vereinigt werden muß, wenn eine geordnete Polizei insbesondere in Bezug auf solche polizeiliche Angelegenheiten möglich werden soll, welche über die Grenzen einer Orts- oder Guts-Feldmark hinausgreifen, z. B. bei den Gegenständen der landwirthschaftlichen und Feldpolizei, der Vorfluth u. s. w., bei der Aufsicht über Wegebau und Straßen.

Als Regel ist daher mit Rücksicht auf die in der Mehrzahl vorkommenden Zustände der östlichen Provinzen festgehalten, daß ein Polizei-Verwaltungs-Bezirk mehrere Landgemeinden resp. selbstständige Gutsbezirke oder mehrere der ersteren resp. der letzteren in sich schließt. Das ist um so nothwendiger im Hinblick auf die unentbehrlichen Kosten der Polizei-Verwaltung, sofern diese, je nach dem Beschlusse des Kreistages (§. 17.), resp. ganz oder theilweise von den Bezirken zu übertragen sind.

Wo einzelne Etablissements oder Grundstücke, wie z. B. Forst- oder Wiesenbesitzungen einer Gemeinde oder eines Gutes sehr entfernt liegen, muß es, um eine Polizeiaufsicht über dergleichen entfernte Etablissements oder Grundstücke möglich zu machen, zulässig sein, dieselben einem näher gelegenen Polizei-Verwaltungs-Bezirk einzuverleiben.

Für Bestimmung des Umfanges eines Polizei-Verwaltungs-Bezirks waren nur folgende Gesichtspunkte vorzuzeichnen:

a) daß die Bezirke groß genug sein müssen, um einestheils eine dem Bedürfniß entsprechende Polizei-Verwaltung innerhalb derselben herzustellen, und anderntheils die Leistungen und etwanigen Geldmittel von den Eingesessenen übertragen zu lassen, ohne daß diese in dem einen oder andern Falle eintretende Pflicht zu persönlichen Leistungen oder zur Deckung der sachlichen Polizeiunkosten die Eingesessenen bedrückt;

b) daß sie aber auch keine zu große Ausdehnung haben dürfen, damit der — im Gegensatz zur örtlichen Polizei-Verwaltung der Landräthe in einzelnen Landestheilen oder der Domainen-Rentämter und Intendanturen — anzustrebende Vortheil einer näheren, unmittelbaren und lebendigen Aufsicht und Einwirkung einer von den Eingesessenen leicht erreichbaren Polizei-Obrigkeit nicht verloren geht, damit ferner auch derjenige Grundbesitzer und Eingesessene, welchem durch Königliches Vertrauen die Verwaltung des Ehrenamtes übertragen wird, im Stande bleibe, das Amt neben seinen übrigen Berufs- und Erwerbs-Geschäften anzunehmen und ordnungsmäßig zu verwalten.

c) Sie müssen, soweit thunlich, angemessen abgerundet und abgegrenzt werden, ohne jedoch

d) der überwiegenden Rücksicht zu nahe zu treten, daß diejenigen Orte und Bezirke, welche bisher schon in manchen kommunalen und polizeilichen Verbindungen gestanden und deren polizeiliche und kommunale Interessen zu einem mehr oder weniger engen Verbande unter ihnen geführt haben, nicht willkürlich und ohne dringende Nothwendigkeit auseinander gerissen werden. Es ist hierbei an die verschiedenen Ortschaften eines Domainenamts, eines bisherigen gutsherrlichen Complexus, eines und desselben Schulverbandes, in Preußen aber namentlich an die Kirchspiele gedacht, welche letzteren, abgesehen von anderen gemeinsamen Interessen und Verpflichtungen, unter andern auch zu dem landschaftlichen Creditverbande gemeinschaftliche Vertreter wählen und abordnen, — ferner an Armen- und Wegebau-Verbände, wie sie in Schlesien zwischen den Dominien und den Gemeinden bestehen, an Verbände für die gemeinsame Anschaffung und Unterhaltung von Feuerlösch-Geräthschaften, wie sie sich z. B. in der Provinz Brandenburg unter mehreren Ortschaften gebildet haben. Dergleichen Verbände zwischen Dominien und Gemeinden oder mehreren Guts- und Gemeindebezirken sind gewohnt, sich in Beziehung auf die ihnen gemeinsamen Interessen und Pflichten als ein zusammengehöriges Ganze zu betrachten; eine Auseinanderreißung und Trennung derselben bei Bildung der für das ländliche Gemeinwesen so einflußreichen Verwaltungsbezirke würde jene Interessen verletzen und deren weitere Entwickelung aus den Kräften der Gemeinsamkeit stören. Sind dergleichen Complexe, wie z. B. einzelne Domainen-Intendantur-Aemter oder Kirchspiele in Preußen, für die oben bezeichneten Zwecke des Polizei-Verwaltungs-Bezirks zu groß, so wird bei ihrer Trennung dafür zu sorgen sein, daß der abgetrennte Theil einen Verwaltungsbezirk für sich bildet, oder wenigstens in sich, bei der Vereinigung mit anderen Kreistheilen, zusammen bleibt.

Zum §. 4.

Die gutachtliche Vernehmung des Kreistages über die Bildung der Polizei-Verwaltungs-Bezirke erscheint aus denselben Gründen rathsam, aus welchen dem Kreistage auch in Bezug auf andere Bestimmungen des Gesetz-Entwurfs eine wesentliche Mitwirkung in Bezug auf die Polizei-Verwaltung im Kreise und die Herstellung der nöthigen Mittel dazu eingeräumt worden ist. Der Kreistag steht über den rein örtlichen Interessen, denselben aber doch andererseits so nahe, daß bei der Vereinigung von Vertretern aus allen Theilen des Kreises in seinem Schooße die genaueste Kenntniß und richtigste Würdigung aller der Verhältnisse vorausgesetzt werden kann, welche bei der Bildung der Polizei-Verwaltungs-Bezirke in Betracht gezogen werden sollen. In seiner Mitte befinden sich in der Mehrzahl auch diejenigen Persönlichkeiten, auf deren Befähigung und patriotische Hingebung bei Uebernahme des Ehrenamts hauptsächlich zu rechnen ist. Es gebietet daher schon eine gesunde Politik, den Kreistag für diese Einrichtung zu interessiren. Demnächst aber steht die Regierung diesen Verhältnissen am nächsten und es wird daher die schließliche Einrichtung der Polizei-Verwaltungs-Bezirke am zweckmäßigsten in ihre Hand gelegt.

Zum §. 5.

Davon muß der Fall jedoch ausgenommen werden, wenn einzelne Theile eines städtischen Gemeindebezirks einem ländlichen Polizei-Verwaltungs-Bezirk, oder einzelne ländliche Gemeinden oder Gutsbezirke oder Bestandtheile derselben einer städtischen Polizei-Verwaltung überwiesen werden sollen. An Fälle dieser Art mußte deshalb gedacht werden, weil hin und wieder kleine Rittergüter oder Gutsantheile inmitten einer Stadt oder Feldflur liegen, umgekehrt städtische Forsttheile oder Wiesen mitunter von ländlichen Guts- und Gemeindebezirken umschlossen werden. Für solche Fälle war die Entscheidung des Ministers des Innern zu erfordern, weil es sich dabei um ein Zusammenschmelzen ländlicher und städtischer Bezirke handelt und der Oberpräsident der Provinz die letzte entscheidende Instanz verfassungsmäßig nur für Gemeindesachen bildet. Von der Zustimmung der Betheiligten konnte hingegen die Entscheidung nicht abhängig gemacht werden, indem bei derselben hauptsächlich das Interesse der öffentlichen Landes-Verwaltung in Frage kommt.

Zum §. 6.

Der Gesetz-Entwurf geht von der Voraussetzung aus, daß die einmal gebildeten Polizei-Verwaltungs-Bezirke möglichst unverändert fortbestehen. Der nahe Zusammenhang und Einfluß, welchen die Polizei-Verwaltung auf das Gemeindewesen übt, und die Nachtheile, welche mit der Störung eines allmäligen Zusammenwachsens gemeinsamer Beziehungen und Interessen in vielfacher Beziehung verbunden sind, machen dies rathsam. Dessenungeachtet mußte das Gesetz eine Veränderung in den Polizei-Verwaltungs-Bezirken, sei es durch Vermehrung oder Verminderung derselben, als möglich zulassen. Denn theils können bei der ersten Bildung wichtige Momente übersehen sein, theils können im Fortschritt der Zeit Veränderungen in den Bevölkerungs-, Besitz- und Erwerbs-Verhältnissen das Bedürfniß einer denselben folgenden Umänderung der Polizei-Verwaltungs-Bezirke begründen. Doch sollen auch bei dergleichen Veränderungen dieselben Grundsätze und Gesichtspunkte maaßgebend bleiben, welche für die erste Einrichtung vorgeschrieben sind; außerdem soll die Genehmigung des Ministers hinzutreten, weil eine solche nicht zu begünstigende Maaßregel nur bei obwaltendem dringenden Bedürfniß und nur aus höheren Verwaltungs-Maximen vorgenommen werden darf.

ad II. zum §. 7.

Bei der Bestimmung, daß der König die Bezirks-Verwalter und deren Stellvertreter unmittelbar zu ernennen habe, ist, abgesehen von den bereits oben gedachten Motiven, die Rücksicht auf die für die Wohlfahrt der ländlichen Bevölkerung, wie für die öffentliche Ordnung des Landes besonders einflußreiche Stellung dieser Beamten und überdieß in die Waagschale gefallen, daß die Verwaltung eines unentgeltlichen Ehrenamtes eine unmittelbare Königliche Ernennung dieser Beamten-Kategorie rechtfertigt, obschon sie darauf, nach ihren Ressort-Verhältnissen und der Hierarchie des Beamtenthums keinen Anspruch haben würden. Auch die Englischen Friedensrichter erhalten ein Königliches Patent, wenngleich deren Zahl nicht geringer ist, wie voraussichtlich die der Polizei-Bezirks-Verwalter werden dürfte und obwohl das Königliche Patent der Englischen Friedensrichter jahrjährlich erneuert wird (vergl. Darstellung der innern Verwaltung Großbritanniens vom Oberpräsidenten Freiherrn v. Vincke, herausgegeben von Niebuhr, S. 15ff. und S. 155).

Die Art und Weise der Königlichen Ernennung zu bestimmen, war der Staats-Regierung resp. der Königlichen Verordnung zu überlassen. Man vergegenwärtigte sich dabei nur, daß der König auch die Landräthe ernennt, wie die Ritterschafts- und General-Landschaftsräthe resp. deren Stellvertreter bestätigt, ohne daß sie vom Könige selbst vollzogene Patente, sondern nur ein Notifikatorium des betreffenden Ressort-Ministers über die erfolgte Königliche Ernennung erhalten.

Man vergegenwärtigte sich ferner die weitere Konsequenz einer unmittelbaren Königlichen Ernennung auch dahin, daß dergleichen Beamte und Stellvertreter nach §. 24. des Gesetzes vom 21. Juli 1852 betreffend die Dienstvergehen der nicht richterlichen Beamten (Ges.-Samml. S. 465 und 470) unter dem Disziplinarhofe zu Berlin stehen, hielt dies jedoch für ganz angemessen. Ebenso kann dagegen kein Bedenken obwalten, daß die Königliche Ernennung auch auf die Stellvertreter ausgedehnt werde, da auch die Stellvertreter der höheren landschaftlichen Beamten, welche wie diese aus der Wahl des landschaftlichen Verbandes hervorgehen, gleich jenen Beamten selbst, vom Könige bestätigt werden. Die Königliche Ernennung auch der Stellvertreter erscheint deshalb nothwendig, weil dieselben eine gleiche Amtsbefähigung und Autorität wie die Bezirksverwalter selbst haben, und für diese letzteren in deren Verhinderungsfällen mit gleicher Amtsbefugniß eintreten sollen. Beamte, welche ihr Amt als Ehrenamt neben ihrem gewöhnlichen praktischen, landwirthschaftlichen und gewerblichen Berufsgeschäft verwalten und durch Reisen und Privatgeschäfte öfter abgehalten sein können, dürfen auch in Beziehung auf den Eintritt ihres Stellvertreters weniger beengt sein. Mit Rücksicht hierauf sollen, wie dies der §. 14. näher bestimmt, bei Verhinderung in Wahrnehmung der Amtsgeschäfte, diese dem Stellvertreter ohne besonders einzuholende Erlaubniß übertragen werden können und soll in solchem Falle die bloße Anzeige hiervon an den Landrath genügen. Wenn der Gesetz-Entwurf für die Fälle, in denen auch der Stellvertreter die Geschäfte zu übernehmen durch Abwesenheit oder sonst verhindert sein sollte, keine speziellen Anordnungen vorschlägt bezüglich der Art und Weise, in welcher von dem Landrath für einstweilige Wahrnehmung der Polizei-Verwaltung im Bezirke zu sorgen sei, so ist dies nur im Hinblick darauf unterblieben, daß für dergleichen Noth- und Ausnahmefälle sich die Substitution einer anderen geeigneten Persönlichkeit, sei es des Bezirksverwalters eines benachbarten Bezirks oder eines andern Beamten, von selbst anbieten werde, und es sich nicht empfiehlt, in diesem Gesetze eine seinem Geiste und Zwecke widersprechende förmlich zu instituirende kommissarische Verwaltung durch besoldete Beamte ausdrücklich anzuordnen.

Die Bezirksverwalter und ihre in Funktion begriffenen Stellvertreter sind allerdings zufolge ihrer Ernennung und ganzen Amtsstellung unmittelbare Königliche Beamte. Sie genießen bei Ausübung ihres Amtes den gleichen Schutz und haben in Betreff ihrer Amtsverwaltung gleiche Pflichten. Es schien nicht nöthig, diese sich von selbst ergebende Konsequenz im Gesetz-Entwurfe noch besonders auszusprechen; vielmehr genügte die Bestimmung, daß sie vor ihrem Amtsantritt durch den Landrath zu vereiden sind, — welche Bestimmung einer besonderen Rechtfertigung nicht bedarf.

Es ist nicht zu verkennen, daß die sonstige bürgerliche Stellung als Grundbesitzer und Gewerbtreibende von selbst Modifikationen in der Anwendung der Vorschriften über die Verhältnisse der unmittelbaren Königlichen Beamten zur Folge hat. Eine solche wesentliche Modifikation in Betreff des Amtsverhältnisses mußte auch, wie geschehen, hinsichtlich des Urlaubs und des Eintritts des Stellvertreters ausdrücklich ausgesprochen werden, wogegen andere etwa nöthig scheinende Modifikationen, soweit sie sich innerhalb der Grenzen der Gesetze halten, der Anordnung und Instruktion des Ministers des Innern vorbehalten bleiben können.

Zum §. 8.

Der §. 8. enthält die bereits oben erwähnte Bestimmung über den Amtskarakter der Bezirksverwalter als Polizeiobrigkeit des Bezirks und die Bezeichnung ihres Amtes als ein unentgeltlich zu übernehmendes Ehrenamt, außerdem das Amtsverhältniß zum Landrath des Kreises. Diesem steht unbeschadet der Selbstständigkeit der polizeiobrigkeitlichen Stellung des Bezirksverwalters, doch die Aufsicht über die Polizei-Verwaltung aller Bezirke des Kreises zu und es haben die Bezirksverwalter des Kreises dessen Anordnungen daher auch Folge zu leisten. Sie sind jedoch keineswegs etwa bloße Kommissarien und Hülfsorgane des Landraths, wie es die Polizei-Distrikts-Kommissarien in Schlesien, oder die Wege- und Feuer-Distrikts-Kommissarien gegenwärtig sind, vielmehr die selbstständigen Obrigkeiten ihres Bezirks; ihr Amts-Ressort bezieht sich auf alle diejenigen Angelegenheiten, welche den bisherigen Ortsobrigkeiten als Orts-Polizei-Behörden zustanden und oblagen, geht aber auch nicht darüber hinaus; sie können daher nicht beliebig und willkürlich mit der Besorgung anderer Angelegenheiten, welche nicht zu diesem ihrem Amtsberufe gehören, von den Landräthen beauftragt, resp. von diesen letzteren ohne ihre Einwilligung zu dergleichen andern öffentlichen Angelegenheiten gebraucht werden.

Als Polizeiobrigkeit des Bezirks haben fortan die Bezirksverwalter allein, nicht mehr die einzelnen Rittergutsbesitzer, die Verfügungen und Mandate nach dem Gesetze vom 14. Mai 1852 (Ges.=S. S. 245) zu erlassen, die den Orts=Polizei=Behörden zustehende Entscheidung bei Streitigkeiten in Gesindesachen, in Pfändungs= und Feldfrevel=, ferner in Vorfluths= und ähnlichen Sachen, so wie diejenigen Anordnungen in allen Orten ihres Polizeibezirks zu treffen und zu publiziren, welche in den Bereich der Polizei-Behörden hineinfallen, sodann die Aufsicht und Einwirkung in den Kommunal-Angelegenheiten, soweit die ländliche Gemeinde=Ordnung dieselbe der Orts=Polizei=Behörde überweist, auszuüben, desgleichen Wege und Brücken, das Feuerlöschwesen u. s. w. zu beaufsichtigen und für dessen Ordnung zu sorgen. Diese obrigkeitliche Stellung der Bezirksverwalter beseitigt von selbst den Uebelstand, daß der Gutsherr auch in Fällen, in denen sein eigenes Interesse mit dem allgemeinen kollidirt, Entscheidungen und Anordnungen treffen durfte und ist demnächst andererseits für solche Konfliktsfälle die Substitution des entfernten Landraths an Stelle der Orts=Polizei=Behörde entbehrlich gemacht.

Zum §. 9.

Der §. 9. entwickelt das Verhältniß, in welchem die Ortsbehörden, die Gemeinde=Vorsteher und die Besitzer selbstständiger Gutsbezirke zu dem Bezirksverwalter stehen. Aus dem Amtscharakter dieses letzteren als Polizeiobrigkeit, folgt von selbst, daß beide seinen Anordnungen Folge zu leisten haben. Es präjudizirt aber diese Vorschrift nicht der natürlichen, auf dem Hausrecht und dem Rechte des Eigenthums beruhenden Befugniß der Ritterguts= oder anderen Besitzer selbstständiger Gutsbezirke, innerhalb ihres eigenen und zum Gutsbezirk gehörigen Territoriums die öffentliche Ordnung zu erhalten und die Orts=Polizei zu handhaben. Soweit sie die diesem Rechte entsprechenden Pflichten erfüllen, so lange Feuerlösch=Geräthschaften, Wege und Brücken, Schornsteine, Entwässerungsgräben u. s. w. im gehörigen Stande sind, bedarf es der Einwirkung des Polizeiverwalters nicht; ihm bleibt jedoch die Aufsicht und die Verantwortlichkeit dafür, daß innerhalb seines Bezirks den örtlichen Polizei=Bedürfnissen in gesetzlicher Weise genügt werde. Gleiches gilt von den Gemeinde=Vorständen innerhalb der Gemeinde=Bezirke.

Ihnen, wie den Besitzern der selbstständigen Gutsbezirke steht überall der erste Angriff der Polizei und so lange der Bezirksverwalter nicht an Ort und Stelle ist, die erforderliche unaufschiebbare polizeiliche Verfügung zu. In soweit sind sie Hülfsbehörden und Organe des Bezirksverwalters für die zu dessen Ressort gehörigen polizeiobrigkeitlichen Geschäfte.

Wegen der Vertretung der Besitzer selbstständiger Gutsbezirke in ihren ortspolizeilichen Funktionen und Rechten bedurfte es hier weder einer besondern Bestimmung, noch der ausdrücklichen Zurückweisung auf die Gemeinde-Ordnung, in welcher diese Materie ihre Stelle hat, da diese örtliche Polizei-Verwaltung mit der Eigenschaft des Gemeinde=Vorstandes resp. des Besitzers des Gutsbezirks als des natürlichen Vorstehers des letzteren, zusammenfällt, und ein annexum und Ausfluß aus dieser letztgedachten Stellung ist.

Zu §§. 10. und 11.

Die Bestimmung, daß vor jeder Ernennung eines Bezirks-Verwalters oder Stellvertreters der Kreistag mit seinem gutachtlichen Vorschlage zu hören sei, ist bereits oben gerechtfertigt. Bei der Auswahl, wie bei dem Vorschlage soll vorzugsweise auf die Besitzer selbstständiger Gutsbezirke und anderer größerer Güter, ingleichen auf Domainen- und ähnliche Pächter und erst event. auf andere angesehene Männer, welche im Bezirk ihr Domizil haben, gerücksichtigt werden. Es wird dadurch anerkannt, daß Männer jener Klasse von Kreis-Eingesessenen wegen ihrer selbstständigeren und unabhängigeren Lage, ihres größeren Einflusses im bürgerlichen Leben und der damit erfahrungsmäßig verbundenen größeren Autorität, zu dem Amte als Bezirks-Verwalter vorzugsweise befähigt, wie sie auch zur Uebernahme unentgeldlicher Amtsfunktionen mehr als andere im Stande sind; auch sind besonders unter ihnen diejenigen Personen zu finden, welche in der Lage gewesen, sich ein größeres Maaß von praktischen Kenntnissen und Erfahrungen anzueignen und diese in andern öffentlichen Funktionen als Kreis-Deputirte, Ritterschafts- und Landschafts-Räthe, Kreisverordnete u. s. w. zu bewähren. Der wesentliche Unterschied des überreichten Vorschlages von dem Gesetz-Entwurf der Regierung besteht allein darin, daß der letztere von der Voraussetzung ausgeht, jeder Käufer und Erbe eines Ritterguts sei an und für sich schon eine wohlqualifizirte Ortspolizei-Obrigkeit, wogegen der gegenwärtige Entwurf ohne derartige Präsumtion die Auswahl der geeignetsten, des Amtes würdigsten Persönlichkeiten der Staats-Regierung und dem Könige vorbehält. Der Regierungs-Entwurf will daher im §. 12. erst die Enthebung des Inhabers der Polizeigewalt von seinen obrigkeitlichen Befugnissen dann eintreten lassen, wenn konstatirt ist, daß sich derselbe des erforderlichen Ansehens und Vertrauens verlustig gemacht oder Verbrechen begangen hat, während der gegenwärtige Entwurf sofort nur die Männer mit den obrigkeitlichen Funktionen betrauen will, von denen man sich von vorn herein eine gute und gerechte Polizei-Verwaltung versprechen kann.

Durch die Bestimmungen im §. 11. soll jedenfalls der kommissarischen Verwaltung durch besoldete Beamte entgegengetreten werden, weil die Erfahrungen, welche dieserhalb mit den schlecht besoldeten, aus der Klasse der Supernumerarien, Subaltern-Beamten 2c. entnommenen untern Polizeiverwaltungs-Beamten im Lande gemacht sind, von einer solchen Einrichtung für die Zukunft abschrecken; gleichwohl hat das Alin. 2. des §. 2. und der §. 8. des Regierungs-Entwurfs wieder eine solche bureaukratische Polizei-Verwaltung in Aussicht gestellt und sie möchte nach den sonstigen Bestimmungen dieses Regierungs-Entwurfs, zumal in den Landestheilen und Gegenden, wo Rittergüter oder qualifizirte Besitzer derselben fehlen, nicht so selten in Anwendung gebracht werden.

Zum §. 12.

Die Gründe der Ablehnung oder vorzeitigen Niederlegung des Amtes haben deshalb auf wenige beschränkt werden dürfen, weil die Nr. 5. andere besondere Verhältnisse, die eine gültige Entschuldigung begründen, vorbehält und die Entscheidung über deren Zulänglichkeit dem Kreistage unterwirft.

Nur dann erst, wenn dieser den Entschuldigungsgrund verworfen hat, soll Jemand durch Plenarbeschluß der Regierung, und nur für den Zeitraum von drei Jahren, der mit den öffentlichen Geschäften der Gemeinde wie mit der Kreisvertretung zusammenhängenden politischen Rechte verlustig erklärt und auch dagegen noch der Rekurs an den Minister des Innern eingelegt werden dürfen.

Einerseits schien es bedenklich, den Verlust politischer Rechte über den Bereich derjenigen auszudehnen, welche sich auf den Kreis und die Gemeinden innerhalb desselben beschränken, indem dem Kreistage eine über diesen Bereich hinausgehende Kompetenz nicht beigelegt werden durfte; andererseits aber erschien es angemessen, ein solches Präjudiz auf die unentschuldigte Ablehnung eines Ehrenamtes anzudrohen, welches, wenngleich seiner Form nach ein Staatsamt, doch seiner wesentlichen Bedeutung nach ein im Interesse des Gemeinwesens des Kreises, zum Nutzen der Kreiseingesessenen, verwaltetes Amt ist.

Dieser Charakter, wie der Werth, welchen die Staats-Regierung auf die Verwaltung durch Kreiseingesessene legt, tritt durch das angedrohte Präjudiz um so klarer hervor. Auch auf die Ablehnung des Ehrenamtes eines Geschworenen oder eines Vormundes sind Strafen angedroht.

Zum §. 13.

Die Uebertragung des Königlichen Mandates zur Polizei-Verwaltung auf die kürzere Periode von drei Jahren bietet verschiedene Vortheile dar. Es werden sich bei einer kürzeren Amtsperiode um so eher Männer des praktischen bürgerlichen Lebens zur Uebernahme des Amtes bereit finden. Zeigt es sich, daß der Ernannte für die Amtsgeschäfte der Polizei-Verwaltung nicht die wünschenswerthen Eigenschaften gehabt oder diese dadurch verloren hat, daß in seinen persönlichen Verhältnissen ungünstige Veränderungen eingetreten sind, so läßt sich die Enthebung desselben vom Amte ohne ein nicht immer zu motivirendes Disziplinar-Verfahren, ohne Aufsehen und Weitläuftigkeit allein dadurch bewirken, daß die Erneuerung des Mandats unterbleibt, während bei befundener Tüchtigkeit und Willfährigkeit des Ernannten der Auftrag ebenso leicht wieder erneuert werden kann.

Zum §. 14.

ist das Erforderliche bereits oben beim §. 7. und folgende erörtert.

Zu III. (§§. 15—18.)

Diese Paragraphen handeln von den Kosten der Polizei-Verwaltung; diese Kosten können folgende sein:

1) persönliche, nämlich die Entschädigung des Bezirks-Verwalters für Amtsunkosten z. B. Porto, Botenlohn und ähnliche Büreaubedürfnisse, oder für Hülfe beim Schreibwerk, nöthigenfalls, unter besonderen Verhältnissen, durch Gewährung eines Bezirks-Schreibers, betreffen, für welche persönlichen Amtsunkosten die Festsetzung von Pauschquanten und zwar sofort bei Bildung der Bezirke, vor der Ernennung bestimmter Personen, wünschenswerth erschiene und

deren Größe sich nach dem Umfange der Bevölkerung und anderen Verhältnissen der Polizei-Verwaltungsbezirke richten wird;

2) sachliche, welche je nach den verschiedenen Bedürfnissen mehr oder weniger bevölkerter, fabrik- und gewerblicher oder blos landwirthschaftlicher Distrikte von geringerem Verkehr, etwa in folgenden bestehen können:

a) in der Remuneration besonderer Unterbeamten und Diener,

b) in den Kosten für Beschaffung, Einrichtung und Unterhaltung von Polizei-Gefängnissen,

c) in der Verpflegung unvermögender Polizei-Gefangener,

d) in den Kosten der einstweiligen Aufbewahrung und des Transports von Vagabunden zum Landarmen- und Korrektions-Hause oder von ergriffenen Verbrechern zum Gerichts-Gefängniß,

e) in den sonst vorkommenden baaren Auslagen sachlicher Natur, die weder von Privatpersonen zu zahlen, noch anderen öffentlichen Fonds zur Last zu legen sind,

f) in den Kosten der Berechnung, Vertheilung und Einziehung, ingleichen der Verwendung der Einnahmen und Ausgaben innerhalb der Verwaltungsbezirke resp. Kreise.

Es würde sich in keiner Weise empfehlen, speziellere Bestimmungen, sei es über die Art und die Gegenstände der Kosten, oder über deren Aufbringung, in den Gesetz-Entwurf aufzunehmen. Denn an einzelnen Orten können die nöthigen Räume zu Polizei-Gefängnissen anderweit disponibel gemacht, oder es können städtische und Kreis-Gefängnisse für ausreichend erachtet werden. In einigen Gegenden kann die Anstellung besonderer Polizeidiener nöthig sein, während in anderen Kreis-Exekutoren oder Gensdarmen, Schulzen und Gerichtsmänner für den exekutiven Dienst der Bezirks-Verwalter ausreichen, wie bisher auch hin und wieder die Gensdarmen und Kreis-Exekutoren den Dominien und Orts-Polizeibehörden für einzelne Verrichtungen des exekutiven Dienstes vom Landrathe zur Verfügung gestellt wurden und die Schulzen oder Dorfrichter, wie die Gerichtsmänner, Schöppen und Dorfsgeschworenen als Hülfsbehörden und Organe der Polizei zu dergleichen Ausrichtungen genügten.

Durch eine Spezialisirung der Polizeibedürfnisse und Kosten würde man der Entwickelung der neuen Institution vorgreifen und die Meinung hervorrufen, als sollten überall förmliche Bureaux eingerichtet werden, was in vielen Gegenden ganz überflüssig sein wird.

Dabei bedarf übrigens die Voraussetzung, daß die Kosten von den Eingesessenen und nicht wie früher von den Polizei-Obrigkeiten (den Rittergutsbesitzern, dem Domainen-Fiskus oder den Kämmerei-Kassen) allein zu übertragen sind, — keiner besonderen Rechtfertigung. Denn mit dem Augenblick, wo deren obrigkeitliches Recht aufhört, müssen sie auch von den damit verbundenen Lasten und Gegenleistungen befreit werden; dies spricht bereits der Art. 42. der Verfassungs-Urkunde aus. Grade darin, daß zur Uebertragung der Polizeiunkosten früher ein einzelner Grundeigenthümer verbunden war, lag zum großen Theil die Ursache, daß die Mittel zur Polizei-Verwaltung, wiederholter Anordnungen der höhern Staatsbehörden ungeachtet, sehr ungenügend und die Polizei-Verwaltung selbst theils schlecht gewesen.

In Betreff der Aufbringung der Polizeiunkosten waren hauptsächlich zwei Fragen im Gesetz-Entwurf zu berücksichtigen:

A. welche polizeilichen Bedürfnisse als solche anzuerkennen, für welche Polizei-Einrichtungen und in welchem Betrage Geldmittel aufzubringen und beizusteuern sind? Auch hierüber soll zwar der Kreistag mit seinem Gutachten gehört werden, die Entscheidung muß jedoch der Regierung als Landespolizeibehörde zustehen.

B. Nach welchem Maaßstabe und Erhebungs-Modus die Kosten auf die Eingesessenen zu vertheilen und in welcher Art, entweder vom ganzen Kreise oder von einzelnen Polizei-Verwaltungs-Bezirken oder von mehreren zu einem Kostenverbande zu vereinigenden Polizei-Verwaltungs-Bezirken dieselben zu übertragen seien? Hierbei aber kommt auch in Frage, welche polizeilichen Kosten als solche, die ausschließlich den Nutzen und das Interesse einzelner Gemeinden und Gutsbezirke zum Gegenstande haben, deshalb diesen Gemeinden oder diesen Gutsbezirken ausschließlich zur Last fallen.

Zu den Kosten der letztgedachten Art gehören allerdings in Zukunft nicht mehr die allgemeinen Polizei-Verwaltungskosten, sondern z. B. nur etwa noch die Anschaffung einer Feuerspritze für ein einzelnes Gut oder für eine einzelne Gemeinde, die Anstellung und Remuneration eines Feldhüters oder Nachtwächters für einen einzelnen Ort oder Gutsbezirk. Dergleichen Kosten müssen natürlich diesen einzelnen Gutsbezirken oder Orten zur Last bleiben, wogegen in Zukunft alle Polizeiunkosten, welche nicht einen solchen rein lokalen Charakter an sich tragen und nicht in dem ausschließlichen Interesse und zu dem alleinigen Nutzen des einzelnen Orts oder Gutsbezirks entstanden, insbesondere alle diejenigen, welche durch die dem Berufskreise des Bezirks-Verwalters angehörigen Funktionen veranlaßt sind und mit dessen Amtsverrichtungen zusammenhängen, inskünftige als allgemeine Polizei-Verwaltungskosten behandelt werden müssen.

Was nun die Aufbringung dieser letzteren betrifft, so bieten sich dafür verschiedene Formen dar. Sie können entweder vom ganzen Kreise oder aber von dem einzelnen Polizei-Verwaltungs-Bezirk, oder aber auch von mehrern zu einem Kostenverbande vereinigten Polizei-Verwaltungs-Bezirken (z. B. für einen, mehreren Bezirken gemeinschaftlichen Polizeidiener oder für ein, mehreren Bezirken gemeinsames Polizei-Gefängniß) aufgebracht werden. Ferner kann aber auch für einzelne Gegenstände die kreisweise, hingegen für andere Gegenstände und Bedürfnisse die bezirksweise Uebertragung angemessen erscheinen.

Im Allgemeinen dürfte sich zwar empfehlen, wenigstens einen Theil der Kosten, insbesondere die Pauschquanta und persönlichen Entschädigungen für Dienstunkosten der Bezirksverwalter vom ganzen Kreise aufbringen zu lassen; letzteres besonders deshalb, weil es angemessener erscheint, die Bezirks-Verwalter durch die Kreis-Korporation entschädigen zu lassen, als durch die Bezirks-Eingesessenen. Auch werden die nothwendigen Kosten für polizeiliche Bedürfnisse und mithin die Mittel und Kräfte zu einer tüchtigen Polizei-Verwaltung eher gewährt werden, wenn der ganze Kreis dafür einsteht. Dennoch schien es auch in Betreff dieser Art der Kostenvertheilung nicht rathsam, besondere Bestimmungen in das Gesetz aufzunehmen, vielmehr zur Zeit zweckmäßiger, die weitere Entwickelung auch dieses Gegenstandes der Regierung und dem Kreistage anzuvertrauen, wie denselben auch die Bestimmung des Kontributions-Modus zu überlassen sein wird, da dieser nach den verschiedenen Verhältnissen der Kreise ein sehr verschiedener und die Bevölkerung an den für Kosten ähnlicher Art hergebrachten Repartitions-Maaßstab gewöhnt ist.

Dem Kreistage aber mußte, da es sich hier um eine Besteuerung der Eingesessenen handelt, der Beschluß über den Maaßstab der Aufbringung der Kosten und die Art ihrer Vertheilung, nur unter Genehmigung der Regierung, überlassen werden.

Die Prüfung und Genehmigung dieser letzteren bürgt dafür, daß dabei nach richtigen und den Verhältnissen entsprechenden Grundsätzen verfahren und ein einzelner Polizei-Verwaltungs-Bezirk, oder ein einzelner Ort oder Gutsbezirk nicht prägravirt werde.

Zum §. 18.

Für den Vorschlag, daß die Geldstrafen, welche auf Grund der von den Polizei-Verwaltern erlassenen Strafverfügungen einzuziehen sind, durch Vermittelung der Kreiskasse nach den Beschlüssen des Kreistages zur Deckung der polizeilichen Bezirkskosten verwendet werden, ist in Betracht gezogen, daß dergleichen Strafgelder für Polizei-Uebertretungen auch bisher als Früchte der Polizei-Gerichtsbarkeit und Polizei-Verwaltung denjenigen zugeflossen sind, welchen jene Rechte zustanden und die damit verbundenen Lasten oblagen. Der Bezirks-Verwalter tritt als Polizei-Obrigkeit an ihre Stelle, die Lasten sollen fortan aber von den Eingesessenen des Bezirks resp. des Kreises getragen werden, weshalb es nur dem Prinzip der früheren Verfassung zu entsprechen und billig scheint, daß ihnen auch die von den Bezirks-Verwaltern erkannten Geldbußen zu Gute kommen. Die Einziehung durch die Kreiskassen und die Verwendung nach den Beschlüssen des Kreistages wird der möglichen Besorgniß begegnen, daß ein einzelner Bezirks-Verwalter geneigt sein könnte, zum Besten seines Bezirks die Geldstrafen zu erhöhen.

Zum §. 20.

Die Bestimmung, daß der Zeitpunkt der Einführung des Gesetzes in jeden einzelnen Kreis durch die Regierung im Amtsblatt bekannt zu machen sei, ist analogen Bestimmungen in der Gemeinde-Ordnung nachgebildet und rechtfertigt sich von selbst.

Anlagen.

A.

Gesetz-Entwurf,

betreffend

die ländliche Gemeinde-Verfassung in der Provinz Preußen.

Ueber das Gemeindewesen der ländlichen Ortschaften der Provinz Preußen ergehen zur Ergänzung der bestehenden Gemeinde-Verfassungen und der im Allgemeinen Landrechte Th. II. Tit. 7. §§. 18—86. enthaltenen Vorschriften, nachstehende Bestimmungen.

§. 1.

Veränderung von Gemeinde- und Guts-Bezirken.

Den ländlichen Gemeinde- oder selbstständigen Gutsbezirk bilden alle diejenigen Grundstücke, welche demselben bisher angehört haben.

Grundstücke, welche bisher noch keinem Gemeinde- oder selbstständigen Gutsbezirke angehört haben, können, nach Vernehmung der Betheiligten und nach Anhörung des Kreistages, unter Genehmigung des Ober-Präsidenten mit einem Gemeinde- oder Gutsbezirke vereinigt oder mit Unserer Genehmigung zu einem Gemeinde- oder selbstständigen Gutsbezirke erklärt werden.

Eine Vereinigung eines ländlichen Gemeinde- oder eines selbstständigen Gutsbezirks mit einem andern kann nur unter Zustimmung der Vertretungen der betheiligten Gemeinden, so wie des betheiligten Gutsbesitzers nach Anhörung des Kreistages, mit Unserer Genehmigung erfolgen. —

Die Abtrennung einzelner Grundstücke von einem Gemeinde- oder selbstständigen Gutsbezirk und deren Vereinigung mit einem angrenzenden andern kann mit Genehmigung des Ober-Präsidenten, ingleichen kann die Bildung eines selbstständigen Gemeindebezirks aus solchen Trennstücken, Abbauen oder Kolonien mit Unserer Genehmigung vorgenommen werden, wenn außer den Vertretungen der betheiligten Gemeinden und den betheiligten Gutsbesitzern auch die Eigenthümer jener Grundstücke darin einwilligen, und im letzteren Falle auch der Kreistag gehört ist. In Ermangelung der Einwilligung aller Betheiligten kann eine Veränderung dieser Art in den Gemeinde- oder Gutsbezirken nur in dem Falle, wenn dieselbe im öffentlichen Interesse als nothwendiges Bedürfniß sich ergiebt, und alsdann nur mit Unserer Genehmigung nach Vernehmung der Betheiligten und nach Anhörung des Kreistages stattfinden.

In allen vorstehenden Fällen ist der Beschluß des Kreistages vor Einholung der höheren Genehmigung den Betheiligten nachrichtlich mitzutheilen.

Wo und soweit in Folge einer derartigen Veränderung eine Auseinandersetzung zwischen den Betheiligten sich als nothwendig ergiebt, ist solche im Verwaltungswege zu bewirken.

Wird hierbei eine Uebereinkunft der Betheiligten vermittelt, so genügt die Genehmigung der Regierung, im Falle des Widerspruchs entscheidet der Ober-Präsident.

Privatrechtliche Verhältnisse dürfen durch dergleichen Veränderungen niemals gestört werden.

Eine jede solche Veränderung ist durch das Amtsblatt bekannt zu machen.

Veränderungen, welche bei Gelegenheit einer Gemeinheitstheilung vorkommen, unterliegen diesen Bestimmungen nicht.

§. 2.

Ortsstatuten (Dorf-Ordnungen). Ergänzung bestehender Orts-Verfassungen.

Jede Gemeinde ist befugt, ihre besondere Verfassung oder einen Theil derselben in einem Orts-Statute (Dorf-Ordnung) zu verzeichnen.

Gegenstände eines solchen Statuts können sein:

1) Aufzeichnung der zu Recht bestehenden Orts-Observanzen, unter Berücksichtigung der einschlagenden Festsetzungen in den Regulirungs-, Separations- und Parzellirungs-Rezessen;
2) Festsetzungen über solche Angelegenheiten der Gemeinde, sowie über solche Rechte und Pflichten ihrer Mitglieder, die in den bestehenden allgemeinen Vorschriften den Statuten zugewiesen, oder hinsichtlich deren durch die bestehenden Bestimmungen Verschiedenheiten gestattet oder keine ausdrücklichen Anordnungen getroffen sind;
3) Bestimmungen über sonstige eigenthümliche Verhältnisse und Einrichtungen.

Das Statut ist von der Gemeinde unter Leitung des Landraths und unter Mitwirkung der Polizei-Obrigkeit (Gutsherrschaften, Domainen-Aemter u. s. w.) aufzustellen und bedarf der Bestätigung der Regierung nach vorgängiger Begutachtung durch den Kreistag.

Wo über die bestehende Orts-Verfassung Zweifel oder Streitigkeiten obwalten, oder dieselbe in Folge veränderter Verhältnisse nicht mehr ausreicht, ist deren Ergänzung im Wege statutarischer Anordnung von dem Landrathe unter Mitwirkung der Polizei-Obrigkeit durch ein Abkommen unter den Betheiligten, oder einen Gemeindebeschluß zu versuchen. Findet die Angelegenheit durch diese Verhandlungen ihre Erledigung nicht, so trifft nach Anhörung der Betheiligten und des Kreistags die Regierung die Entscheidung und die entsprechende statutarische Anordnung.

§. 3.

Ein Orts-Statut muß errichtet werden:

1) wenn ein Gut, dessen Besitz zu einer Stimme auf dem Kreistage berechtigt, oder ein Domainen-Vorwerk oder ein großes geschlossenes Waldgrundstück in einen schon bestehenden Gemeinde-Verband eintritt (§. 1. Alinea 3).

Das Statut enthält alsdann die näheren Festsetzungen über das Verhältniß, nach welchem der Besitzer des Guts oder des Waldes und die Bewohner dieser Grundstücke an den Rechten und Pflichten des Gemeinde-Verbandes Theil zu nehmen haben, insbesondere darüber, inwiefern hierbei dem Guts- oder Waldbesitzer nach Maaßgabe des Werths und der Größe seines Besitzthums eine größere Stimmenzahl in der Gemeinde-Versammlung (§. 8.) und der Vorsitz in derselben bei persönlicher Anwesenheit, oder, wenn die Gemeinde durch Gemeinde-Verordnete vertreten wird, ein erhöhtes aktives Wahlrecht bei der Wahl der Gemeinde-Verordneten (§. 11.), und das selbstständige Recht, an der Gemeinde-Verordneten-Versammlung Theil zu nehmen, sowie die Befugniß, sich in beiden Versammlungen durch Pächter, Beamte oder Offizianten dieser Güter vertreten zu lassen, beizulegen ist, und in wiefern hierbei unter den allgemeinen Bedingungen des Stimm- und Wahlrechts (§. 6. Gemeinderechts) von dem Erforderniß des eigenen Hausstandes oder Grundbesitzes abzusehen ist.

Ist das in den Gemeinde-Verband eingetretene Gut oder Waldgrundstück von dem Werthe, daß es ein Drittel des gesammten zur Gemeinde gehörigen Grund-Eigenthums umfaßt, so ist der Besitzer berechtigt die Wahl des dritten Theils der Gemeinde-Verordneten allein zu vollziehen.

Dergleichen, die Verbindung zwischen einem bisher selbstständigen Gutsbezirk oder einem Waldgrundstücke und einer Gemeinde regulirende Ortsstatuten sind nach den Erklärungen der Betheiligten von dem Landrathe aufzustellen und unterliegen der Bestätigung des Ministers des Innern; der Kreistag und die Regierung müssen darüber zuvor mit ihrem Gutachten gehört werden.

2) Wenn unter Abänderung der bestehenden Orts-Verfassung an die Stelle der Gemeinde-Versammlung eine aus gewählten Mitgliedern bestehende Versammlung von Gemeinde-Verordneten tritt.

Das Statut enthält alsdann die näheren Festsetzungen, namentlich wegen der Zahl der Gemeinde-Verordneten, der etwaigen Klassen-Eintheilung der Wähler, der von jeder Klasse zu wählenden Zahl der Gemeinde-Verordneten und wegen der Wahl-Ordnung.

§. 4.

Wenn Güter nicht in den Kommunal-Verband mit einer schon bestehenden Gemeinde eintreten, sondern selbstständige Gutsbezirke bilden, so werden diejenigen Gemeinschaften zwischen den Gütern und den Gemeinden, welche für einzelne und bestimmte Zwecke im öffentlichen Interesse, z. B. für Armenpflege, Feuerlöschwesen, hinsichtlich der Verrichtungen des Schulzen u. s. w. bereits bestehen, oder später sich bilden, durch die gegenwärtigen Bestimmungen über das Gemeindewesen nicht verändert oder beschränkt.

Für den Bereich eines selbstständigen Gutsbezirks haben die Gutsbesitzer und auf Feststellung der Regierung, nach Anhörung der Betheiligten und des Kreistages, antheilig auch die übrigen selbstständigen Grundbesitzer des Bezirks die Lasten zu tragen, welche das Gesetz im öffentlichen Interesse den Gemeinden auferlegt.

Die Rechte der Grundbesitzer, welche mit der Befreiung von solchen Lasten angesetzt worden sind, dürfen hierdurch nicht gekränkt werden.

§. 5.

Alle Einwohner des Gemeinde- oder Guts-Bezirks, mit Ausnahme der nicht mit Grundstücken angesessenen servisberechtigten Militair-Personen des aktiven Dienststandes, gehören zum Gemeinde- oder Gutsverbande.

Als Einwohner werden diejenigen betrachtet, welche in dem Gemeinde- oder Guts-Bezirke nach den Bestimmungen der Gesetze ihren Wohnsitz haben.

Besitzer von im Gemeinde-Bezirke belegenen Grundstücken gehören zur Gemeinde, auch wenn sie innerhalb des Bezirks derselben nicht wohnen. —

Ein Gleiches gilt von juristischen Personen, welche im Gemeinde-Bezirke Grundstücke besitzen.

§. 6.

Allgemeine Bedingungen der Berechtigung zur Theilnahme an den öffentlichen Geschäften der Gemeinde (Gemeinderecht).

Das Gemeinderecht besteht in der Befugniß, an den öffentlichen Geschäften der Gemeinde Theil zu nehmen.

Zur persönlichen Ausübung des Gemeinderechts ist befugt, wer

Preußischer Unterthan, im Vollbesitz der bürgerlichen Ehrenrechte, großjährig ist, einen eigenen Hausstand hat, und seit drei Jahren ein Grundstück im Gemeinde-Bezirke besitzt.

Wer ein Grundstück im Gemeinde-Bezirke ererbt, dem kommt bei Berechnung des dreijährigen Grundbesitzes die Besitzzeit des Erblassers zu Gute. Uebertragung unter Lebendigen an Verwandte in absteigender Linie, an Eltern, Eheleute, Geschwister und Geschwisterkinder, steht der Vererbung gleich.

In einzelnen Fällen kann die Gemeinde-Versammlung mit Genehmigung des Landraths von dem Erforderniß der dreijährigen Dauer des Grundbesitzes dispensiren.

Einwohner des Gemeinde-Bezirks, welche ein Grundstück in demselben nicht besitzen, aber ihren übrigen Verhältnissen nach zur Ausübung des Gemeinderechts befähigt sein würden, gelangen dazu nur, wenn sie Einkommensteuer oder an Klassensteuer einen Jahresbetrag von mindestens drei Thalern seit drei Jahren entrichten und wenn ihnen im statutarischen Wege das Gemeinderecht ausdrücklich beigelegt wird. Das Statut bestimmt alsdann, in welchem Verhältniß sie an dem Stimm- oder Wahlrecht und an den Lasten der Gemeinde Theil zu nehmen haben.

Das Bekenntniß zur christlichen Religion ist eine Bedingung für die Zulassung zu Kommunal-Aemtern.

§. 7.

Ausübung des Gemeinderechts durch Stellvertreter.

Befindet sich ein Grundstück im Besitze einer Frauensperson oder einer unter väterlicher Gewalt oder unter Vormundschaft stehenden Person, und würde dieselbe ihren übrigen Verhältnissen nach zum Gemeinderecht befähigt sein, so ist die Ausübung desselben durch Stellvertreter dahin gestattet, daß eine Ehefrau durch ihren Ehemann, eine unverheirathete oder verwittwete Frauensperson durch einen zur persönlichen Ausübung des Gemeinderechts befähigten Grundbesitzer der betreffenden oder in dessen Ermangelung der nächstfolgenden Klasse, eine unter väterlicher Gewalt stehende Person durch den Vater, und eine unter Vormundschaft stehende Person durch den Vormund vertreten werden kann. Der Ehemann, Vater und Vormund müssen, um zu dieser Stellvertretung befugt zu sein, abgesehen von dem Erfordernisse des Grundbesitzes, die im §. 6. vorgeschriebenen Eigenschaften besitzen und in dem Gemeindebezirke wohnen, oder wenn die Bedingung des Wohnsitzes im Gemeindebezirk von ihnen nicht erfüllt wird, einem zur persönlichen Ausübung des Gemeinderechts befähigten Grundbesitzer der betreffenden oder in dessen Ermangelung der nächstfolgenden Klasse die Vertretung übertragen.

Ebenso können sich die Grundbesitzer, die nicht im Gemeindebezirke wohnen, oder sonst durch äußere Verhältnisse an der Wahrnehmung des ihnen zustehenden Gemeinderechts behindert sind, durch zur persönlichen Ausübung desselben befähigte

Grundbesitzer ihrer oder in dessen Ermangelung der nächstfolgenden Klasse vertreten lassen.

Imgleichen sind juristische Personen befugt, sich Behufs Ausübung des ihnen zustehenden Gemeinderechts (§. 5.) durch ihre Pächter, Verwalter oder Beamte vertreten zu lassen.

§. 8.

Besondere Bestimmungen über die Art der Ausübung des Gemeinderechts (Klassenverhältnisse).

Insofern das Gemeinderecht in der Theilnahme am Stimmrecht besteht, wird die Ausübung desselben in der Gemeinde-Versammlung durch die bestehende Orts-Verfassung bestimmt.

Bei der Errichtung von Orts-Statuten resp. Ergänzung der Orts-Verfassung auf dem im §. 2. bezeichneten Wege, unter Beachtung der allgemeinen Bestimmungen des §. 6. sind als Regel folgende Grundsätze zu beobachten:

1) Jeder Besitzer eines mit Gespann versehenen Grundstücks, welcher sich von dem Ertrage desselben selbstständig ernährt (Hofwirth 2c.) übt eine Einzelstimme aus (Virilstimme);

2) die übrigen Grundbesitzer und die nicht angesessenen Einwohner — insofern die letzteren überhaupt das Gemeinderecht besitzen (§. 6.) — werden in der Gemeinde-Versammlung, der Regel nach, nur durch Gesammtstimmen (Kollektivstimmen) vertreten. Sie üben das Stimmrecht in der Gemeinde-Versammlung durch Abgeordnete aus, welche sie nach §. 11. auf sechs Jahre wählen.

Befinden sich in einer Gemeinde Ackernahrungen, welche die übrigen Grundstücke dieser Klasse an Werth und Größe erheblich übersteigen, so kann den Besitzern von Grundstücken dieser Art eine größere Anzahl von Stimmen beigelegt werden.

Sind in einer Gemeinde nur Grundbesitzer der zweiten Klasse vorhanden, so sollen dieselben zur Führung von Einzelstimmen befugt sein.

Die Zahl der Abgeordneten der unter Nr. 2. aufgeführten Grundbesitzer wird nach den örtlichen Verhältnissen unter billiger Berücksichtigung des Werths und Umfanges ihres Grundbesitzes oder der von ihnen entrichteten Steuern, in der Regel nach dem Verhältniß des Areals aller kleineren Grundbesitzer zu dem der größeren und der Anzahl der letzteren bestimmt, darf aber die Zahl der zu Einzelstimmen berechtigten Grundbesitzer in der Regel nicht übersteigen. Die Zahl der Abgeordneten der nicht angesessenen Einwohner bestimmt das Statut.

Hält eine Klasse von Gemeinde-Gliedern sich durch einen Gemeinde-Beschluß in ihren Rechten verletzt, so ist sie befugt, die Entscheidung des Landraths nachzusuchen, in welchem Falle die Ausführung des Gemeinde-Beschlusses bis zum Eingange dieser Entscheidung ausgesetzt bleibt. Der Landrath kann jedoch vor Ertheilung derselben durch wiederholt veranlaßte Berathung eine Vereinigung versuchen.

§. 9.

Ueber die Bildung einer gewählten Gemeinde-Vertretung.

In Gemeinden, in welchen die Gemeinde-Versammlung (§. 8.) aus so vielen Mitgliedern besteht, daß ihre Zahl zu einer zweckmäßigen Behandlung der Geschäfte zu groß ist, tritt an die Stelle der Gemeinde-Versammlung eine aus gewählten Mitgliedern bestehende Versammlung von Gemeinde-Verordneten.

In welchen Fällen eine solche Vertretung stattzufinden hat, wird auf den Antrag der Gemeinde-Versammlung durch die Regierung bestimmt, welche den Kreistag zuvor mit seinem Gutachten zu hören hat.

§. 10.

Wo die Gemeinde-Versammlung aus Gemeinde-Verordneten gebildet wird, bestimmt die Zahl derselben die Gemeinde-Versammlung mit Genehmigung der Regierung; doch soll die Zahl außer dem Gemeinde-Vorsteher (§. 12.) in der Regel aus nicht mehr als höchstens zwölf gewählten Mitgliedern bestehen.

§. 11.

Die Gemeinde-Verordneten werden von der Gemeinde-Versammlung und zwar der Regel nach in der Art, daß die Wähler sich in die vorhandenen Klassen (§. 8.) theilen, auf sechs Jahre gewählt. Jede Klasse wählt unter dem Vorsitze des Gemeinde-Vorstehers (Schulzen, Dorfrichters) oder eines von ihm zu bestellenden Stellvertreters, sowie zweier Schöppen (Gerichtsmänner, Dorfgeschworenen), oder zweier vom Gemeinde-Vorsteher aus der betreffenden Klasse zu bestellenden Wahlbeigeordneten, welche zusammen den Wahl-Vorstand bilden, die auf sie treffende Zahl der Gemeinde-Verordneten. Bei den Wahlen muß jeder Wähler dem Wahl-Vorsteher mündlich und laut zu Protokoll erklären, wem er seine Stimme geben will.

Die Vertheilung der Zahl der Gemeinde-Verordneten auf die Klassen der Grundbesitzer hat der Landrath unter Berücksichtigung der Zahl, in welcher jede Klasse in der Gemeinde-Versammlung vertreten ist, auf den Vorschlag der Gemeinde-Versammlung und unter Beirath der Polizei-Obrigkeit zu bewirken. Der Klasse der zu Gesammt-Stimmen berechtigten Grundbesitzer dürfen aber in der Regel nicht mehr als die Hälfte der Gemeinde-Verordneten angehören.

In Gemeinden, in welchen auch die nicht angesessenen Einwohner stimmberechtigt sind, müssen mindestens zwei Drittel der Gemeinde-Verordneten aus Grundbesitzern bestehen.

In allen Fällen, wo unter Abänderung der bestehenden Orts-Verfassung an die Stelle der Gemeinde-Versammlung die Versammlung der Gemeinde-Verordneten tritt, sind die näheren Festsetzungen hierüber in das Orts-Statut aufzunehmen (§§. 2 und 3.).

§. 12.

Stellung des Schulzen zur Gemeinde-Versammlung.

Die gefaßten Beschlüsse auszuführen, hat die Gemeinde-Versammlung keine Befugniß. Die Ausführung steht dem Gemeinde-Vorsteher (Schulzen, Dorfrichter) zu. Er führt den Vorsitz in der Gemeinde-Versammlung mit vollem Stimmrecht, auch dann, wenn dieselbe aus Gemeinde-Verordneten besteht.

Form der Gemeinde-Urkunden und insbesondere der Vollmachten.

Urkunden, welche die Gemeinde verbinden sollen, müssen Namens derselben von dem Schulzen und den ihm beigeordneten Schöppen (Gerichtsmännern, Dorfgeschwornen) unterschrieben und durch das Gemeinde-Siegel beglaubigt werden. Die Beschlüsse der Gemeinde-Versammlung und die Genehmigung der derselben vorgesetzten Behörden sind in den geeigneten Fällen der Urkunde in beglaubigter Form beizufügen.

Zu den Vollmachten, sowohl bei gerichtlichen, wie bei außergerichtlichen Angelegenheiten, genügt ebenfalls die Unterschrift des Schulzen und der ihm beigeordneten Schöppen, unter Beglaubigung durch das Gemeinde-Siegel, wobei jedoch von diesen Personen ausdrücklich zu bescheinigen ist, daß die Vollmacht auf Grund eines ordnungsmäßigen Gemeinde-Beschlusses ausgestellt, und zu der desfallsigen Berathung sämmtliche Stimmberechtigte gehörig eingeladen worden. Die Vorschriften in §§. 40 bis 42., Tit. III. Th. I. der Allg. Ger.-Ordn. sind aufgehoben.

§. 13.

Hat die Gemeinde-Versammlung einen Beschluß gefaßt, welcher ihre Befugnisse überschreitet, die Gesetze oder das Gemeinde-Interesse, oder das Staats-Wohl verletzt, so hat der Schulze von Amtswegen oder auf Geheiß der Orts-Polizei-Behörde die Ausführung einstweilen zu beanstanden, und über den Gegenstand des Beschlusses die Entscheidung des Landraths sofort einzuholen.

§. 14.

Amts-Abzeichen und Straf-Befugniß des Schulzen.

In den Gemeinden, in welchen der Schulze noch kein Amts-Abzeichen hat, soll ihm ein solches beschafft werden, dessen nähere Bestimmung Wir Uns Allerhöchst Selbst vorbehalten.

Gegen diejenigen, welche seinen amtlichen Anordnungen die gebührende Folgeleistung verweigern, kann derselbe Geldstrafen bis zu Einem Thaler, nach vorgängiger Androhung, verfügen und nöthigenfalls exekutivisch einziehen. Es fließen diese Strafgelder zur Gemeinde-Kasse.

Ahndung der Beleidigungen und Widersetzlichkeiten gegen den Schulzen.

Beleidigungen und Widersetzlichkeiten gegen den Schulzen ziehen dieselbe Ahndung nach sich, als wenn sie gegen einen unmittelbar vom Staate eingesetzten Beamten verübt wären.

§. 15.

Remuneration der Schulzen.

Die Remuneration der Schulzen und Schöppen wird durch die Orts-Verfassung bestimmt. Wenn dieselbe keine den Verhältnissen entsprechenden ausreichenden Bestimmungen an die Hand giebt, so finden folgende Grundsätze Anwendung.

Der Schulze hat Anspruch auf Ersatz seiner baaren Auslagen und auf Gewährung einer mit seiner amtlichen Mühverwaltung im billigen Verhältniß stehenden Entschädigung, deren Ertrag in Ermangelung einer gütlichen Einigung von dem Landrathe unter Beirath der Polizei-Obrigkeit nach Anhörung der Gemeinde-Versammlung festgestellt wird. Ueber Beschwerden entscheidet die Regierung nach Anhörung des Kreistags. Die Vergütung ist entweder durch Emolumente, welche in der Benutzung von Gemeinde-Grundstücken oder in festen Hebungen bestehen, oder in baarem Gelde zu gewähren. —

Wo sich die Schulzen im Genuß von Dienstländereien befinden, ist der Durchschnitts-Ertrag derselben, gleich den mit dem Schulzenamt bisher verbunden gewesenen festen Einnahmen, auf die zu gewährende Vergütigung in Anrechnung zu bringen. Der Schulze bleibt von der Leistung der Handdienste dann befreit, wenn ihm eine solche Befreiung durch Herkommen oder Gewohnheit zugestanden. Diese Befreiung kann ihm auf die zu gewährende Vergütigung angerechnet werden.

Dagegen ist es dem Schulzen so wenig wie den Schöppen gestattet, für die Amtsgeschäfte, welche ihnen in ihrer Eigenschaft als Verwaltungs-Polizei- und Gemeinde-Beamte obliegen, Gebühren von einzelnen Betheiligten oder aus der Gemeindekasse zu erheben, wenn nicht hierzu die Berechtigung durch ein Gesetz speziell beigelegt ist. Die Vorschriften, welche die Gebühren für die Verhandlungen der Dorfgerichte bestimmen, bleiben unberührt. Die Schulzen erhalten keine Pension.

Die Schöppen haben ihr Amt unentgeldlich zu verwalten, und nur auf den Ersatz baarer Auslagen Anspruch.

§. 16.

Unterbeamte.

Die zum Dienste der Gemeinden erforderlichen Unterbeamten (Gemeindediener,

Nachtwächter u. A.) werden vom Schulzen ernannt, der jedoch vor der Anstellung die Erklärung der Gemeinde-Versammlung einzuholen und begründete Einwendungen derselben zu beachten hat. Ihre Anstellung erfolgt unter Vorbehalt der Kündigung. Ihre Besoldung ist von der Gemeinde-Versammlung festzustellen; jedoch ist dieselbe verpflichtet, diejenigen Besoldungen zu bewilligen, die zu einer zweckmäßigen Verwaltung nöthig sind.

§. 17.

Wenn die Erhebung der landesherrlichen Steuern und der Ablösungs-Renten und die Verwaltung der Gemeindekasse nicht dem Schulzen belassen, sondern hierzu ein besonderer Rendant bestellt wird, so ist derselbe von der Gemeinde-Versammlung zu wählen, unter Vorbehalt der Bestätigung durch den Landrath, nach Anhörung der Polizei-Obrigkeit.

§. 18.

Einkaufsgeld.

Die Theilnahme an den Gemeinde-Nutzungen kann von der Entrichtung einer jährlichen Abgabe und anstatt oder neben derselben von Entrichtung eines Einkaufsgeldes abhängig gemacht werden, durch deren Entrichtung aber die Ausübung des Gemeinderechts niemals bedingt wird.

Derartige Beschlüsse der Gemeinde-Versammlung bedürfen der Genehmigung der Regierung. Die mit dem Besitze einzelner Grundstücke verbundenen oder auf sonstigen besonderen Rechtstiteln beruhenden Nutzungsrechte sind den Bestimmungen dieses Paragraphen nicht unterworfen.

Die Gemeinde-Versammlung hat desgleichen die Befugniß zu bestimmen, daß das Gesinde und die zur dienenden Klasse gehörenden Einwohner jährlich oder bei dem Dienstwechsel eine Abgabe entrichten, deren Betrag für sie resp. ihre Erben in einer öffentlichen Sparkasse, in der Kirchspiels-Armen-Kasse oder in der Gemeinde-Kasse bis zum Eintritt ihrer Hülfsbedürftigkeit oder bis sie das sechszigste Lebensjahr erreicht haben, eventuell bis zu ihrem Tode aufbewahrt bleibt.

Nähere Bestimmungen über die Errichtung dieser Fonds bleiben den Orts-Statuten vorbehalten, bis zu deren Festsetzung die Erhebung der Abgabe nicht eintreten kann.

§. 19.

Gemeinde-Umlagen und Dienste.

Wenn über den Maaßstab der Vertheilung der Gemeinde-Abgaben und Dienste die bestehende Orts-Verfassung, vorhandene Verträge, hergebrachte Gewohnheit oder rechtsgültige Gemeinde-Beschlüsse keinen sicheren oder angemessenen Anhalt gewähren, so kann von der Gemeinde-Versammlung mit Genehmigung der Regierung ein neuer Maaßstab beschlossen, auch von der letzteren auf Anlaß von Beschwerden, und wenn ein wiederholentlich darüber herbeigeführter Gemeinde-Beschluß sich nicht zur Genehmigung eignet, nach Anhörung des Kreistags angeordnet werden. Für diesen Maaßstab soll der Grundsatz leitend sein, daß die größere Theilnahme an den Gemeinde-Nutzungen und an den Vortheilen des Gemeinde-Verbandes, so wie an dem Stimm- und dem Wahlrecht auch die größere Theilnahme an den Lasten der Gemeinde bedingt. In der Regel ist die Vertheilung nach dem Grundbesitz zu bewirken, mit angemessener Heranziehung des Gewerbebetriebes.

Unangesessene, nicht stimmberechtigte Einwohner sind zu solchen Gemeinde-Abgaben, von denen sie keinen Vortheil haben, nicht beitragspflichtig, wenn zu deren Bestreitung besondere Gemeinde-Abgaben erhoben werden.

Wer in einer Gemeinde Grundbesitz hat oder ein stehendes Gewerbe betreibt, aber nicht in der Gemeinde wohnt, ist nur verpflichtet an denjenigen Lasten Theil zu nehmen, welche auf den Grundbesitz oder auf das Gewerbe oder auf das aus diesen Quellen fließende Einkommen gelegt sind.

Bei Zuschlägen zur Staats-Einkommen-Steuer muß jedenfalls das Einkommen aus dem außerhalb des Gemeinde-Bezirks belegenen Grundbesitz außer Berechnung bleiben.

Die Spanndienste sind von denjenigen zu leisten, welche Gespanne halten, und zwar der bisherigen Gewohnheit jeden Orts gemäß, nach der Zahl der letzteren oder nach dem Grundbesitze.

Zu den Handdiensten hat jeder Hausvater einen tüchtigen Arbeiter zu stellen. Hinsichtlich der Befreiung der Schulzen von den Handdiensten, ist im §. 15. das Nähere bestimmt.

Die Gemeinde-Versammlung kann beschließen, daß die Hand- und Spanndienste für Rechnung der Gemeinde beschafft und die Kosten nach dem Maaßstabe der baaren Beiträge auf die Verpflichteten vertheilt werden.

Diejenigen persönlichen und dinglichen Befreiungen, welche bei Publikation der Gemeinde-Ordnung vom 11. März 1850 rechtsgültig bestanden, dauern in ihrem bisherigen Umfange fort.

Hinsichtlich der Heranziehung derjenigen Grundstücke zu Kommunalsteuern, welchen wegen ihrer Bestimmung zu öffentlichen oder gemeinnützigen Zwecken die Befreiung von Staatssteuern zusteht, bewendet es bei den Vorschriften der Kabinets-Ordre vom 8. Juni 1834 (Gesetz-Sammlung S. 87). Wegen der Besteuerung des Dienst-Einkommens der Beamten sind die Vorschriften des Gesetzes vom 11. Juli 1822 (Gesetz-Sammlung S. 184) und der Kabinets-Ordre vom 14. Mai 1832 (Gesetz-Sammlung S. 145) anzuwenden.

Nähere Bestimmungen über die Aufbringung der Gemeinde-Abgaben und die Leistung der Gemeinde-Dienste bleiben den Orts-Statuten, resp. der Ergänzung der Orts-Verfassung auf dem im §. 2. bezeichneten Wege vorbehalten.

§. 20.

Zu Gemeinde-Abgaben, welche nach persönlichen Steuern erhoben werden, können nur diejenigen herangezogen werden, welche in dem Gemeinde-Bezirke wohnen.

§. 21.

Veräußerungen, Erwerbung von Grundstücken, Anleihen, Veränderung in dem Genusse von Gemeinde-Grundstücken.

Zur freiwilligen Veräußerung von Gemeinde-Grundstücken und solchen Gerechtsamen, welche jenen gesetzlich gleichgestellt sind, ist erforderlich:

a) die Genehmigung der Regierung, und
b) in der Regel öffentliches Meistgebot.

Zur Veräußerung oder wesentlichen Veränderung von Sachen, welche einen besonderen wissenschaftlichen, historischen oder Kunstwerth haben, muß die Genehmigung der Regierung eingeholt werden.

Zu einer Erwerbung von Grundstücken, welche auf einem lästigen Titel beruht, zu einer Aufnahme von Anleihen, durch welche die Gemeinde mit einem Schuldenbestand belastet oder der bereits vorhandene vergrößert wird, so wie zu Veränderungen in dem Genusse von Gemeinde-Nutzungen (Weide, Haide, Torfstich u. dergl.), kann unter Beirath der Polizei-Obrigkeit der Landrath die Genehmigung ertheilen.

§. 22.

Konservation der Gemeinde-Waldungen.

Die Gemeinde-Waldungen sind auch fernerhin dieser Bestimmung zu erhalten. Eine Verwandlung derselben in Acker oder Wiesen, so wie außerordentliche Holzschläge bedürfen der Genehmigung der Regierung.

§. 23.

Aufsicht über die Gemeinde-Verwaltung und die öffentlichen Angelegenheiten der selbstständigen Gutsbezirke.

Die unmittelbare Aufsicht über die Gemeinde-Verwaltung hat die Polizei-Obrigkeit (Gutsherrschaften, Domainen-Aemter u. s. w.) unter Leitung und Kontrolle des Landraths zu führen.

Die Ober-Aufsicht des Staats über die Gemeinden und die öffentlichen Angelegenheiten der selbstständigen Gutsbezirke wird durch die Regierung, vorbehaltlich des Rekurses an den Ober-Präsidenten, ausgeübt. Gegen die Verfügung des Ober-Präsidenten ist Beschwerde an den Minister des Innern zulässig.

§. 24.

Landgemeinden, in denen sich ein überwiegend städtisches Leben ausgebildet hat, dann auf Antrag der Gemeinde-Versammlung und nach Anhörung des Kreistages die Städte-Ordnung für die sechs östlichen Provinzen der Monarchie von Uns verliehen werden, nachdem die Gemeinde auf dem durch die Provinzial-Verfassung bezeichneten Wege in den Stand der Städte aufgenommen worden ist.

§. 25.

Die Bestimmungen unter Nr. 14. §. 3. des Gesetzes vom 2. März 1850 (Gesetz-Sammlung S. 77) bleiben auch fernerhin außer Anwendung.

§. 26.

Die zur Ausführung dieses Gesetzes erforderlichen Anordnungen und Instruktionen hat der Minister des Innern zu erlassen.

Urkundlich ꝛc. ꝛc.

Beglaubigt:

Der Minister des Innern.

v. Westphalen.

B.

Gesetz-Entwurf,

betreffend

die ländliche Gemeinde-Verfassung in der Provinz Brandenburg und den vier altmärkischen Kreisen.

Ueber das Gemeindewesen der ländlichen Ortschaften der Provinz Brandenburg und den vier altmärkischen Kreisen ergehen zur Ergänzung der bestehenden Gemeinde-Verfassungen und der im Allgemeinen Landrechte Th. II. Tit. 7. §§. 18—86. enthaltenen Vorschriften, nachstehende Bestimmungen.

§. 1.

Veränderung von Gemeinde- und Guts-Bezirken.

Den ländlichen Gemeinde- oder selbstständigen Gutsbezirk bilden alle diejenigen Grundstücke, welche demselben bisher angehört haben. Grundstücke, welche bisher noch keinem Gemeinde- oder selbstständigen Guts-Bezirke angehört haben, können, nach Vernehmung der Betheiligten und nach Anhörung des Kreistages, unter Genehmigung des Ober-Präsidenten mit einem Gemeinde- oder Guts-Bezirk vereinigt oder mit Unserer Genehmigung zu einem Gemeinde- oder selbstständigen Guts-Bezirk erklärt werden.

Eine Vereinigung eines ländlichen Gemeinde- oder eines selbstständigen Guts-Bezirks mit einem anderen kann nur unter Zustimmung der Vertretungen der betheiligten Gemeinden, so wie des betheiligten Gutsbesitzers nach Anhörung des Kreistages, mit Unserer Genehmigung erfolgen.

Die Abtrennung einzelner Grundstücke von einem Gemeinde- oder selbstständigen Guts-Bezirk und deren Vereinigung mit einem angrenzenden andern kann mit Genehmigung des Ober-Präsidenten, ingleichen kann die Bildung eines selbstständigen Gemeinde-Bezirks aus solchen Trennstücken, Abbauen und Kolonien mit Unserer Genehmigung vorgenommen werden, wenn außer den Vertretungen der betheiligten Gemeinden und den betheiligten Gutsbesitzern auch die Eigenthümer jener Grundstücke darin einwilligen, und im letzteren Falle auch der Kreistag gehört ist. In Ermangelung der Einwilligung aller Betheiligten kann eine Veränderung dieser Art in den Gemeinde- oder Guts-Bezirken nur in dem Falle, wenn dieselbe im öffentlichen Interesse als nothwendiges Bedürfniß sich ergiebt, und alsdann nur mit Unserer Genehmigung nach Vernehmung der Betheiligten und nach Anhörung des Kreistages stattfinden.

In allen vorstehenden Fällen ist der Beschluß des Kreistags vor Einholung der höheren Genehmigung den Betheiligten nachrichtlich mitzutheilen.

Wo und soweit in Folge einer derartigen Veränderung eine Auseinandersetzung zwischen den Betheiligten sich als nothwendig ergiebt, ist solche im Verwaltungswege zu bewirken.

Wird hierbei eine Uebereinkunft der Betheiligten vermittelt, so genügt die Genehmigung der Regierung; im Falle des Widerspruchs entscheidet der Ober-Präsident.

Privatrechtliche Verhältnisse dürfen durch dergleichen Veränderungen niemals gestört werden.

Eine jede solche Veränderung ist durch das Amtsblatt bekannt zu machen.

Veränderungen, welche bei Gelegenheit einer Gemeinheitstheilung vorkommen, unterliegen diesen Bestimmungen nicht.

Die beiden Verordnungen vom 31. März 1833 wegen Einführung des Allgemeinen Landrechts in Beziehung auf die Verwaltungs-Angelegenheiten der Landgemeinden in den zum Verwaltungsverbande der Provinz Sachsen gehörigen der Westphälischen Zwischen-Regierung unterworfen gewesenen Landestheilen, und wegen Regulirung der während dieser Regierung entstandenen Verhältnisse zwischen den Dominien und Gemeinden in diesen Landestheilen werden durch vorstehende Bestimmungen nicht geändert.

§. 2.

Ortsstatuten (Dorf-Ordnungen), Ergänzung bestehender Orts-Verfassungen.

Jede Gemeinde ist befugt, ihre besondere Verfassung oder einen Theil derselben in einem Orts-Statute (Dorf-Ordnung) zu verzeichnen.

Gegenstände eines solchen Statuts können sein:

1) Aufzeichnung der zu Recht bestehenden Orts-Observanzen, unter Berücksichtigung der einschlagenden Festsetzungen in den Regulirungs-, Separations- und Parzellirungs-Rezessen;
2) Festsetzungen über solche Angelegenheiten der Gemeinde, sowie über solche Rechte und Pflichten ihrer Mitglieder, die in den bestehenden allgemeinen Vorschriften den Statuten zugewiesen, oder hinsichtlich deren durch die bestehenden Bestimmungen Verschiedenheiten gestattet oder keine ausdrücklichen Anordnungen getroffen sind;
3) Bestimmungen über sonstige eigenthümliche Verhältnisse und Einrichtungen.

Das Statut ist von der Gemeinde unter Leitung des Landraths und unter Mitwirkung der Polizei-Obrigkeit (Gutsherrschaften, Domainen-Aemter u. s. w.) aufzustellen, und bedarf der Bestätigung der Regierung, nach vorgängiger Begutachtung durch den Kreistag.

Wo über die bestehende Orts-Verfassung Zweifel oder Streitigkeiten obwalten, oder dieselbe in Folge veränderter Verhältnisse nicht mehr ausreicht, ist deren Ergänzung im Wege statutarischer Anordnung von dem Landrathe unter Mitwirkung der Polizei-Obrigkeit durch ein Abkommen unter den Betheiligten, oder einen Gemeindebeschluß zu versuchen. Findet die Angelegenheit durch diese Verhandlungen ihre Erledigung nicht, so trifft nach Anhörung der Betheiligten und des Kreistags die Regierung die Entscheidung und die entsprechende statutarische Anordnung.

§. 3.

Ein Orts-Statut muß errichtet werden:

1) wenn ein Gut, dessen Besitz zu einer Stimme auf dem Kreistage berechtigt, oder ein Domainen-Vorwerk, oder ein großes geschlossenes Waldgrundstück in einen schon bestehenden Gemeinde-Verband eintritt (§. 1. Alinea 3.).

Das Statut enthält alsdann die näheren Festsetzungen über das Verhältniß, nach welchem der Besitzer des Guts oder des Waldes und die Bewohner dieser Grundstücke an den Rechten und Pflichten des Gemeinde-Verbandes Theil zu nehmen haben, insbesondere darüber, inwiefern hierbei dem Guts- oder Waldbesitzer nach Maaßgabe des Werths und der Größe seines Besitzthums eine größere Stimmenzahl in der Gemeinde-Versammlung (§. 8.) und der Vorsitz in derselben bei persönlicher Anwesenheit, oder, wenn die Gemeinde durch Gemeinde-Verordnete vertreten wird, ein erhöhtes aktives Wahlrecht bei der Wahl der Gemeinde-Verordneten (§. 11.), und das selbstständige Recht, an der Gemeinde-Verordneten-Versammlung Theil zu nehmen, sowie die Befugniß, sich in beiden Versammlungen durch Pächter, Beamte oder Offizianten dieser Güter vertreten zu lassen, beizulegen ist, und in wiefern hierbei unter den allgemeinen Bedingungen des Stimm- und Wahlrechts (§. 6.) von dem Erforderniß des Wohnsitzes oder Grundbesitzes im Gemeinde-Bezirke abzusehen ist.

Ist das in den Gemeinde-Verband eingetretene Gut oder Waldgrundstück von dem Werthe, daß es ein Drittel des gesammten zur Gemeinde gehörigen Grund-Eigenthums umfaßt, so ist der Besitzer berechtigt, die Wahl des dritten Theils der Gemeinde-Verordneten allein zu vollziehen.

Dergleichen, die Verbindung zwischen einem bisher selbstständigen Guts-Bezirk oder Waldgrundstück und einer Gemeinde regulirende Orts-Statuten sind nach den Erklärungen der Betheiligten von dem Landrathe aufzustellen und unterliegen der

Bestätigung des Ministers des Innern; der Kreistag und die Regierung müssen darüber zuvor mit ihrem Gutachten gehört werden.

2) Wenn unter Abänderung der bestehenden Orts-Verfassung an die Stelle der Gemeinde-Versammlung eine aus gewählten Mitgliedern bestehende Versammlung von Gemeinde-Verordneten tritt.

Das Statut enthält alsdann die näheren Festsetzungen, namentlich wegen der Zahl der Gemeinde-Verordneten, der etwaigen Klassen-Eintheilung der Wähler, der von jeder Klasse zu wählenden Zahl der Gemeinde-Verordneten und wegen der Wahl-Ordnung.

§. 4.

Wenn Güter nicht in den Kommunal-Verband mit einer schon bestehenden Gemeinde eintreten, sondern selbstständige Guts-Bezirke bilden, so werden diejenigen Gemeinschaften zwischen den Gütern und den Gemeinden, welche für einzelne und bestimmte Zwecke im öffentlichen Interesse, z. B. für Armenpflege, Feuerlöschwesen, hinsichtlich der Verrichtungen des Schulzen u. s. w. bereits bestehen, oder später sich bilden, durch die gegenwärtigen Bestimmungen über das Gemeindewesen nicht verändert oder beschränkt.

Für den Bereich eines selbstständigen Guts-Bezirks haben die Gutsbesitzer und auf Feststellung der Regierung, nach Anhörung der Betheiligten und des Kreistages, antheilig auch die übrigen selbstständigen Grundbesitzer des Bezirks die Lasten zu tragen, welche das Gesetz im öffentlichen Interesse den Gemeinden auferlegt.

Die Rechte der Grundbesitzer, welche mit der Befreiung von diesen Lasten angesetzt worden sind, dürfen hierdurch nicht gekränkt werden.

§. 5.

Alle Einwohner des Gemeinde- oder Guts-Bezirks, mit Ausnahme der nicht mit Grundstücken angesessenen servisberechtigten Militair-Personen des aktiven Dienststandes gehören zum Gemeinde- oder zum Guts-Verbande.

Als Einwohner werden diejenigen betrachtet, welche in dem Gemeinde- oder Guts-Bezirke nach den Bestimmungen der Gesetze ihren Wohnsitz haben.

§. 6.

Allgemeine Bedingungen der Berechtigung zur Theilnahme an den öffentlichen Geschäften der Gemeinde.

Zur Theilnahme an den öffentlichen Geschäften der Gemeinde ist berechtigt, wer Preußischer Unterthan, im Vollbesitze der bürgerlichen Ehrenrechte, großjährig ist, einen eigenen Hausstand hat, außerdem seit drei Jahren Einwohner des Gemeinde-Bezirks ist und ein Wohnhaus im Gemeinde-Bezirke besitzt.

Wenn indeß nach der bestehenden Orts-Verfassung gewisse Arten von Hausbesitzern, z. B. die Neuhäusler, die neuen Büdner, von dem Rechte der Theilnahme an den öffentlichen Geschäften der Gemeinde bisher ausgeschlossen waren, so kann ihnen solches nur durch Ergänzung der Orts-Verfassung auf dem im §. 2. bezeichneten Wege beigelegt werden.

Wer ein Grundstück im Gemeinde-Bezirk ererbt, dem kommt bei Berechnung des dreijährigen Wohnsitzes und Hausbesitzes die Besitzzeit des Erblassers zu Gute. Uebertragung unter Lebendigen an Verwandte in absteigender Linie, an Eltern, Eheleute, Geschwister und Geschwisterkinder, steht der Vererbung gleich. In einzelnen Fällen kann die Gemeinde-Versammlung von dem Erforderniß der dreijährigen Dauer des Wohnsitzes und Hausbesitzes dispensiren.

Einwohner, welche ein Wohnhaus im Gemeinde-Bezirke nicht besitzen, aber ihren

§. 1

Veränderung von Gemeinde- und Guts-Bezirken.

Den ländlichen Gemeinde- oder selbstständigen Gutsbezirk bilden alle diejenigen Grundstücke, welche demselben bisher angehört haben. Grundstücke, welche bisher noch keinem Gemeinde- oder selbstständigen Guts-Bezirke angehört haben, können, nach Vernehmung der Betheiligten und nach Anhörung des Kreistages, unter Genehmigung des Ober-Präsidenten mit einem Gemeinde- oder Guts-Bezirk vereinigt oder mit Unserer Genehmigung zu einem Gemeinde- oder selbstständigen Guts-Bezirk erklärt werden.

Eine Vereinigung eines ländlichen Gemeinde- oder eines selbstständigen Guts Bezirks mit einem anderen kann nur unter Zustimmung der Vertretungen der betheiligten Gemeinden, so wie des betheiligten Gutsbesitzers nach Anhörung des Kreistages, mit Unserer Genehmigung erfolgen.

Die Abtrennung einzelner Grundstücke von einem Gemeinde- oder selbstständigen Guts-Bezirk und deren Vereinigung mit einem angrenzenden andern kann mit Genehmigung des Ober-Präsidenten, ingleichen kann die Bildung eines selbstständigen Gemeinde-Bezirks aus solchen Trennstücken, Abbauen und Kolonien mit Unserer Genehmigung vorgenommen werden, wenn außer den Vertretungen der betheiligten Gemeinden und den betheiligten Gutsbesitzern auch die Eigenthümer jener Grundstücke darin einwilligen, und im letzteren Falle auch der Kreistag gehört ist. In Ermangelung der Einwilligung aller Betheiligten kann eine Veränderung dieser Art in den Gemeinde- oder Guts-Bezirken nur in dem Falle, wenn dieselbe im öffentlichen Interesse als nothwendiges Bedürfniß sich ergiebt, und alsdann nur mit Unserer Genehmigung nach Vernehmung der Betheiligten und nach Anhörung des Kreistages stattfinden.

In allen vorstehenden Fällen ist der Beschluß des Kreistags vor Einholung der höheren Genehmigung den Betheiligten nachrichtlich mitzutheilen.

Wo und soweit in Folge einer derartigen Veränderung eine Auseinandersetzung zwischen den Betheiligten sich als nothwendig ergiebt, ist solche im Verwaltungswege zu bewirken.

Wird hierbei eine Uebereinkunft der Betheiligten vermittelt, so genügt die Genehmigung der Regierung; im Falle des Widerspruchs entscheidet der Ober-Präsident.

Privatrechtliche Verhältnisse dürfen durch dergleichen Veränderungen niemals gestört werden.

Eine jede solche Veränderung ist durch das Amtsblatt bekannt zu machen.

Veränderungen, welche bei Gelegenheit einer Gemeinheitstheilung vorkommen, unterliegen diesen Bestimmungen nicht.

Die beiden Verordnungen vom 31. März 1833 wegen Einführung des Allgemeinen Landrechts in Beziehung auf die Verwaltungs-Angelegenheiten der Landgemeinden in den zum Verwaltungsverbande der Provinz Sachsen gehörigen der Westphälischen Zwischen-Regierung unterworfen gewesenen Landestheilen, und wegen Regulirung der während dieser Regierung entstandenen Verhältnisse zwischen den Dominien und Gemeinden in diesen Landestheilen werden durch vorstehende Bestimmungen nicht geändert.

§. 2.

Ortsstatuten (Dorf-Ordnungen), Ergänzung bestehender Orts-Verfassungen.

Jede Gemeinde ist befugt, ihre besondere Verfassung oder einen Theil derselben in einem Orts-Statute (Dorf-Ordnung) zu verzeichnen.

der Gemeinde zugelassen sind (§. 6.) — werden in der Gemeinde-Versammlung, der Regel nach, nur durch Gesammtstimmen (Kollektivstimmen) vertreten. Sie üben das Stimmrecht in der Gemeinde-Versammlung durch Abgeordnete aus, welche sie aus ihrer Mitte auf sechs Jahre wählen. Befinden sich in einer Gemeinde Ackernahrungen, welche die übrigen Grundstücke dieser Klasse an Werth und Größe erheblich übersteigen, so kann den Besitzern von Grundstücken dieser Art eine größere Anzahl von Stimmen beigelegt werden.

Sind in einer Gemeinde nur Grundbesitzer der zweiten Klasse vorhanden, so sollen dieselben zur Führung von Einzelstimmen befugt sein.

Die Zahl der Abgeordneten (Nr. 2.) wird nach den örtlichen Verhältnissen, je nach der größeren oder minderen Zahl der zu Gesammtstimmen berechtigten Gemeindeglieder, unter billiger Berücksichtigung des Werths und Umfanges ihres Grundbesitzes oder der von ihnen entrichteten Steuern, bestimmt. Sind in der Gemeinde mindestens drei oder mehr zu Einzelstimmen berechtigte Grundbesitzer vorhanden, so darf die Zahl der gewählten Abgeordneten (Nr. 2.) die Zahl der ersteren nicht erreichen.

Hält eine Klasse von Gemeindegliedern sich durch einen Gemeinde-Beschluß in ihren Rechten verletzt, so ist sie befugt, die Entscheidung des Landraths nachzusuchen, in welchem Falle die Ausführung des Gemeinde-Beschlusses bis zum Eingange dieser Entscheidung ausgesetzt bleibt. Der Landrath kann jedoch vor Ertheilung derselben durch wiederholt veranlaßte Berathung eine Vereinigung versuchen.

§. 9.

Ueber die Bildung einer gewählten Gemeinde-Vertretung.

In Gemeinden, in welchen die Gemeinde-Versammlung (§. 8.) aus so vielen Mitgliedern besteht, daß ihre Zahl zu einer zweckmäßigen Behandlung der Geschäfte zu groß ist, tritt an Stelle der Gemeinde-Versammlung eine aus gewählten Mitgliedern bestehende Versammlung von Gemeinde-Verordneten.

In welchen Fällen eine solche Vertretung stattzufinden hat, wird auf den Antrag der Gemeinde-Versammlung, durch die Regierung bestimmt, welche den Kreistag zuvor mit seinem Gutachten zu hören hat.

In Gemeinden von weniger als 36 stimmberechtigten Mitgliedern darf jedoch eine gewählte Gemeinde-Vertretung in der Regel nicht eingeführt werden.

§. 10.

Wo die Gemeinde-Versammlung aus Gemeinde-Verordneten gebildet wird, soll dieselbe außer dem Gemeinde-Vorsteher (§. 12.) in der Regel aus sechs gewählten Mitgliedern bestehen.

Diese Zahl kann auf Antrag der Gemeinde-Versammlung durch Beschluß der Regierung angemessen vermehrt werden.

§. 11.

Die Gemeinde-Verordneten werden von der Gemeinde-Versammlung und zwar der Regel nach in der Art, daß die Wähler sich in die vorhandenen Klassen (§. 8.) theilen, auf sechs Jahre gewählt. Bei den Wahlen muß jeder Wähler dem Wahl-Vorsteher mündlich und laut zum Protokoll erklären, wem er seine Stimme geben will.

Die Vertheilung der Zahl der Gemeinde-Verordneten auf die Klassen der Grundbesitzer hat der Landrath unter Berücksichtigung des Umfanges oder Werths des den Mitgliedern einer jeden Klasse zugehörigen Grundbesitzes auf den Vorschlag der Gemeinde-Versammlung und unter Beirath der Polizei-Obrigkeit zu bewirken. Die auf die Klasse der nur zu Gesammtstimmen berechtigten Grundbesitzer vertheilten

Gemeinde-Verordneten dürfen aber die Hälfte der Gesammtzahl der letzteren nicht erreichen.

In Gemeinden, in welchen auch die nicht angesessenen Einwohner stimmberechtigt sind, müssen mindestens zwei Drittel der Gemeinde-Verordneten aus Grundbesitzern bestehen.

In allen Fällen, wo unter Abänderung der bestehenden Orts-Verfassung an die Stelle der Gemeinde-Versammlung die Versammlung der Gemeinde-Verordneten tritt, sind die näheren Festsetzungen hierüber in das Orts-Statut aufzunehmen. (§§. 2. und 3.)

§. 12.

Stellung des Schulzen zur Gemeinde-Versammlung.

Die gefaßten Beschlüsse auszuführen, hat die Gemeinde-Versammlung keine Befugniß. Die Ausführung steht dem Gemeinde-Vorsteher (Schulzen, Dorfrichter) zu. Er führt den Vorsitz in der Gemeinde-Versammlung mit vollem Stimmrecht, auch dann, wenn dieselbe aus Gemeinde-Verordneten besteht.

Form der Gemeinde-Urkunden und insbesondere der Vollmachten.

Urkunden, welche die Gemeinde verbinden sollen, müssen Namens derselben von dem Schulzen und den ihm beigeordneten Schöppen (Gerichtsmännern) unterschrieben und durch das Gemeinde-Siegel beglaubigt werden. Die Beschlüsse der Gemeinde-Versammlung und die Genehmigung der derselben vorgesetzten Behörden sind in den geeigneten Fällen der Urkunde in beglaubigter Form beizufügen.

Zu den Vollmachten, sowohl bei gerichtlichen, wie bei außergerichtlichen Angelegenheiten, genügt ebenfalls die Unterschrift des Schulzen und der ihm beigeordneten Schöppen, unter Beglaubigung durch das Gemeinde-Siegel, wobei jedoch von diesen Personen ausdrücklich zu bescheinigen ist, daß die Vollmacht auf Grund eines ordnungsmäßigen Gemeinde-Beschlusses ausgestellt, und zu der desfallsigen Berathung sämmtliche Stimmberechtigte gehörig eingeladen worden.

Die Vorschriften in §§. 40. bis 42. Tit. III. Th. I. der Allgem. Gerichts-Ordnung sind aufgehoben.

§. 13.

Hat die Gemeinde-Versammlung einen Beschluß gefaßt, welcher ihre Befugnisse überschreitet, die Gesetze oder das Gemeinde-Interesse, oder das Staatswohl verletzt, so hat der Schulze von Amtswegen oder auf Geheiß der Ortspolizei-Behörde die Ausführung einstweilen zu beanstanden, und über den Gegenstand des Beschlusses die Entscheidung des Landraths sofort einzuholen.

§. 14.

Amts-Abzeichen und Straf-Befugniß des Schulzen.

In den Gemeinden, in welchen der Schulze noch kein Amts-Abzeichen hat, soll ihm ein solches beschafft werden, dessen nähere Bestimmung Wir Uns Allerhöchst Selbst vorbehalten.

Gegen diejenigen, welche seinen amtlichen Anordnungen die gebührende Folgeleistung verweigern, kann derselbe Geldstrafen bis zu Einem Thaler, nach vorgängiger Androhung, verfügen und erforderlichen Falls exekutivisch einziehen. Es fließen diese Strafgelder zur Gemeinde-Kasse.

Ahndung der Beleidigungen und Widersetzlichkeit gegen den Schulzen.

Beleidigungen und Widersetzlichkeiten gegen den Schulzen ziehen dieselbe Ahndung nach sich, als wenn sie gegen einen unmittelbar vom Staate eingesetzten Beamten verübt wären.

§. 15.

Remuneration der Schulzen.

Die Remuneration der Schulzen und Schöppen wird durch die Orts-Verfassung bestimmt. Wenn dieselbe keine den Verhältnissen entsprechenden ausreichenden Bestimmungen an die Hand giebt, so finden folgende Grundsätze Anwendung.

Der Schulze hat Anspruch auf Ersatz seiner baaren Auslagen und auf Gewährung einer mit seiner amtlichen Mühewaltung im billigen Verhältniß stehenden Entschädigung, deren Betrag in Ermangelung einer gütlichen Einigung von dem Landrathe unter Beirath der Polizei-Obrigkeit nach Anhörung der Gemeinde-Versammlung festgestellt wird. Ueber Beschwerden entscheidet die Regierung nach Anhörung des Kreistags. Die Vergütung ist entweder durch Emolumente, welche in der Benutzung von Gemeinde-Grundstücken oder in festen Hebungen bestehen, oder in baarem Gelde zu gewähren.

Wo sich die Schulzen im Genusse von Dienstländereien befinden, ist der Durchschnitts-Ertrag derselben, gleich den mit dem Schulzenamt bisher verbunden gewesenen festen Einnahmen, auf die zu gewährende Vergütigung in Anrechnung zu bringen.

Dagegen ist es den Schulzen so wenig wie den Schöppen gestattet, für die Amtsgeschäfte, welche ihnen in ihrer Eigenschaft als Verwaltungs-, Polizei- oder Gemeinde-Beamte obliegen, Gebühren von einzelnen Betheiligten oder aus der Gemeindekasse zu erheben, wenn nicht hierzu die Berechtigung durch ein Gesetz speziell beigelegt ist. Die Vorschriften, welche die Gebühren für die Verhandlungen der Dorfgerichte bestimmen, bleiben unberührt. Die Schulzen erhalten keine Pension.

Die Schöppen haben ihr Amt unentgeldlich zu verwalten, und nur auf den Ersatz baarer Auslagen Anspruch.

§. 16.

Einkaufsgeld.

Die Theilnahme an den Gemeinde-Nutzungen kann von der Entrichtung einer jährlichen Abgabe und anstatt oder neben derselben von Entrichtung eines Einkaufsgeldes abhängig gemacht werden, durch deren Entrichtung aber die Ausübung des Rechts der Theilnahme an den öffentlichen Geschäften der Gemeinde niemals bedingt wird.

Derartige Beschlüsse der Gemeinde-Versammlung bedürfen der Genehmigung der Regierung. Die mit dem Besitze einzelner Grundstücke verbundenen oder auf sonstigen besonderen Rechtstiteln beruhenden Nutzungsrechte sind den Bestimmungen dieses Paragraphen nicht unterworfen.

§. 17.

Wenn über den Maaßstab der Vertheilung der Gemeinde-Abgaben und Dienste die bestehende Orts-Verfassung, vorhandene Verträge, hergebrachte Gewohnheit oder rechtsgültige Gemeinde-Beschlüsse keinen sichern oder angemessenen Anhalt gewähren, so kann von der Gemeinde-Versammlung mit Genehmigung der Regierung ein neuer Maaßstab beschlossen, auch von der letzteren auf Anlaß von Beschwerden, und wenn ein wiederholentlich darüber herbeigeführter Gemeinde-Beschluß sich nicht zur Genehmigung eignet, nach Anhörung des Kreistags angeordnet werden. Für diesen Maaßstab soll der Grundsatz leitend sein, daß die größere Theilnahme an den Gemeinde-Nutzungen und an den Vortheilen des Gemeinde-Verbandes, so wie an dem Stimm- und Wahlrecht, auch die größere Theilnahme an den Lasten der Gemeinde bedingt.

Unangesessene nicht stimmberechtigte Einwohner sind zu solchen Gemeinde-Ausgaben, von denen sie keinen Vortheil haben, nicht beitragspflichtig, wenn zu deren Bestreitung besondere Gemeinde-Abgaben erhoben werden.

Bei Zuschlägen zur Staats-Einkommen-Steuer muß jedenfalls das Einkommen aus dem außerhalb des Gemeinde-Bezirks belegenen Grundbesitz außer Berechnung bleiben.

Wer in einer Gemeinde Grundbesitz hat oder ein stehendes Gewerbe betreibt, aber nicht in der Gemeinde wohnt, ist nur verpflichtet an denjenigen Lasten Theil zu nehmen, welche auf den Grundbesitz oder auf das Gewerbe oder auf das aus diesen Quellen fließende Einkommen gelegt sind.

Dienste können durch taugliche Stellvertreter geleistet werden.

Wo bisher schon Hand- und Spanndienste üblich waren, müssen sie in der Regel ferner unentgeldlich geleistet werden, auch wenn der Fall der Unzulänglichkeit des Gemeinde-Vermögens nicht vorliegt.

Diejenigen persönlichen und dinglichen Befreiungen, welche bei Publikation der Gemeinde-Ordnung vom 11. März 1850 rechtsgültig bestanden, dauern in ihrem bisherigen Umfange fort.

Hinsichtlich der Heranziehung derjenigen Grundstücke zu Kommunalsteuern, welchen wegen ihrer Bestimmung zu öffentlichen oder gemeinnützigen Zwecken die Befreiung von Staatssteuern zusteht, bewendet es bei den Vorschriften der Kabinets-Ordre vom 8. Juni 1834 (Gesetz-Samml. S. 87.). Wegen der Besteuerung des Dienst-Einkommens der Beamten sind die Vorschriften des Gesetzes vom 11. Juli 1822 (Gesetz-Samml. S. 184.) und der Kabinets-Ordre vom 14. Mai 1832 (Gesetz-Samml. S. 145.) anzuwenden.

Nähere Bestimmungen über die Aufbringung der Gemeinde-Abgaben und die Leistung der Gemeinde-Dienste bleiben den Orts-Statuten, resp. der Ergänzung der Orts-Verfassung auf dem im §. 2. bezeichneten Wege vorbehalten.

§. 18.

Veräußerungen, Erwerbung von Grundstücken, Anleihen, Veränderung in dem Genusse von Gemeinde-Grundstücken.

Zur freiwilligen Veräußerung von Gemeinde-Grundstücken und solchen Gerechtsamen, welche jenen gesetzlich gleichgestellt sind, ist erforderlich:

a) die Genehmigung der Regierung, und

b) in der Regel öffentliches Meistgebot.

Zur Veräußerung oder wesentlichen Veränderung von Sachen, welche einen besondern wissenschaftlichen, historischen oder Kunstwerth haben, muß die Genehmigung der Regierung eingeholt werden.

Zu einer Erwerbung von Grundstücken, welche auf einem lästigen Titel beruht, zu einer Aufnahme von Anleihen, durch welche die Gemeinde mit einem Schulden-Bestand belastet oder der bereits vorhandene vergrößert wird, sowie zu Veränderungen in dem Genusse von Gemeinde-Nutzungen (Weide, Haide, Torfstich u. dergl.), kann unter Beirath der Polizei-Obrigkeit der Landrath die Genehmigung ertheilen.

§. 19.

Konservation der Gemeinde-Waldungen.

Gemeinde-Waldungen sind auch fernerhin dieser Bestimmung zu erhalten. Eine Verwandlung derselben in Acker oder Wiesen, sowie außerordentliche Holzschläge können nur mit Genehmigung der Regierung vorgenommen werden.

Durch Anordnung der Regierung, nach Anhörung des Kreistags, kann eine Gemeinde, soweit deren nachhaltiges Interesse und Kräfte es gestatten, verpflichtet werden, die ihr als Gemeinde gehörigen Sandschellen zu decken und zu bepflanzen.

§. 20.

Aufsicht über die Gemeinde-Verwaltung und die öffentlichen Angelegenheiten der selbstständigen Gutsbezirke.

Die unmittelbare Aufsicht über die Gemeinde-Verwaltung hat die Polizei-Obrigkeit (Gutsherrschaften, Domainen-Aemter u. s. w.) unter Leitung und Kontrolle des Landraths zu führen.

Die Ober-Aufsicht des Staats über die Gemeinden und die öffentlichen Angelegenheiten der selbstständigen Gutsbezirke wird durch die Regierung, vorbehaltlich des Rekurses an den Ober-Präsidenten, ausgeübt. Gegen die Verfügungen des Ober-Präsidenten ist die Beschwerde an den Minister des Innern zulässig.

§. 21.

Landgemeinden, in denen sich ein überwiegend städtisches Leben ausgebildet hat, kann auf Antrag der Gemeinde-Versammlung und nach Anhörung des Kreistags die Städte-Ordnung für die sechs östlichen Provinzen der Monarchie von Uns verliehen werden, nachdem die Gemeinde auf dem durch die Provinzial-Verfassung bezeichneten Wege in den Stand der Städte aufgenommen worden ist.

§. 22.

Die Bestimmungen unter Nr. 14. §. 3. des Gesetzes vom 2. März 1850 (Gesetz-Samml. S. 77.) bleiben auch fernerhin außer Anwendung.

§. 23.

Die zur Ausführung dieses Gesetzes erforderlichen Anordnungen und Instruktionen hat der Minister des Innern zu erlassen.

Urkundlich ꝛc. ꝛc.

Beglaubigt:

Der Minister des Innern.

v. Westphalen.

C.

Gesetz-Entwurf,

betreffend

die ländliche Gemeinde-Verfassung in der Provinz Pommern.

Ueber das Gemeindewesen der ländlichen Ortschaften der Provinz Pommern ergehen zur Ergänzung der bestehenden Gemeinde-Verfassungen und beziehungsweise der im Allgemeinen Landrechte Th. II. Tit. 7. §§. 18—86. enthaltenen Vorschriften, nachfolgende Bestimmungen.

§. 1.

Veränderung von Gemeinde- und Guts-Bezirken.

Den ländlichen Gemeinde- oder selbstständigen Gutsbezirk bilden alle diejenigen Grundstücke, welche demselben bisher angehört haben.

Grundstücke, welche bisher noch keinem Gemeinde- oder selbstständigen Gutsbezirke angehört haben, können, nach Vernehmung der Betheiligten und nach Anhörung des Kreistages, unter Genehmigung des Ober-Präsidenten mit einem Gemeinde- oder Gutsbezirke vereinigt oder mit Unserer Genehmigung zu einem Gemeinde- oder selbstständigen Gutsbezirke erklärt werden.

Eine Vereinigung eines ländlichen Gemeinde- oder eines selbstständigen Gutsbezirks mit einem andern kann nur unter Zustimmung der Vertretungen der betheiligten Gemeinden, so wie des betheiligten Gutsbesitzers nach Anhörung des Kreistages, mit Unserer Genehmigung erfolgen. —

Die Abtrennung einzelner Grundstücke von einem Gemeinde- oder selbstständigen Gutsbezirk und deren Vereinigung mit einem angrenzenden andern kann mit Genehmigung des Ober-Präsidenten, ingleichen kann die Bildung eines selbstständigen Gemeindebezirks aus solchen Trennstücken, Abbauen und Kolonien mit Unserer Genehmigung vorgenommen werden, wenn außer den Vertretungen der betheiligten Gemeinden und den betheiligten Gutsbesitzern auch die Eigenthümer jener Grundstücke darin einwilligen, und im letzteren Falle auch der Kreistag gehört ist. In Ermangelung der Einwilligung aller Betheiligten kann eine Veränderung dieser Art in den Gemeinde- oder Gutsbezirken nur in dem Falle, wenn dieselbe im öffentlichen Interesse als nothwendiges Bedürfniß sich ergiebt, und alsdann nur mit Unserer Genehmigung nach Vernehmung der Betheiligten und nach Anhörung des Kreistages stattfinden.

In allen vorstehenden Fällen ist der Beschluß des Kreistages vor Einholung der höheren Genehmigung den Betheiligten nachrichtlich mitzutheilen.

Wo und soweit in Folge einer derartigen Veränderung eine Auseinandersetzung zwischen den Betheiligten sich als nothwendig ergiebt, ist solche im Verwaltungswege zu bewirken.

Wird hierbei eine Uebereinkunft der Betheiligten vermittelt, so genügt die Genehmigung der Regierung, im Falle des Widerspruchs entscheidet der Ober-Präsident.

Privatrechtliche Verhältnisse dürfen durch dergleichen Veränderungen niemals gestört werden.

Eine jede solche Veränderung ist durch das Amtsblatt bekannt zu machen.

Veränderungen, welche bei Gelegenheit einer Gemeinheitstheilung vorkommen, unterliegen diesen Bestimmungen nicht.

§. 2.

Ortsstatuten (Dorf-Ordnungen). Ergänzung bestehender Verfassungen.

Jede Gemeinde ist befugt, ihre besondere Verfassung oder einen Theil derselben in einem Orts-Statute (Dorf-Ordnung) zu verzeichnen.

Gegenstände eines solchen Statuts können sein:

1) Aufzeichnung der zu Recht bestehenden Orts-Observanzen, unter Berücksichtigung der einschlagenden Festsetzungen in den Regulirungs-, Separations- und Parzellirungs-Rezessen;
2) Festsetzungen über solche Angelegenheiten der Gemeinde, sowie über solche Rechte und Pflichten ihrer Mitglieder, die in den bestehenden allgemeinen Vorschriften den Statuten zugewiesen, oder hinsichtlich deren durch die bestehenden Bestimmungen Verschiedenheiten gestattet oder keine ausdrücklichen Anordnungen getroffen sind;
3) Bestimmungen über sonstige eigenthümliche Verhältnisse und Einrichtungen.

Das Statut ist von der Gemeinde unter Leitung des Landraths und unter Mitwirkung der Polizei-Obrigkeit (Gutsherrschaften, Domainen-Aemter u. s. w.) aufzustellen, und bedarf der Bestätigung der Regierung, nach vorgängiger Begutachtung durch den Kreistag.

Wo über die bestehende Orts-Verfassung Zweifel oder Streitigkeiten obwalten, oder dieselbe in Folge veränderter Verhältnisse nicht mehr ausreicht, ist deren Ergänzung im Wege statutarischer Anordnung von dem Landrathe unter Mitwirkung der Polizei-Obrigkeit durch ein Abkommen unter den Betheiligten, oder einen Gemeindebeschluß zu versuchen. Findet die Angelegenheit durch diese Verhandlungen ihre Erledigung nicht, so trifft nach Anhörung der Betheiligten und des Kreistags die Regierung die Entscheidung und die entsprechende statutarische Anordnung.

§. 3.

Ein Orts-Statut muß errichtet werden:

1) wenn ein Gut, dessen Besitz zu einer Stimme auf dem Kreistage berechtigt, oder ein Domainen-Vorwerk, oder ein großes geschlossenes Waldgrundstück in einen schon bestehenden Gemeinde-Verband eintritt (§. 1. Alinea 3).

Das Statut enthält alsdann die näheren Festsetzungen über das Verhältniß, nach welchem der Besitzer des Guts oder des Waldes und die Bewohner dieser Grundstücke an den Rechten und Pflichten des Gemeinde-Verbandes Theil zu nehmen haben, insbesondere darüber, inwiefern hierbei dem Guts- oder Waldbesitzer nach Maaßgabe des Werths und der Größe seines Besitzthums eine größere Stimmenzahl in der Gemeinde-Versammlung (§. 8.) und der Vorsitz in derselben bei persönlicher Anwesenheit, oder, wenn die Gemeinde durch Gemeinde-Verordnete vertreten wird, ein erhöhtes aktives Wahlrecht bei der Wahl der Gemeinde-Verordneten (§. 11.), und das selbstständige Recht, an der Gemeinde-Verordneten-Versammlung Theil zu nehmen, sowie die Befugniß, sich in beiden Versammlungen durch Pächter, Beamte oder Offizianten dieser Güter vertreten zu lassen, beizulegen ist, und in wiefern hierbei unter den allgemeinen Bedingungen des Stimm- und Wahlrechts (§. 6.) von dem Erforderniß des Wohnsitzes oder Grundbesitzes im Gemeinde-Bezirke abzusehen ist.

Ist das in den Gemeinde-Verband eingetretene Gut oder Waldgrundstück von dem Werthe, daß es ein Drittel des gesammten zur Gemeinde gehörigen Grund-Eigenthums umfaßt, so ist der Besitzer berechtigt die Wahl des dritten Theils der Gemeinde-Verordneten allein zu vollziehen.

Dergleichen, die Verbindung zwischen einem bisher selbstständigen Gutsbezirk oder einem Waldgrundstücke und einer Gemeinde regulirende Ortsstatuten sind nach den Erklärungen der Betheiligten von dem Landrathe aufzustellen und unterliegen der Bestätigung des Ministers des Innern; der Kreistag und die Regierung müssen darüber zuvor mit ihrem Gutachten gehört werden.

2) Wenn unter Abänderung der bestehenden Orts-Verfassung an die Stelle der Gemeinde-Versammlung eine aus gewählten Mitgliedern bestehende Versammlung von Gemeinde-Verordneten tritt.

Das Statut enthält alsdann die näheren Festsetzungen, namentlich wegen der Zahl der Gemeinde-Verordneten, der etwaigen Klassen-Eintheilung der Wähler, der von jeder Klasse zu wählenden Zahl der Gemeinde-Verordneten und wegen der Wahl-Ordnung.

§. 4.

Wenn Güter nicht in den Kommunal-Verband mit einer schon bestehenden Gemeinde eintreten, sondern selbstständige Gutsbezirke bilden, so werden diejenigen Gemeinschaften zwischen den Gütern und den Gemeinden, welche für einzelne und bestimmte Zwecke im öffentlichen Interesse, z. B. für Armenpflege, Feuerlöschwesen, hinsichtlich der Verrichtungen des Schulzen u. s. w. bereits bestehen, oder später sich bilden, durch die gegenwärtigen Bestimmungen über das Gemeindewesen nicht verändert oder beschränkt.

Für den Bereich eines selbstständigen Gutsbezirks haben die Gutsbesitzer und auf Feststellung der Regierung, nach Anhörung der Betheiligten und des Kreistages, antheilig auch die übrigen selbstständigen Grundbesitzer des Bezirks die Lasten zu tragen, welche das Gesetz im öffentlichen Interesse den Gemeinden auferlegt.

Die Rechte der Grundbesitzer, welche mit der Befreiung von solchen Lasten angesetzt worden sind, dürfen hierdurch nicht gekränkt werden.

§. 5.

Alle Einwohner des Gemeinde- oder Guts-Bezirks, mit Ausnahme der nicht mit Grundstücken angesessenen servisberechtigten Militair-Personen des aktiven Dienststandes, gehören zum Gemeinde- oder zum Gutsverbande.

Als Einwohner werden diejenigen betrachtet, welche in dem Gemeinde- oder Guts-Bezirke nach den Bestimmungen der Gesetze ihren Wohnsitz haben.

§. 6.

Allgemeine Bedingungen der Berechtigung zur Theilnahme an den öffentlichen Geschäften der Gemeinde.

Zur Theilnahme an den öffentlichen Geschäften der Gemeinde ist berechtigt, wer Preußischer Unterthan, im Vollbesitz der bürgerlichen Ehrenrechte, großjährig ist, einen eigenen Hausstand hat, außerdem seit drei Jahren Einwohner des Gemeinde-Bezirkes ist und ein Wohnhaus im Gemeinde-Bezirke besitzt.

Besitzer von solchen Grundstücken im Gemeinde-Bezirk, welche mindestens den Umfang einer selbstständigen, mit Gespann versehenen Ackernahrung haben (§. 8. Nr. 1.), sind zur Theilnahme an den öffentlichen Geschäften, unter Voraussetzung der übrigen allgemeinen vorstehenden Erfordernisse auch dann berechtigt, wenn sie nicht Einwohner des Gemeinde-Bezirks sind. Ein Gleiches gilt von juristischen Personen, welche Grundstücke von dem gedachten Umfange im Gemeinde-Bezirke besitzen.

Wenn indeß nach der bestehenden Orts-Verfassung gewisse Arten von Hausbesitzern, z. B. die Neuhäusler, die neuen Büdner, von dem Rechte der Theilnahme an den öffentlichen Geschäften der Gemeinde bisher ausgeschlossen waren, so kann ihnen solches nur durch Ergänzung der Orts-Verfassung auf dem im §. 2. bezeichneten Wege beigelegt werden.

Wer ein Grundstück im Gemeinde-Bezirke ererbt, dem kommt bei Berechnung des dreijährigen Wohnsitzes und Hausbesitzes die Besitzzeit des Erblassers zu Gute. Uebertragung unter Lebendigen an Verwandte in absteigender Linie, an Eltern, Eheleute, Geschwisterkinder, steht der Vererbung gleich. In einzelnen Fällen kann die Gemeinde-Versammlung von dem Erforderniß der dreijährigen Dauer des Wohnsitzes und Hausbesitzes dispensiren.

Das Bekenntniß zur christlichen Religion ist eine Bedingung für die Zulassung zu Kommunal-Aemtern.

§. 7.

Befindet sich ein Wohnhaus im Besitze einer Frauensperson oder einer unter väterlicher Gewalt oder unter Vormundschaft stehenden Person, und würde dieselbe ihren übrigen Verhältnissen nach zum Rechte der Theilnahme an den öffentlichen Geschäften der Gemeinde befähigt sein, so ist die Ausübung dieses Rechts durch Stellvertreter dahin gestattet, daß eine Ehefrau durch ihren Ehemann, eine unverheirathete oder verwittwete Frauensperson durch einen stimmberechtigten Eingesessenen der betreffenden, oder in dessen Ermangelung der nächstfolgenden Klasse, eine unter väterlicher Gewalt stehende Person durch den Vater, und eine unter Vormundschaft stehende Person durch den Vormund vertreten werden kann. Der Ehemann, Vater und Vormund müssen, um zu dieser Stellvertretung befugt zu sein, abgesehen von dem Erforderniße des Hausbesitzes, die im §. 6. vorgeschriebenen Eigenschaften besitzen oder, wenn die Bedingung des Wohnsitzes im Gemeindebezirk von ihnen nicht erfüllt wird, einem stimmberechtigten Eingesessenen der betreffenden, oder in dessen Ermangelung der nächstfolgenden Klasse die Vertretung übertragen.

Auswärts wohnende, sowie juristische Personen, welche innerhalb des Gemeinde-Bezirks Grundstücke von dem Umfange einer selbstständigen, mit Gespann versehenen Ackernahrung (§. 8. Nr. 1.) besitzen, können sich ebenfalls bei Ausübung ihres Rechts zur Theilnahme an den öffentlichen Geschäften der Gemeinde (§. 6.) durch einen stimmberechtigten Einwohner ihrer Klasse, oder in dessen Ermangelung, durch ein Mitglied der nächstfolgenden, beziehungsweise durch ihre Pächter, Verwalter oder Beamte, vertreten lassen.

§. 8.

Besondere Bestimmungen über die Ausübung des Stimmrechts (Klassenverhältnisse).

Die Art der Ausübung des Stimmrechts in der Gemeinde-Versammlung, an welchem die zu den öffentlichen Geschäften der Gemeinde berechtigten Personen nach den Vorschriften des §. 6. überhaupt Theil zu nehmen haben, wird durch die bestehende Orts-Verfassung bestimmt.

Bei der Errichtung von Orts-Statuten resp. Ergänzung der Orts-Verfassung auf dem im §. 2. bezeichneten Wege sind als Regel folgende Grundsätze zu beobachten:

1) Jeder Besitzer eines Grundstücks, welches eine selbstständige, mit Gespann versehene Ackernahrung bildet (Gespann haltender Wirth), übt eine Einzelstimme aus (Virilstimme),
2) die übrigen Grundbesitzer werden in der Gemeinde-Versammlung, der Regel nach, nur durch Gesammtstimmen (Kollektivstimmen) vertreten. Sie üben das Stimmrecht in der Gemeinde-Versammlung durch Abgeordnete aus, welche sie aus ihrer Mitte auf sechs Jahre wählen.

Befinden sich in einer Gemeinde Ackernahrungen, welche die übrigen Grundstücke dieser Klasse an Werth und Größe erheblich übersteigen, so kann den Besitzern von Grundstücken dieser Art eine größere Anzahl von Stimmen beigelegt werden.

Sind in einer Gemeinde nur Grundbesitzer der zweiten Klasse vorhanden, so sollen dieselben zur Führung von Einzelstimmen befugt sein.

Die Zahl der Abgeordneten (Nr. 2.) wird nach den örtlichen Verhältnissen, je nach der größeren oder minderen Zahl der zu Gesammtstimmen berechtigten Gemeinde-Glieder, unter billiger Berücksichtigung des Werths und Umfanges ihres Grundbesitzes oder der von ihnen entrichteten Steuern, bestimmt. Sind in der Gemeinde mindestens drei oder mehr zu Einzelstimmen berechtigte Grundbesitzer vorhanden, so darf die Zahl der gewählten Abgeordneten (Nr. 2.) die Zahl der ersteren nicht erreichen.

Hält eine Klasse von Gemeinde-Gliedern sich durch einen Gemeinde-Beschluß in ihren Rechten verletzt, so ist sie befugt, die Entscheidung des Landraths nachzusuchen, in welchem Falle die Ausführung des Gemeinde-Beschlusses bis zum Eingange dieser Entscheidung ausgesetzt bleibt. Der Landrath kann jedoch vor Ertheilung derselben durch wiederholt veranlaßte Berathung eine Vereinigung versuchen.

§. 9.

Ueber die Bildung einer gewählten Gemeinde-Vertretung.

In Gemeinden, in welchen die Gemeinde-Versammlung (§. 8.) aus so vielen Mitgliedern besteht, daß ihre Zahl zu einer zweckmäßigen Behandlung der Geschäfte zu groß ist, tritt an die Stelle der Gemeinde-Versammlung eine aus gewählten Mitgliedern bestehende Versammlung von Gemeinde-Verordneten.

In welchen Fällen eine solche Vertretung stattzufinden hat, wird auf den Antrag der Gemeinde-Versammlung, für welchen eine Majorität von mindestens zwei Drittel der Stimmen erforderlich ist, durch die Regierung bestimmt, welche den Kreistag zuvor mit seinem Gutachten zu hören hat.

In Gemeinden mit weniger als 48 stimmberechtigten Mitgliedern darf jedoch eine gewählte Gemeinde-Vertretung in der Regel nicht eingeführt werden.

§. 10.

Wo die Gemeinde-Versammlung aus Gemeinde-Verordneten gebildet wird, soll dieselbe außer dem Gemeinde-Vorsteher (§. 12.) in der Regel aus sechs gewählten Mitgliedern bestehen.

Diese Zahl kann auf Antrag der Gemeinde-Versammlung durch Beschluß der Regierung angemessen vermehrt werden.

§. 11.

Die Gemeinde-Verordneten werden von der Gemeinde-Versammlung und zwar der Regel nach in der Art, daß die Wähler sich in die vorhandenen Klassen (§. 8.) theilen, auf sechs Jahre gewählt. Bei den Wahlen muß jeder Wähler dem Wahl-Vorsteher mündlich und laut zum Protokoll erklären, wem er seine Stimme geben will.

Die Vertheilung der Zahl der Gemeinde-Verordneten auf die Klassen der Grundbesitzer hat der Landrath unter Berücksichtigung des Umfanges oder Werths des den Mitgliedern einer jeden Klasse zugehörigen Grundbesitzes auf den Vorschlag der Gemeinde-Versammlung und unter Beirath der Polizei-Obrigkeit zu bewirken. Die auf die Klasse der nur zu Gesammtstimmen berechtigten Grundbesitzer vertheilten Gemeinde-Verordneten dürfen aber die Hälfte der Gesammtzahl derselben nicht erreichen. Jede Klasse darf nur Gemeinde-Verordnete aus ihrer Mitte wählen.

In allen Fällen, wo unter Abänderung der bestehenden Orts-Verfassung an die Stelle der Gemeinde-Versammlung die Versammlung der Gemeinde-Verordneten tritt, sind die näheren Festsetzungen hierüber in das Orts-Statut aufzunehmen (§§. 2 und 3.).

§. 12.

Stellung des Schulzen zur Gemeinde-Versammlung.

Die gefaßten Beschlüsse auszuführen, hat die Gemeinde-Versammlung keine Befugniß. Die Ausführung steht dem Gemeinde-Vorsteher (Schulzen, Dorfrichter) zu. Er führt den Vorsitz in der Gemeinde-Versammlung mit vollem Stimmrecht, auch dann, wenn dieselbe aus Gemeinde-Verordneten besteht.

Form der Gemeinde-Urkunden und insbesondere der Vollmachten.

Urkunden, welche die Gemeinde verbinden sollen, müssen Namens derselben von dem Schulzen und den ihm beigeordneten Schöppen (Gerichtsmännern) unterschrieben und durch das Gemeinde-Siegel beglaubigt werden. Die Beschlüsse der Gemeinde-Versammlung und die Genehmigung der derselben vorgesetzten Behörden sind in den geeigneten Fällen den Urkunden in beglaubigter Form beizufügen.

Zu den Vollmachten, sowohl bei gerichtlichen, wie bei außergerichtlichen Angelegenheiten, genügt ebenfalls die Unterschrift des Schulzen und der ihm beigeordneten Schöppen, unter Beglaubigung durch das Gemeinde-Siegel, wobei jedoch von diesen Personen ausdrücklich zu bescheinigen ist, daß die Vollmacht auf Grund eines ordnungsmäßigen Gemeinde-Beschlusses ausgestellt, und zu der desfallsigen Berathung sämmtliche Stimmberechtigte gehörig eingeladen worden.

Die Vorschriften in §§. 40 bis 42., Tit. III. Th. I. der Allgem. Gerichts-Ordnung sind aufgehoben.

§. 13.

Hat die Gemeinde-Versammlung einen Beschluß gefaßt, welcher ihre Befugnisse überschreitet, die Gesetze oder das Gemeinde-Interesse, oder das Staats-Wohl verletzt, so hat der Schulze von Amtswegen oder auf Geheiß der Orts-Polizei-Behörde die Ausführung einstweilen zu beanstanden, und über den Gegenstand des Beschlusses die Entscheidung des Landraths sofort einzuholen.

§. 14.

Amts-Abzeichen und Straf-Befugniß des Schulzen.

In den Gemeinden, in welchen der Schulze noch kein Amts-Abzeichen hat, soll ihm ein solches beschafft werden, dessen nähere Bestimmung Wir Uns Allerhöchst Selbst vorbehalten.

Gegen diejenigen, welche seinen amtlichen Anordnungen die gebührende Folgeleistung verweigern, kann derselbe Geldstrafen bis zu Einem Thaler, nach vorgängiger Androhung, verfügen und nöthigenfalls exekutivisch einziehen. Es fließen diese Strafgelder zur Gemeinde-Kasse.

Ahndung der Beleidigungen und Widersetzlichkeiten gegen den Schulzen.

Beleidigungen und Widersetzlichkeiten gegen den Schulzen ziehen dieselbe Ahndung nach sich, als wenn sie gegen einen unmittelbar vom Staate eingesetzten Beamten verübt wären.

§. 15.

Remuneration der Schulzen.

Die Remuneration der Schulzen und Schöppen wird durch die Orts-Verfassung bestimmt. Wenn dieselbe keine den Verhältnissen entsprechenden ausreichenden Bestimmungen an die Hand giebt, so finden folgende Grundsätze Anwendung.

Der Schulze hat Anspruch auf Ersatz seiner baaren Auslagen und auf Gewährung einer mit seiner amtlichen Müheverwaltung im billigen Verhältniß stehenden Entschädigung, deren Betrag in Ermangelung einer gütlichen Einigung von dem Landrathe unter Beirath der Polizei-Obrigkeit nach Anhörung der Gemeinde-Versammlung festgestellt wird. Ueber Beschwerden entscheidet die Regierung nach Anhörung des Kreistags. Die Vergütung ist entweder durch Emolumente, welche in der Benutzung von Gemeinde-Grundstücken oder in festen Hebungen bestehen, oder in baarem Gelde zu gewähren.

Wo sich die Schulzen im Genuß von Dienstländereien befinden, ist der Durchschnitts-Ertrag derselben, gleich den mit dem Schulzenamt bisher verbunden gewesenen festen Einnahmen, auf die zu gewährende Vergütigung in Anrechnung zu bringen.

Dagegen ist es den Schulzen so wenig wie den Schöppen gestattet, für die Amtsgeschäfte, welche ihnen als Verwaltungs-, Polizei- und Gemeinde-Beamte obliegen, Gebühren von einzelnen Betheiligten oder aus der Gemeindekasse zu erheben, wenn nicht hierzu die Berechtigung durch ein Gesetz speziell beigelegt ist. Die Vorschriften, welche die Gebühren für die Verhandkungen der Dorfgerichte bestimmen, bleiben unberührt. Die Schulzen erhalten keine Pension.

Die Schöppen haben ihr Amt in der Regel unentgeldlich zu verwalten, und nur auf den Ersatz baarer Auslagen Anspruch.

§. 16.

Einkaufsgeld.

Die Theilnahme an den Gemeinde-Nutzungen kann von der Entrichtung einer jährlichen Abgabe und anstatt oder neben derselben von Entrichtung eines Einkaufsgeldes abhängig gemacht werden, durch deren Entrichtung aber die Ausübung des Rechts der Theilnahme an den öffentlichen Geschäften der Gemeinde niemals bedingt wird.

Derartige Beschlüsse der Gemeinde-Versammlung bedürfen der Genehmigung der Regierung. Die mit dem Besitze einzelner Grundstücke verbundenen oder auf sonstigen besonderen Rechtstiteln beruhenden Nutzungsrechte sind den Bestimmungen dieses Paragraphen nicht unterworfen.

§. 17.

Gemeinde-Umlagen und Dienste.

Wenn über den Maaßstab der Vertheilung der Gemeinde-Abgaben und Dienste die bestehende Orts-Verfassung, vorhandene Verträge, hergebrachte Gewohnheit oder rechtsgültige Gemeinde-Beschlüsse keinen sicheren oder angemessenen Anhalt gewähren, so kann von der Gemeinde-Versammlung mit Genehmigung der Regierung ein neuer Maaßstab beschlossen, auch von der letzteren auf Anlaß von Beschwerden, und wenn ein wiederholentlich darüber herbeigeführter Gemeinde-Beschluß sich nicht zur Genehmigung eignet, nach Anhörung des Kreistags angeordnet werden. Für diesen Maaßstab soll der Grundsatz leitend sein, daß die größere Theilnahme an den Gemeinde-Nutzungen und an den Vortheilen des Gemeinde-Verbandes die größere Theilnahme an den Lasten der Gemeinde bedingt und daß für Angesessene der Besitzstand im Gemeinde-Bezirke nach den verschiedenen Abstufungen des Grundbesitzes das Verhältniß der Beitragspflicht bestimmt.

Unangesessene Einwohner sind zu solchen Ausgaben, von denen sie keinen Vortheil haben, nicht beitragspflichtig, wenn zu deren Bestreitung besondere Gemeinde-Abgaben erhoben werden.

Bei Zuschlägen zur Staats-Einkommen-Steuer muß jedenfalls das Einkommen aus dem außerhalb des Gemeinde-Bezirks belegenen Grundbesitz außer Berechnung bleiben.

Wer in einer Gemeinde Grundbesitz hat oder ein stehendes Gewerbe betreibt, aber nicht in der Gemeinde wohnt, ist nur verpflichtet an denjenigen Lasten Theil zu nehmen, welche auf den Grundbesitz oder auf das Gewerbe oder auf das aus diesen Quellen fließende Einkommen gelegt sind.

Dienste können durch taugliche Stellvertreter geleistet werden.

Wo bisher schon Hand- und Spanndienste üblich waren, müssen sie in der Regel ferner unentgeltlich geleistet werden, auch wenn der Fall der Unzulänglichkeit des Gemeinde-Vermögens nicht vorliegt.

Diejenigen persönlichen und dinglichen Befreiungen, welche bei Publikation der Gemeinde-Ordnung vom 11. März 1850 rechtsgültig bestanden, dauern in ihrem bisherigen Umfange fort.

Hinsichtlich der Heranziehung derjenigen Grundstücke zu Kommunalsteuern, welchen wegen ihrer Bestimmung zu öffentlichen oder gemeinnützigen Zwecken die Befreiung von Staatssteuern zusteht, bewendet es bei den Vorschriften der Kabinets-Ordre vom 8. Juni 1834 (Gesetz-Sammlung S. 87). Wegen der Besteuerung des Dienst-Einkommens der Beamten sind die Vorschriften des Gesetzes vom 11. Juli

1822 (Gesetz-Sammlung S. 184) und der Kabinets-Ordre vom 14. Mai 1832 (Gesetz-Sammlung S. 145) anzuwenden.

Nähere Bestimmungen über die Aufbringung der Gemeinde-Abgaben und die Leistung der Gemeinde-Dienste bleiben den Orts-Statuten, resp. der Ergänzung der Orts-Verfassung auf dem im §. 2. bezeichneten Wege vorbehalten.

§. 18.

Veräußerung, Erwerbung von Grundstücken, Veränderung in dem Genusse von Gemeinde-Grundstücken.

Zur freiwilligen Veräußerung von Gemeinde-Grundstücken und solchen Gerechtsamen, welche jenen gesetzlich gleichgestellt sind, ist erforderlich:

a) die Genehmigung der Regierung, und

b) in der Regel öffentliches Meistgebot.

Zur Veräußerung oder wesentlichen Veränderung von Sachen, welche einen besonderen wissenschaftlichen, historischen oder Kunstwerth haben, muß die Genehmigung der Regierung eingeholt werden.

Zu einer Erwerbung von Grundstücken, welche auf einem lästigen Titel beruht, zu einer Aufnahme von Anleihen, durch welche die Gemeinde mit einem Schuldenbestand belastet oder der bereits vorhandene vergrößert wird, so wie zu Veränderungen in dem Genusse von Gemeinde-Nutzungen (Weide, Haide, Torfstich u. dergl.), kann unter Beirath der Polizei-Obrigkeit der Landrath die Genehmigung ertheilen.

§. 19.

Konservation der Gemeinde-Waldungen.

Die Gemeinde-Waldungen sind auch fernerhin dieser Bestimmung zu erhalten. Eine Verwandlung derselben in Acker oder Wiesen, so wie außerordentliche Holzschläge können nur mit Genehmigung der Regierung vorgenommen werden.

§. 20.

Deckung von Sandschellen, Bepflanzung von Dünen.

Durch Anordnung der Regierung, nach Anhörung des Kreistags, kann eine Gemeinde, soweit deren nachhaltiges Interesse und Kräfte es gestatten, verpflichtet werden, die ihr als Gemeinde gehörigen Sandschellen zu decken und Dünen zu bepflanzen.

§. 21.

Aufsicht über die Gemeinde-Verwaltung und die öffentlichen Angelegenheiten der selbstständigen Gutsbezirke.

Die unmittelbare Aufsicht über die Gemeinde-Verwaltung hat die Polizei-Obrigkeit (Gutsherrschaften, Domainen-Aemter u. s. w.) unter Leitung und Kontrolle des Landraths zu führen.

Die Ober-Aufsicht des Staats über die Gemeinden und die öffentlichen Angelegenheiten der selbstständigen Gutsbezirke wird durch die Regierung, vorbehaltlich des Rekurses an den Ober-Präsidenten, ausgeübt. Gegen die Verfügung des Ober-Präsidenten ist Beschwerde an den Minister des Innern zulässig.

§. 22.

Landgemeinden, in denen sich ein überwiegend städtisches Leben ausgebildet hat, kann auf Antrag der Gemeinde-Versammlung und nach Anhörung des Kreistages die Städte-Ordnung für die sechs östlichen Provinzen der Monarchie von Uns verliehen werden, nachdem die Gemeinde auf dem durch die Provinzial-Verfassung bezeichneten Wege in den Stand der Städte aufgenommen worden ist.

§. 23.

Die Bestimmungen unter Nr. 14. §. 3. des Gesetzes vom 2. März 1850 (Gesetz-Sammlung S. 77) bleiben auch fernerhin außer Anwendung.

§. 24.

Die zur Ausführung dieses Gesetzes erforderlichen Anordnungen und Instruktionen hat der Minister des Innern zu erlassen.

Urkundlich ꝛc. ꝛc.

Beglaubigt:
Der Minister des Innern.
v. Westphalen.

D.

Gesetz-Entwurf,

betreffend

die ländliche Gemeinde-Verfassung in der Provinz Posen.

Ueber das Gemeindewesen der ländlichen Ortschaften der Provinz Posen ergehen zur Ergänzung der bestehenden Gemeinde-Verfassungen und der im Allgemeinen Landrechte Th. II. Tit. 7. §§. 18—86. enthaltenen Vorschriften, nachfolgende Bestimmungen.

§. 1.

Veränderung von Gemeinde- und Guts-Bezirken.

Den ländlichen Gemeinde- oder selbstständigen Gutsbezirk bilden alle diejenigen Grundstücke, welche demselben bisher angehört haben. Grundstücke, welche bisher noch keinem Gemeinde- oder selbstständigen Guts-Bezirke angehört haben, können, nach Vernehmung der Betheiligten und nach Anhörung des Kreistages, unter Genehmigung des Ober-Präsidenten mit einem Gemeinde- oder Guts-Bezirk vereinigt oder mit Unserer Genehmigung zu einem Gemeinde- oder selbstständigen Guts-Bezirk erklärt werden.

Eine Vereinigung eines ländlichen Gemeinde- oder eines selbstständigen Guts-Bezirks mit einem anderen kann nur unter Zustimmung der Vertretungen der betheiligten Gemeinden, so wie des betheiligten Gutsbesitzers nach Anhörung des Kreistages, mit Unserer Genehmigung erfolgen.

Die Abtrennung einzelner Grundstücke von einem Gemeinde- oder selbstständigen Guts-Bezirk und deren Vereinigung mit einem angrenzenden andern kann mit Genehmigung des Ober-Präsidenten, ingleichen kann die Bildung eines selbstständigen Gemeinde-Bezirks aus solchen Trennstücken, Abbauen oder Kolonien mit Unserer Genehmigung vorgenommen werden, wenn außer den Vertretungen der betheiligten Gemeinden und den betheiligten Gutsbesitzern auch die Eigenthümer jener Grundstücke darin einwilligen, und letzteren Falls auch der Kreistag gehört ist. In Ermangelung der Einwilligung aller Betheiligten kann eine Veränderung dieser Art in den Gemeinde- oder Guts-Bezirken nur in dem Falle, wenn dieselbe im öffentlichen Interesse als nothwendiges Bedürfniß sich ergiebt, und alsdann nur mit Unserer Genehmigung nach Vernehmung der Betheiligten und nach Anhörung des Kreistages stattfinden.

In allen vorstehenden Fällen ist der Beschluß des Kreistages vor Einholung der höheren Genehmigung den Betheiligten nachrichtlich mitzutheilen.

Wo und soweit in Folge einer derartigen Veränderung eine Auseinandersetzung zwischen den Betheiligten sich als nothwendig ergiebt, ist solche im Verwaltungswege zu bewirken.

Wird hierbei eine Uebereinkunft der Betheiligten vermittelt, so genügt die Genehmigung der Regierung; im Falle des Widerspruchs entscheidet der Ober-Präsident.

Privatrechtliche Verhältnisse dürfen durch dergleichen Veränderungen niemals gestört werden.

Eine jede solche Veränderung ist durch das Amtsblatt bekannt zu machen.

Veränderungen, welche bei Gelegenheit einer Gemeinheitstheilung vorkommen, unterliegen diesen Bestimmungen nicht.

§. 2.

Ortsstatuten (Dorf-Ordnungen), Ergänzung bestehender Orts-Verfassungen.

Jede Gemeinde ist befugt, ihre besondere Verfassung oder einen Theil derselben in einem Orts-Statute (Dorf-Ordnung) zu verzeichnen.

Gegenstände eines solchen Statuts können sein:

1) Aufzeichnung der zu Recht bestehenden Orts-Observanzen, unter Berücksichtigung der einschlagenden Festsetzungen in den Regulirungs-, Separations- und Parzellirungs-Rezessen;
2) Festsetzungen über solche Angelegenheiten der Gemeinde, sowie über solche Rechte und Pflichten ihrer Mitglieder, die in den bestehenden allgemeinen Vorschriften den Statuten zugewiesen, oder hinsichtlich deren durch die bestehenden Bestimmungen Verschiedenheiten gestattet oder keine ausdrücklichen Anordnungen getroffen sind;
3) Bestimmungen über sonstige eigenthümliche Verhältnisse und Einrichtungen.

Das Statut ist von der Gemeinde unter Leitung des Landraths aufzustellen, und bedarf der Bestätigung der Regierung.

Wo über die bestehende Orts-Verfassung Zweifel oder Streitigkeiten obwalten, oder dieselbe in Folge veränderter Verhältnisse nicht mehr ausreicht, ist deren Ergänzung im Wege statutarischer Anordnung von dem Landrathe durch ein Abkommen unter den Betheiligten, oder einen Gemeindebeschluß zu versuchen. Findet die Angelegenheit durch diese Verhandlungen ihre Erledigung nicht, so trifft nach Anhörung der Betheiligten die Regierung die Entscheidung und die entsprechende statutarische Anordnung.

§. 3.

Ein Orts-Statut muß errichtet werden:

1) wenn ein Gut, dessen Besitz zu einer Stimme auf dem Kreistage berechtigt, oder ein Domainen-Vorwerk, oder ein großes geschlossenes Waldgrundstück in einen schon bestehenden Gemeinde-Verband eintritt (§. 1. Alinea 3.).

Das Statut enthält alsdann die näheren Festsetzungen über das Verhältniß, nach welchem der Besitzer des Guts oder des Waldes und die Bewohner dieser Grundstücke an den Rechten und Pflichten des Gemeinde-Verbandes Theil zu nehmen haben, insbesondere darüber, inwiefern hierbei dem Guts- oder Waldbesitzer nach Maaßgabe des Werths und der Größe seines Besitzthums eine größere Stimmenzahl in der Gemeinde-Versammlung (§. 8.) und der Vorsitz in derselben bei persönlicher Anwesenheit, oder, wenn die Gemeinde durch Gemeinde-Verordnete vertreten wird, ein erhöhtes aktives Wahlrecht bei der Wahl der Gemeinde-Verordneten (§. 11.), und das selbstständige Recht, an der Gemeinde-Verordneten-Versammlung Theil zu nehmen, sowie die Befugniß, sich in beiden Versammlungen durch Pächter, Beamte oder Offizianten dieser Güter vertreten zu lassen, beizulegen ist, und in wiefern hierbei unter den allgemeinen Bedingungen des Stimm- und Wahlrechts (§. 6.) von dem Erforderniß des Wohnsitzes oder Grundbesitzes im Gemeinde-Bezirke abzusehen ist.

Ist das in den Gemeinde-Verband eingetretene Gut oder Waldgrundstück von dem Werthe, daß es ein Drittel des gesammten zur Gemeinde gehörigen Grund-Eigenthums umfaßt, so ist der Besitzer berechtigt, die Wahl des dritten Theils der Gemeinde-Verordneten allein zu vollziehen.

Dergleichen, die Verbindung zwischen einem bisher selbstständigen Guts-Bezirk oder Waldgrundstück und einer Gemeinde regulirende Orts-Statuten sind nach den Erklärungen der Betheiligten von dem Landrathe aufzustellen und unterliegen der Bestätigung des Ministers des Innern; die Regierung und der Ober-Präsident müssen darüber zuvor mit ihrem Gutachten gehört werden.

2) Wenn unter Abänderung der bestehenden Orts-Verfassung an die Stelle der Gemeinde-Versammlung eine aus gewählten Mitgliedern bestehende Versammlung von Gemeinde-Verordneten tritt.

Das Statut enthält alsdann die näheren Festsetzungen, namentlich wegen der Zahl der Gemeinde-Verordneten, der etwaigen Klassen-Eintheilung der Wähler, der von jeder Klasse zu wählenden Zahl der Gemeinde-Verordneten und wegen der Wahl-Ordnung.

§. 4.

Wenn Güter nicht in den Kommunal-Verband mit einer schon bestehenden Gemeinde eintreten, sondern selbstständige Guts-Bezirke bilden, so werden diejenigen Gemeinschaften zwischen den Gütern und den Gemeinden, welche für einzelne und bestimmte Zwecke im öffentlichen Interesse, z. B. für Armenpflege, Feuerlöschwesen, hinsichtlich der Verrichtungen des Schulzen u. s. w. bereits bestehen, oder später sich bilden, durch die gegenwärtigen Bestimmungen über das Gemeindewesen nicht verändert oder beschränkt.

Für den Bereich eines selbstständigen Guts-Bezirks haben die Gutsbesitzer und auf Feststellung der Regierung, nach Anhörung der Betheiligten, antheilig auch die übrigen selbstständigen Grundbesitzer des Bezirks die Lasten zu tragen, welche das Gesetz im öffentlichen Interesse den Gemeinden auferlegt.

Die Rechte der Grundbesitzer, welche mit der Befreiung von solchen Lasten angesetzt worden sind, dürfen hierdurch nicht gekränkt werden.

§. 5.

Alle Einwohner des Gemeinde- oder Guts-Bezirks, mit Ausnahme der nicht mit Grundstücken angesessenen servisberechtigten Militair-Personen des aktiven Dienststandes gehören zum Gemeinde- oder zum Guts-Verbande.

Als Einwohner werden diejenigen betrachtet, welche in dem Gemeinde- oder Guts-Bezirke nach den Bestimmungen der Gesetze ihren Wohnsitz haben.

§. 6.

Allgemeine Bedingungen der Berechtigung zur Theilnahme an den öffentlichen Geschäften der Gemeinde.

Zur Theilnahme an den öffentlichen Geschäften der Gemeinde ist berechtigt, wer Preußischer Unterthan, im Vollbesitze der bürgerlichen Ehrenrechte, großjährig ist, einen eigenen Hausstand hat, außerdem seit drei Jahren Einwohner des Gemeinde-Bezirks ist und ein Wohnhaus im Gemeinde-Bezirke besitzt.

Wer ein Grundstück im Gemeinde-Bezirk ererbt, dem kommt bei Berechnung des dreijährigen Wohnsitzes und Hausbesitzes die Besitzzeit des Erblassers zu Gute. Uebertragung unter Lebendigen an Verwandte in absteigender Linie, an Eltern, Eheleute, Geschwister und Geschwisterkinder, steht der Vererbung gleich. In einzelnen Fällen kann der Landrath nach Anhörung der Gemeinde-Versammlung von dem Erforderniß der dreijährigen Dauer des Wohnsitzes und Hausbesitzes dispensiren.

Einwohner, welche ein Wohnhaus im Gemeinde-Bezirke nicht besitzen, aber ihren übrigen Verhältnissen nach zur Theilnahme an den öffentlichen Geschäften in der Gemeinde befähigt sein würden, gelangen nur dazu, wenn sie Einkommensteuer oder an Klassensteuer einen Jahresbetrag von mindestens drei Thalern seit drei Jahren entrichten, und wenn im statutarischen Wege diesen Klassen von Einwohnern ein Theilnahmerecht an öffentlichen Geschäften der Gemeinde ausdrücklich beigelegt wird. Das Statut bestimmt alsdann, in welchem Verhältniß die nicht mit einem Wohnhause angesessenen Einwohner an dem Stimm- oder Wahlrechte und an den Lasten der Gemeinde Theil zu nehmen haben.

Das Bekenntniß zur christlichen Religion ist eine Bedingung für die Zulassung zu Kommunal-Aemtern.

§. 7.

Befindet sich ein Wohnhaus im Besitze einer Frauensperson oder einer unter väterlicher Gewalt oder unter Vormundschaft stehenden Person, und würde dieselbe ihren übrigen Verhältnissen nach zum Rechte der Theilnahme an den öffentlichen Geschäften der Gemeinde befähigt sein, so ist die Ausübung dieses Rechts durch Stellvertreter dahin gestattet, daß eine Ehefrau durch ihren Ehemann, eine unverheirathete oder verwittwete Frauensperson durch einen stimmberechtigten Eingesessenen, eine unter väterlicher Gewalt stehende Person durch den Vater, und eine unter Vormundschaft stehende Person durch den Vormund vertreten werden kann.

Der Ehemann, Vater und Vormund müssen, um zu dieser Stellvertretung befugt zu sein, abgesehen von dem Erfordernisse des Hausbesitzes, die im §. 6. vorgeschriebenen Eigenschaften besitzen, oder, wenn die Bedingung des Wohnsitzes im Gemeinde-Bezirke von ihnen nicht erfüllt wird, einem stimmberechtigten Eingesessenen die Vertretung übertragen.

§. 8.

Besondere Bestimmungen über die Ausübung des Stimmrechts (Klassenverhältnisse).

Die Art der Ausübung des Stimmrechts in der Gemeinde-Versammlung, an welchem die zu den öffentlichen Geschäften der Gemeinde berechtigten Personen nach den Vorschriften des §. 6. überhaupt Theil zu nehmen haben, wird durch die bestehende Orts-Verfassung bestimmt.

Bei der Errichtung von Orts-Statuten resp. Ergänzung der Orts-Verfassung auf dem im §. 2. bezeichneten Wege sind als Regel folgende Grundsätze zu beobachten:

1) Jeder Gespann haltende Ackerwirth übt eine Einzelstimme aus (Virilstimme);

2) diejenigen Einwohner, deren Grundbesitz so gering ist, daß sie nicht als Gespann haltende Wirthe gelten, so wie die nicht angesessenen Einwohner — insofern die letzteren überhaupt zur Theilnahme an den öffentlichen Geschäften der Gemeinde zugelassen sind (§. 6.) — werden in der Gemeinde-Versammlung, der Regel nach, nur durch Gesammtstimmen (Kollektivstimmen) vertreten. Sie üben das Stimmrecht in der Gemeinde-Versammlung durch Abgeordnete aus, welche sie aus ihrer Mitte auf sechs Jahre wählen.

Befinden sich in einer Gemeinde Ackernahrungen, welche die übrigen Grundstücke dieser Klasse an Werth und Größe erheblich übersteigen, so kann den Besitzern von Grundstücken dieser Art eine größere Anzahl von Stimmen beigelegt werden.

Sind in einer Gemeinde nur Grundbesitzer der zweiten Klasse vorhanden, so sollen dieselben zur Führung von Einzelstimmen befugt sein.

Die Zahl der Abgeordneten (Nr. 2.) wird nach den örtlichen Verhältnissen unter Berücksichtigung des Gesammt-Grundbesitzes der zu Gesammtstimmen berechtigten Gemeindeglieder, und ihres Beitrags-Verhältnisses zu den Gemeindelasten oder direkten Staats-Steuern (mit Ausschluß der Steuer für den Gewerbebetrieb im Umherziehen) bestimmt. Sind in der Gemeinde mindestens drei oder mehr zu Einzelstimmen berechtigte Grundbesitzer vorhanden, so darf die Zahl der gewählten Abgeordneten (Nr. 2.) die Zahl der ersteren nicht erreichen.

Hält eine Klasse von Gemeindegliedern sich durch einen Gemeinde-Beschluß in ihren Rechten verletzt, so ist sie befugt, die Entscheidung des Landraths nachzusuchen, in welchem Falle die Ausführung des Gemeinde-Beschlusses bis zum Eingange dieser Entscheidung ausgesetzt bleibt. Der Landrath kann jedoch vor Ertheilung derselben durch wiederholt veranlaßte Berathung eine Vereinigung versuchen.

§. 9.

Ueber die Bildung einer gewählten Gemeinde-Vertretung.

In Gemeinden, in welchen die Gemeinde-Versammlung (§. 8.) aus so vielen Mitgliedern besteht, daß ihre Zahl zu einer zweckmäßigen Behandlung der Geschäfte zu groß ist, welches in der Regel da angenommen werden soll, wo die Zahl der stimmberechtigten Mitglieder 36 übersteigt, tritt an Stelle der Gemeinde-Versammlung eine aus gewählten Mitgliedern bestehende Versammlung von Gemeinde-Verordneten.

In welchen Fällen eine solche Vertretung stattzufinden hat, wird auf den Antrag der Gemeinde-Versammlung, von der Regierung bestimmt.

§. 10.

Wo die Gemeinde-Versammlung aus Gemeinde-Verordneten gebildet wird, soll dieselbe außer dem Gemeinde-Vorsteher (§. 12.) in der Regel aus sechs gewählten Mitgliedern bestehen.

Diese Zahl kann auf Antrag der Gemeinde-Versammlung durch Beschluß der Regierung angemessen vermehrt werden.

§. 11.

Die Gemeinde-Verordneten werden von der Gemeinde-Versammlung und zwar der Regel nach in der Art, daß die Wähler sich unter Zugrundelegung der im §. 8. enthaltenen Grundsätze in Klassen theilen, auf sechs Jahre gewählt. Bei den Wahlen muß jeder Wähler dem vom Landrathe zu ernennenden Wahl-Vorsteher mündlich und laut zum Protokoll erklären, wem er seine Stimme geben will.

Die Vertheilung der Zahl der Gemeinde-Verordneten auf die Klassen der

Grundbesitzer hat der Landrath unter Berücksichtigung des Umfanges oder Werths des den Mitgliedern einer jeden Klasse zugehörigen Grundbesitzes und der von einzelnen Klassen zu entrichtenden Gemeinde-Lasten oder direkten Staatssteuern (mit Ausnahme der Steuer für den Gewerbebetrieb im Umherziehen) auf den Vorschlag der Gemeinde-Versammlung zu bewirken. Die einzelnen Klassen sind bei der Wahl der Vertreter nicht an die Mitglieder ihrer Klasse gebunden. Mindestens zwei Drittel der Gemeinde-Verordneten müssen aus Grund- oder Hausbesitzern bestehen.

In allen Fällen, wo unter Abänderung der bestehenden Orts-Verfassung an die Stelle der Gemeinde-Versammlung die Versammlung der Gemeinde-Verordneten tritt, sind die näheren Festsetzungen hierüber in das Orts-Statut aufzunehmen. (§§. 2. und 3.)

Durch dasselbe kann auch einzelnen durch ihren Grundbesitz besonders hervorragenden Einwohnern die Eigenschaft eines Gemeinde-Verordneten ohne Wahl beigelegt werden.

§. 12.

Stellung des Schulzen zur Gemeinde-Versammlung.

Die gefaßten Beschlüsse auszuführen, hat die Gemeinde-Versammlung keine Befugniß. Die Ausführung steht dem Gemeinde-Vorsteher (Schulzen, Dorfrichter) zu. Er führt den Vorsitz in der Gemeinde-Versammlung mit vollem Stimmrecht, auch dann, wenn dieselbe aus Gemeinde-Verordneten besteht.

§. 13.

Hat die Gemeinde-Versammlung einen Beschluß gefaßt, welcher ihre Befugnisse überschreitet, die Gesetze oder das Gemeinde-Interesse, oder das Staatswohl verletzt, so hat der Schulze von Amtswegen oder auf Geheiß der Aufsichts-Behörde die Ausführung einstweilen zu beanstanden, und über den Gegenstand des Beschlusses die Entscheidung des Landraths sofort einzuholen.

§. 14.

Amts-Abzeichen und Straf-Befugniß des Schulzen.

In den Gemeinden, in welchen der Schulze noch kein Amts-Abzeichen hat, soll ihm ein solches beschafft werden, dessen nähere Bestimmung Wir Uns Allerhöchst Selbst vorbehalten.

Gegen diejenigen, welche seinen amtlichen Anordnungen die gebührende Folgeleistung verweigern, kann derselbe Geldstrafen bis zu Einem Thaler, nach vorgängiger Androhung, verfügen und nöthigen Falls exekutivisch einziehen. Es fließen diese Strafgelder zur Gemeinde-Kasse.

Ahndung der Beleidigungen und Widersetzlichkeit gegen den Schulzen.

Beleidigungen und Widersetzlichkeiten gegen den Schulzen ziehen dieselbe Ahndung nach sich, als wenn sie gegen einen unmittelbar vom Staate eingesetzten Beamten verübt wären.

§. 15.

Remuneration der Schulzen.

Die Remuneration der Schulzen und Schöppen wird durch die Orts-Verfassung bestimmt. Wenn dieselbe keine den Verhältnissen entsprechenden ausreichenden Bestimmungen an die Hand giebt, so finden folgende Grundsätze Anwendung.

Der Schulze hat Anspruch auf Ersatz seiner baaren Auslagen und auf Gewährung einer mit seiner amtlichen Mühewaltung im billigen Verhältniß stehenden Entschädigung, deren Betrag in Ermangelung einer gütlichen Einigung von dem Landrathe nach Anhörung der Gemeinde-Versammlung festgestellt wird. Ueber Beschwerden entscheidet die Regierung. Die Vergütung ist entweder durch Emolumente, welche in der Benutzung von Gemeinde-Grundstücken oder in festen Hebungen bestehen, oder in baarem Gelde zu gewähren.

Dagegen ist es den Schulzen so wenig wie den Schöppen gestattet, für die Amtsgeschäfte, welche ihnen in ihrer Eigenschaft als Verwaltungs-, Polizei- oder Gemeinde-Beamte obliegen, Gebühren von einzelnen Betheiligten oder aus der Gemeindekasse zu erheben, wenn nicht hierzu die Berechtigung durch ein Gesetz speziell beigelegt ist. Die Vorschriften, welche die Gebühren für die Verhandlungen der Dorfgerichte bestimmen, bleiben unberührt. Die Schulzen erhalten keine Pension.

Die Schöppen haben ihr Amt unentgeldlich zu verwalten, und nur auf den Ersatz baarer Auslagen Anspruch.

§. 16.

Einkaufsgeld.

Die Theilnahme an den Gemeinde-Nutzungen kann von der Entrichtung einer jährlichen Abgabe und anstatt oder neben derselben von Entrichtung eines Einkaufsgeldes abhängig gemacht werden, durch deren Entrichtung aber die Ausübung des Rechts der Theilnahme an den öffentlichen Geschäften der Gemeinde niemals bedingt wird.

Derartige Beschlüsse der Gemeinde-Versammlung bedürfen der Genehmigung der Regierung. Die mit dem Besitze einzelner Grundstücke verbundenen oder auf sonstigen besonderen Rechtstiteln beruhenden Nutzungsrechte sind den Bestimmungen dieses Paragraphen nicht unterworfen.

§. 17.

Gemeinde-Umlagen und Dienste.

Wenn über den Maaßstab der Vertheilung der Gemeinde-Abgaben und Dienste die bestehende Orts-Verfassung, vorhandene Verträge, hergebrachte Gewohnheit oder rechtsgültige Gemeinde-Beschlüsse keinen sichern oder angemessenen Anhalt gewähren, so kann von der Gemeinde-Versammlung mit Genehmigung der Regierung ein neuer Maaßstab beschlossen, auch von der letzteren auf Anlaß von Beschwerden, und wenn ein wiederholentlich darüber herbeigeführter Gemeinde-Beschluß sich nicht zur Genehmigung eignet, nach Anhörung des Kreistags angeordnet werden. Für diesen Maaßstab soll der Grundsatz leitend sein, daß die größere Theilnahme an den Gemeinde-Nutzungen und an den Vortheilen des Gemeinde-Verbandes, so wie an dem Stimm- und Wahlrecht auch die größere Theilnahme an den Lasten der Gemeinde bedingt.

Unangesessene nicht stimmberechtigte Einwohner sind zu solchen Gemeinde-Ausgaben, von denen sie keinen Vortheil haben, nicht beitragspflichtig, wenn zu deren Bestreitung besondere Gemeinde-Abgaben erhoben werden.

Bei Zuschlägen zur Staats-Einkommen-Steuer muß jedenfalls das Einkommen aus dem außerhalb des Gemeinde-Bezirks belegenen Grundbesitz außer Berechnung bleiben.

Wer in einer Gemeinde Grundbesitz hat oder ein stehendes Gewerbe betreibt, aber nicht in der Gemeinde wohnt, ist nur verpflichtet an denjenigen Lasten Theil zu nehmen, welche auf den Grundbesitz oder auf das Gewerbe oder auf das aus diesen Quellen fließende Einkommen gelegt sind.

Dienste können durch taugliche Stellvertreter geleistet werden.

Diejenigen persönlichen und dinglichen Befreiungen, welche bei Publikation der Gemeinde-Ordnung vom 11. März 1850 rechtsgültig bestanden, dauern in ihrem bisherigen Umfange fort.

Hinsichtlich der Heranziehung derjenigen Grundstücke zu Kommunalsteuern, welchen wegen ihrer Bestimmung zu öffentlichen oder gemeinnützigen Zwecken die Befreiung von Staatssteuern zusteht, bewendet es bei den Vorschriften der Kabinets-Ordre vom 8. Juni 1834 (Gesetz-Samml. S. 87.). Wegen der Besteuerung des Dienst-Einkommens der Beamten sind die Vorschriften des Gesetzes vom 11. Juli 1822 (Gesetz-Samml. S. 184.) und der Kabinets-Ordre vom 14. Mai 1832 (Gesetz-Samml. S. 145.) anzuwenden.

Nähere Bestimmungen über die Aufbringung der Gemeinde-Abgaben und die Leistung der Gemeinde-Dienste bleiben den Orts-Statuten, resp. der Ergänzung der Orts-Verfassung auf dem im §. 2. bezeichneten Wege vorbehalten.

§. 18.

Veräußerungen, Erwerbung von Grundstücken, Anleihen, Veränderung in dem Genusse von Gemeinde-Grundstücken.

Zur freiwilligen Veräußerung von Gemeinde-Grundstücken und solchen Gerechtsamen, welche jenen gesetzlich gleichgestellt sind, ist erforderlich:

a) die Genehmigung der Regierung, und
b) in der Regel öffentliches Meistgebot.

Zur Veräußerung oder wesentlichen Veränderung von Sachen, welche einen besondern wissenschaftlichen, historischen oder Kunstwerth haben, muß die Genehmigung der Regierung eingeholt werden.

Die auf einem lästigen Titel beruhende Erwerbung von Grundstücken, die Aufnahme von Anleihen, durch welche die Gemeinde mit einem Schulden-Bestand belastet oder der bereits vorhandene vergrößert wird, Veränderungen in dem Genusse von Gemeinde-Nutzungen (Weide, Haide, Torfstich u. dergl.) bedürfen der Genehmigung des Landraths.

§. 19.

Konservation der Gemeinde-Waldungen.

Gemeinde-Waldungen sind auch fernerhin dieser Bestimmung zu erhalten. Eine Verwandlung derselben in Acker oder Wiesen, sowie außerordentliche Holzschläge können nur mit Genehmigung der Regierung vorgenommen werden.

§. 20.

Aufsicht über die Gemeinde-Verwaltung und die öffentlichen Angelegenheiten der selbstständigen Gutsbezirke.

Die Ober-Aufsicht des Staats über die Gemeinden und die öffentlichen Angelegenheiten der selbstständigen Gutsbezirke wird durch die von ihm angeordneten Behörden ausgeübt.

§. 21.

Landgemeinden, in denen sich ein überwiegend städtisches Leben ausgebildet hat, kann auf Antrag der Gemeinde-Versammlung und nach Anhörung des Kreistags die Städte-Ordnung für die sechs östlichen Provinzen der Monarchie von Uns verliehen werden, nachdem die Gemeinde auf dem durch die Provinzial-Verfassung bezeichneten Wege in den Stand der Städte aufgenommen worden ist.

§. 22.

Die Bestimmungen unter Nr. 14. §. 3. des Gesetzes vom 2. März 1850 (Gesetz-Samml. S. 77.) bleiben auch fernerhin außer Anwendung.

§. 23.

Die zur Ausführung dieses Gesetzes erforderlichen Anordnungen und Instruktionen hat der Minister des Innern zu erlassen.

Urkundlich rc. rc.

Beglaubigt:

Der Minister des Innern.

v. Westphalen.

E.

Gesetz-Entwurf,

betreffend

die ländliche Gemeinde-Verfassung in der Provinz Schlesien.

Ueber das Gemeindewesen der ländlichen Ortschaften der Provinz Schlesien ergehen zur Ergänzung der bestehenden Gemeinde-Verfassungen und der im Allgemeinen Landrechte Th. II. Tit. 7. §§. 18—86. enthaltenen Vorschriften, nachfolgende Bestimmungen.

§. 1.

Veränderung von Gemeinde- und Guts-Bezirken.

Grundstücke, welche bisher noch keinem Gemeinde- oder selbstständigen Gutsbezirke angehört haben, können, nach Vernehmung der Betheiligten und nach Anhörung des Kreistages, unter Genehmigung des Ober-Präsidenten mit einem Gemeinde- oder Gutsbezirke vereinigt oder mit Unserer Genehmigung zu einem Gemeinde- oder selbstständigen Gutsbezirke erklärt werden.

Eine Vereinigung eines ländlichen Gemeinde- oder eines selbstständigen Gutsbezirks mit einem andern kann nur unter Zustimmung der Vertretungen der betheiligten Gemeinden, so wie des betheiligten Gutsbesitzers nach Anhörung des Kreistages, mit Unserer Genehmigung erfolgen.

Die Abtrennung einzelner Grundstücke von einem Gemeinde- oder selbstständigen Gutsbezirk und deren Vereinigung mit einem angrenzenden andern kann mit Genehmigung des Ober-Präsidenten, ingleichen kann die Bildung eines selbstständigen Gemeindebezirks aus solchen Trennstücken, Abbauen und Kolonien mit Unserer Genehmigung vorgenommen werden, wenn außer den Vertretungen der betheiligten Gemeinden und den betheiligten Gutsbesitzern auch die Eigenthümer jener Grundstücke darin einwilligen, und im letzteren Falle auch der Kreistag gehört ist. In Ermangelung der Einwilligung aller Betheiligten kann eine Veränderung dieser Art in den Gemeinde- oder Gutsbezirken nur in dem Falle, wenn dieselbe im öffentlichen Interesse als nothwendiges Bedürfniß sich ergiebt, und alsdann nur mit Unserer Genehmigung nach Vernehmung der Betheiligten und nach Anhörung des Kreistages stattfinden.

In allen vorstehenden Fällen ist der Beschluß des Kreistages vor Einholung der höheren Genehmigung den Betheiligten nachrichtlich mitzutheilen.

Wo und soweit in Folge einer derartigen Veränderung eine Auseinandersetzung zwischen den Betheiligten sich als nothwendig ergiebt, ist solche im Verwaltungswege zu bewirken.

Wird hierbei eine Uebereinkunft der Betheiligten vermittelt, so genügt die Genehmigung der Regierung; im Falle des Widerspruchs entscheidet der Ober-Präsident.

Privatrechtliche Verhältnisse dürfen durch dergleichen Veränderungen niemals gestört werden.

Eine jede solche Veränderung ist durch das Amtsblatt bekannt zu machen.

Veränderungen, welche bei Gelegenheit einer Gemeinheitstheilung vorkommen, unterliegen diesen Bestimmungen nicht.

§. 2.

Ortsstatuten (Dorf-Ordnungen). Ergänzung bestehender Orts-Verfassungen.

Jede Gemeinde ist befugt, ihre besondere Verfassung oder einen Theil derselben in einem Orts-Statute (Dorf-Ordnung) zu verzeichnen.

Gegenstände eines solchen Statuts können sein:

1) Aufzeichnung der zu Recht bestehenden Orts-Observanzen, unter Berücksichtigung der einschlagenden Festsetzungen in den Urbarien, Schöppenbüchern, Regulirungs-, Separations- und Parzellirungs-Rezessen;
2) Festsetzungen über solche Angelegenheiten der Gemeinde, sowie über solche Rechte und Pflichten ihrer Mitglieder, die in den bestehenden allgemeinen Vorschriften den Statuten zugewiesen, oder hinsichtlich deren durch die bestehenden Bestimmungen Verschiedenheiten gestattet oder keine ausdrücklichen Anordnungen getroffen sind;
3) Bestimmungen über sonstige eigenthümliche Verhältnisse und Einrichtungen.

Das Statut ist von der Gemeinde unter Leitung des Landraths und unter Mitwirkung der Polizei-Obrigkeit (Gutsherrschaften, Domainen-Aemter u. s. w.) aufzustellen, und bedarf der Bestätigung der Regierung, nach vorgängiger Begutachtung durch den Kreistag.

Die Errichtung und Bestätigung von Nachträgen zu dem Statute erfolgt in gleicher Weise.

Wo dergleichen Statuten schon jetzt bestehen, können dieselben einer Revision unterworfen werden.

Wo über die bestehende Orts-Verfassung Zweifel oder Streitigkeiten obwalten, oder dieselbe in Folge veränderter Verhältnisse nicht mehr ausreicht, ist deren Ergänzung im Wege statutarischer Anordnung von dem Landrathe unter Mitwirkung der Polizei-Obrigkeit durch ein Abkommen unter den Betheiligten, oder einen Gemeindebeschluß zu versuchen. Findet die Angelegenheit durch diese Verhandlungen ihre Erledigung nicht, so hat nach Anhörung der Betheiligten und des Kreistages die Regierung die Entscheidung und die entsprechende statutarische Anordnung zu treffen.

§. 3.

Ein Orts-Statut muß errichtet werden:

1) wenn ein Gut, dessen Besitz zu einer Stimme auf dem Kreistage berechtigt, oder ein Domainen-Vorwerk, in der Ober-Lausitz auch ein zur sogenannten Stadtmitleidenheit gehörendes Dominium, oder ein großes geschlossenes Waldgrundstück in einen schon bestehenden Gemeinde-Verband eintritt (§. 1. Alinea 3.).

Das Statut enthält alsdann die näheren Festsetzungen über das Verhältniß, nach welchem der Besitzer des Guts oder des Waldes und die Bewohner dieser Grundstücke an den Rechten und Pflichten des Gemeinde-Verbandes Theil zu nehmen haben, insbesondere darüber, inwiefern hierbei dem Guts- oder Waldbesitzer nach Maaßgabe des Werths und der Größe seines Besitzthums eine größere Stimmenzahl in der Gemeinde-Versammlung (§§. 16. und 17.) und der Vorsitz in derselben bei persönlicher Anwesenheit, oder, wenn die Gemeinde durch Gemeinde-Verordnete vertreten wird, ein erhöhtes aktives Wahlrecht bei der Wahl der Gemeinde-Verordneten (§§. 33. und 34.), und das selbstständige Recht, an der Gemeinde-Verordneten-Versammlung Theil zu nehmen, sowie die Befugniß, sich in beiden Versammlungen durch Pächter, Beamte oder Offizianten dieser Güter vertreten zu lassen, beizulegen ist, und in wiefern hierbei unter den allgemeinen Bedingungen des Stimm- und Wahlrechts (§§. 8. und 9.) von dem Erforderniß des Wohnsitzes oder Grundbesitzes im Gemeinde-Bezirke abzusehen ist.

Ist das in den Gemeinde-Verband eingetretene Gut oder Waldgrundstück von dem Werthe, daß es ein Drittel des gesammten zur Gemeinde gehörigen Grund-Eigenthums umfaßt, so ist der Besitzer berechtigt, die Wahl des dritten Theils der Gemeinde-Verordneten allein zu vollziehen.

Dergleichen, die Verbindung zwischen einem bisher selbstständigen Gutsbezirk oder Waldgrundstück und einer Gemeinde regulirende Ortsstatuten sind nach den Erklärungen der Betheiligten von dem Landrathe aufzustellen und unterliegen der Bestätigung des Ministers des Innern; der Kreistag und die Regierung müssen darüber zuvor mit ihrem Gutachten gehört werden.

2) Wenn unter Abänderung der bestehenden Orts-Verfassung an die Stelle der Gemeinde-Versammlung eine aus gewählten Mitgliedern bestehende Versammlung von Gemeinde-Verordneten tritt.

Das Statut enthält alsdann die näheren Festsetzungen, namentlich wegen der Zahl der Gemeinde-Verordneten, der etwaigen Klassen-Eintheilung der Wähler, der von jeder Klasse zu wählenden Zahl der Gemeinde-Verordneten und wegen der Wahl-Ordnung.

§. 4.

Wenn Güter nicht in den Kommunal-Verband mit einer schon bestehenden Gemeinde eintreten, sondern selbstständige Gutsbezirke bilden, so werden diejenigen Gemeinschaften zwischen den Gütern und den Gemeinden, welche für einzelne und bestimmte Zwecke im öffentlichen Interesse, z. B. für Armenpflege, Feuerlöschwesen, hinsichtlich der Verrichtungen des Schulzen, Gemeindeschreiber u. s. w. bereits bestehen, oder später sich bilden, durch die gegenwärtigen Bestimmungen über das Gemeindewesen nicht verändert oder beschränkt.

Für den Bereich eines selbstständigen Gutsbezirkes haben die Gutsbesitzer und auf Feststellung der Regierung, nach Anhörung der Betheiligten und des Kreistages, antheilig auch die übrigen, künftig anzusetzenden selbstständigen Grundbesitzer die Lasten zu tragen, welche das Gesetz im öffentlichen Interesse den Gemeinden auferlegt.

Die Rechte der Grundbesitzer, welche mit der Befreiung von solchen Lasten angesetzt worden sind, dürfen hierdurch nicht gekränkt werden.

§. 5.

Zur Gemeinde gehören:

1) alle Einwohner des Gemeinde-Bezirks, mit Ausnahme der nicht mit Grundstücken angesessenen servisberechtigten Militair-Personen des aktiven Dienststandes.

   Als Einwohner werden diejenigen betrachtet, welche in dem Gemeinde-Bezirke nach den Bestimmungen der Gesetze ihren Wohnsitz haben;

2) die Dominial-Besitzer, rücksichtlich derjenigen Rustikal-Grundstücke innerhalb des Gemeinde-Bezirks, welche das Dominium bis zur Verkündigung dieses Gesetzes erworben hat.

§. 6.

Alle Einwohner einer Gemeinde sind zur Mitbenutzung der öffentlichen Gemeinde-Anstalten berechtigt, und — mit Vorbehalt der weiterhin näher bestimmten Ausnahmen und Beschränkungen — zur Theilnahme an den Gemeindelasten verpflichtet.

Diese Verpflichtung erstreckt sich auf die Verzinsung und Abtragung bereits vorhandener Gemeinde-Schulden, beginnt mit dem ersten, seit der Erwerbung des Wohnsitzes eingetretenen Verfalltage und dauert beim Aufgeben dieses Wohnsitzes noch für den letzten vorher eingetretenen Verfalltag fort.

Wer in einer Gemeinde Grundbesitz hat oder ein stehendes Gewerbe betreibt, aber nicht in der Gemeinde wohnt, ist nur verpflichtet, an denjenigen Lasten Theil zu nehmen, welche auf den Grundbesitz oder auf das Gewerbe oder auf das aus diesen Quellen fließende Einkommen gelegt sind.

Dies findet auch da, wo das Dominium einen selbstständigen Gutsbezirk bildet, Anwendung, wenn dasselbe kommunalbeitragspflichtige Rustikal-Grundstücke in der Gemeinde besitzt.

Doch sind diese in den altschlesischen Landestheilen nur in dem Falle kommunalbeitragspflichtig, wenn sie erst nach dem Jahre 1633 von dem Dominio eingezogen oder erworben sind.

Zeitweilige Befreiungen von Gemeinde-Abgaben und Leistungen für neubebaute Grundstücke sind zulässig.

Mit Ausnahme dieses Falles dürfen neue persönliche oder dingliche Befreiungen von Gemeinde-Lasten und Abgaben nicht ferner von den Gemeinden verliehen werden.

Diejenigen persönlichen und dinglichen Befreiungen, welche bei Publikation der Gemeinde-Ordnung vom 11. März 1850 rechtsgültig bestanden, dauern in ihrem bisherigen Umfange fort.

Hinsichtlich der Heranziehung derjenigen Grundstücke zu Kommunal-Steuern, welchen wegen ihrer Bestimmung zu öffentlichen oder gemeinnützigen Zwecken die Befreiung von Staatssteuern zusteht, bewendet es bei den Vorschriften der Kabinets-Ordre vom 8. Juni 1834 (Gesetz-Sammlung S. 87.)

Wegen der Besteuerung des Diensteinkommens der Beamten sind die Vorschriften des Gesetzes vom 11. Juli 1822 (Gesetz-Sammlung S. 184.) und der Kabinets-Ordre vom 14. Mai 1832 (Gesetz-Sammlung S. 145.) anzuwenden.

§. 7.

Die Gemeinde ist zu allen Leistungen verpflichtet, welche das Gemeinde-Bedürfniß erfordert.

§. 8.

Das Gemeinderecht besteht in der Befugniß, an den öffentlichen Geschäften der Gemeinde Theil zu nehmen.

§. 9.

Allgemeine Bedingungen der Berechtigung zur Theilnahme an den öffentlichen Geschäften der Gemeinde (Gemeinderecht).

Zur persönlichen Ausübung des Gemeinderechts ist befugt, wer

Preußischer Unterthan, im Vollbesitz der bürgerlichen Ehrenrechte, großjährig ist, einen eigenen Hausstand hat, außerdem seit drei Jahren Einwohner des Gemeinde-Bezirkes ist und ein Wohnhaus im Gemeinde-Bezirke besitzt.

Wer ein Grundstück im Gemeindebezirke ererbt, dem kommt bei Berechnung der Dauer des dreijährigen Wohnsitzes und Hausbesitzes die Besitzzeit des Erblassers zu Gute.

Uebertragung unter Lebendigen an Verwandte in absteigender Linie, an Eltern, Eheleute, Geschwister und Geschwisterkinder, steht der Vererbung gleich.

In einzelnen Fällen kann die Gemeinde-Versammlung mit Genehmigung des Landraths von dem Erforderniß der dreijährigen Dauer des Wohnsitzes und Hausbesitzes dispensiren.

Einwohner, welche ein Wohnhaus im Gemeinde-Bezirke nicht besitzen, aber ihren übrigen Verhältnissen nach zur Ausübung des Gemeinderechts befähigt sein würden, sind dazu nur berechtigt, wenn sie Einkommensteuer oder an Klassensteuer einen Jahresbetrag von mindestens drei Thalern seit drei Jahren entrichten, und wenn dieser Klasse von Einwohnern schon nach der bisherigen Ortsverfassung das Gemeinderecht zustand, sonst nur wenn dieser Klasse von Einwohnern im statutarischen Wege das Gemeinderecht ausdrücklich beigelegt wird. Das Orts-Statut bestimmt alsdann, in welchem Verhältniß sie an dem Stimm- oder Wahlrechte und an den Lasten der Gemeinde Theil zu nehmen haben.

Das Bekenntniß zur christlichen Religion ist eine Bedingung für die Zulassung zu Kommunal-Aemtern.

§. 10.

Befindet sich ein Wohnhaus im Besitze einer Frauensperson oder einer unter väterlicher Gewalt oder unter Vormundschaft stehenden Person, und würde dieselbe ihren übrigen Verhältnissen nach zum Gemeinderechte befähigt sein, so ist die Ausübung dieses Rechts durch Stellvertreter dahin gestattet, daß eine Ehefrau durch ihren Ehemann, eine unverheirathete oder verwittwete Frauensperson durch einen stimmberechtigten Eingesessenen, eine unter väterlicher Gewalt stehende Person durch den Vater, und eine unter Vormundschaft stehende Person durch den Vormund vertreten werden kann.

Der Ehemann, Vater und Vormund muß, um zu dieser Stellvertretung befugt zu sein, abgesehen von dem Erfordernisse des Hausbesitzes, die im §. 9. vorgeschriebenen Eigenschaften besitzen.

§. 11.

Besitzer der nicht in den Kommunal-Verband mit der Gemeinde eingetretenen Dominien haben, rücksichtlich ihrer zur Gemeinde gehörigen Rustikal-Grundstücke (§. 5. Nr. 2.) die Befugniß, sich bei Ausübung des Gemeinderechts durch Pächter, Beamte oder Offizianten dieser Güter, welche, abgesehen von dem Erfordernisse des eigenen Hausstandes, Wohnsitzes und Hausbesitzes, den allgemeinen Bedingungen des §. 9. entsprechen, oder durch einen stimmberechtigten Eingesessenen vertreten zu lassen.

§. 12.

Von mehreren Personen, welche im ungetheilten Besitze eines zum Gemeinderechte befähigenden Grundstücks sich befinden, kann nur Eine das Gemeinderecht ausüben.

Beim Mangel einer gütlichen Einigung ist dazu zunächst der auf dem Grundstücke selbst wohnende Mitbesitzer berufen; unter mehreren Gleichberechtigten entscheidet das höhere Alter.

§. 13.

Wer in Folge rechtskräftigen Erkenntnisses der bürgerlichen Ehre verlustig geworden (§. 12. des Strafgesetz-Buchs), verliert dadurch auch das Gemeinderecht und die Befähigung dasselbe zu erwerben. Ein Gleiches findet bei dem statt, dem das Recht, über sein Vermögen zu verfügen und dasselbe zu verwalten, durch richterliches Erkenntniß entzogen ist.

Wem durch richterliches Erkenntniß die Ausübung der bürgerlichen Ehrenrechte untersagt ist (§. 21. des Strafgesetz-Buchs), der ist während der Dauer der dafür in dem Erkenntnisse festgesetzten Zeit von der Ausübung des Gemeinderechts ausgeschlossen. Das Gemeinderecht ruht, wenn gegen den dazu Berechtigten wegen eines Verbrechens die Versetzung in den Anklagestand oder wegen eines Vergehens, welches die Untersagung der Ausübung der bürgerlichen Ehrenrechte nach sich ziehen muß oder kann, die Verweisung an das Strafgericht ausgesprochen, oder wenn derselbe zur gerichtlichen Haft oder in Konkurs verfallen ist. Es ruht in diesen Fällen das Gemeinderecht so lange, bis die gerichtliche Untersuchung oder das Konkurs-Verfahren beendigt ist. Das Gemeinderecht geht ferner verloren, so bald eins der zur Erlangung desselben vorgeschriebenen Erfordernisse bei dem bis dahin dazu Berechtigten nicht mehr zutrifft.

§. 14.

Unter Zuziehung der Gemeinde-Versammlung und Kontrole der Polizei-Obrigkeit kann der Gemeinde-Vorstand eine Matrikel von denjenigen Grundstücken, mit deren Besitz das Gemeinderecht verbunden ist, anfertigen, welche alsdann bei vorkommenden Veränderungen fortzuführen ist. In diese Matrikel, welche dem Orts-Statute, wo solches besteht, beizuheften ist, werden außer den Namen der Besitzer auch die der ein- für allemal bestellten Vertreter eingetragen, und wird zugleich in derselben vermerkt, zu welcher Klasse von Wirthen (§. 16.) der Besitzer jedes Grundstücks gehört.

§. 15.

Die Gemeinde wird in ihren Angelegenheiten durch die Gemeinde-Versammlung und den Gemeinde-Vorstand vertreten.

Der Gemeinde-Vorstand verwaltet und beaufsichtigt die Gemeinde-Angelegenheiten, und ist in allen polizeilichen Angelegenheiten Organ und Hülfs-Behörde der Polizei-Obrigkeit.

Er besteht aus dem Scholzen (Gemeinde-Vorsteher, Richter) und zwei, oder wo es nach dem Gutachten der Polizei-Obrigkeit und der Entscheidung des Landraths mit Rücksicht auf die örtlichen Verhältnisse nöthig ist, aus drei oder mehreren Schöppen (Gerichtsmännern, Gerichts-Geschworenen), welche den Gemeinde-Vorsteher zu unterstützen und in Behinderungsfällen zu vertreten haben.

§. 16.

Besondere Bestimmungen über die Ausübung des Stimmrechts (Klassenverhältnisse), Gemeinde-Versammlungen.

Insofern das Gemeinderecht in der Theilnahme am Stimmrechte besteht, wird die Art der Ausübung desselben in der Gemeinde-Versammlung (§§. 8. und 9.) durch die bestehende Orts-Verfassung bestimmt.

Bei der Errichtung von Orts-Statuten resp. Ergänzung der Orts-Verfassung auf dem im §. 2. bezeichneten Wege sind als Regel folgende Grundsätze zu beobachten:

Es werden die nach §. 9. zur Ausübung des Gemeinderechts befugten Gemeinde-Angehörigen in drei Klassen getheilt:

1) die Bauern;
2) die übrigen beäckerten Hausbesitzer, d. i. diejenigen, welche sich wenigstens im Besitz von drei Morgen Landes befinden;
3) die unbeäckerten Hauseigenthümer, einschließlich derer, welche weniger als drei Morgen Land besitzen und die nicht Angesessenen, welche wenigstens 3 Rthlr. Klassensteuer zahlen, insofern die Letzteren überhaupt zur Ausübung des Gemeinderechts zugelassen sind (§. 9.).

Zur ersten Klasse gehören die Besitzer der im Hypothekenbuche als Bauerngüter eingetragenen Besitzungen, insofern diese durch Abverkäufe keine solche Verminderung erfahren haben, daß sie einen geringeren Umfang behalten, als das örtlich näher festzusetzende Minimum für ein Bauerngut des Gemeinde-Verbandes.

Das geringste für ein Bauerngut zulässige Areal oder dessen Werth ist den lokalen Verhältnissen gemäß, durch das Orts-Statut resp. bei Ergänzung der Orts-Verfassung auf dem im §. 2. bezeichneten Wege zu bestimmen.

Befinden sich in einer Gemeinde bedeutende Fabrik-Etablissements, oder andere Besitzungen, deren Werth dem eines Bauerguts gleichkömmt oder denselben übersteigt, so werden deren Besitzer zur ersten Klasse gerechnet.

Grundstücke, welche über das zulässige Minimum hinaus vermindert werden, scheiden aus der Klasse, der sie angehörten, aus und treten in die ihrem Umfange entsprechende über.

Werden Besitzungen durch Zukäufe von Grundstücken der Gemeinde-Feldmark vergrößert, so können sie in eine höhere Klasse gesetzt werden.

§. 17.

Es haben in der Regel die Hausbesitzer der dritten Klasse für ihre Person eine Stimme (Einzelstimme, Virilstimme). Ebenso üben die Mitglieder der höheren Klasse Einzelstimmen aus, oder erhalten soviel mehr Stimmen, daß die Gesammtzahl der Stimmen in jeder höheren Klasse durch die Gesammtzahl der Stimmen in der dritten Klasse nicht überschritten wird. Wenn demgemäß in den höheren Klassen einzelnen Mitgliedern mehr als eine Stimme beigelegt wird, erfolgt die Vertheilung der Stimmen unter Berücksichtigung der Besitz-Verhältnisse.

Den nicht angesessenen Mitgliedern der dritten Klasse (§. 16.) werden nach dem Verhältniß der von ihnen im Vergleich zu den Angesessenen entrichteten direkten Staats-Steuern, eine Anzahl durch von ihnen auf 6 Jahre gewählte Vertreter zu führende Gesammt-Stimmen (Kollektiv-Stimmen) bewilligt; auch können Einzelne, besonders hoch Besteuerte, Einzelstimmen (Viril-Stimmen) erhalten. Es darf jedoch den nicht mit einem Wohnhause angesessenen Einwohnern höchstens ein Drittel aller Stimmen in der dritten Klasse beigelegt werden.

§. 18.

Nähere oder abweichende Bestimmungen über die Abgrenzung der Klassen, so wie über sonstige Regelung und Abstufung des Stimmrechts bleiben den Orts-Statuten resp. der Ergänzung der Orts-Verfassung auf dem in §. 2. bezeichneten Wege vorbehalten, namentlich auch dergestalt, daß die Mitglieder der beiden ersten Klassen für ihre Person ein Stimmrecht (Einzel-Stimmen) üben, und die Mitglieder der dritten Klasse durch auf 6 Jahre gewählte Abgeordnete, welche Gesammt-Stimmen (Kollektiv-Stimmen) führen, vertreten werden, deren Zahl mit Berücksichtigung des Gesammtbetrages der von jeder Klasse zu entrichtenden öffentlichen Abgaben festzustellen ist. Es darf jedoch hierbei die Zahl der Abgeordneten der dritten Klasse die Hälfte der Gesammtzahl der Mitglieder der beiden ersten Klassen nicht überschreiten.

§. 19.

Die Gemeinde-Versammlung hat über alle Gemeinde-Angelegenheiten zu beschließen, so weit dieselben nicht ausschließlich dem Gemeinde-Vorstande überwiesen sind. Doch darf die Gemeinde-Versammlung ihre Beschlüsse niemals selbst ausführen. Die Ausführung der Beschlüsse steht dem Scholzen zu. Ueber andere als Gemeinde-Angelegenheiten darf die Gemeinde-Versammlung nur dann berathen, wenn solche durch besondere gesetzliche Vorschriften, oder in einzelnen Fällen durch Aufträge der Aufsichtsbehörden an sie gewiesen sind.

§. 20.

Die Zusammenberufung, Leitung und Schließung der Gemeinde-Versammlung geschieht durch den Scholzen, welcher den Vorsitz in der Versammlung mit vollem

Stimmrecht führt, die Mitglieder sind daher verpflichtet, den Anordnungen desselben hinsichtlich des Geschäftsganges in der Versammlung Folge zu leisten.

Die Polizei-Obrigkeit ist befugt, der Gemeinde-Versammlung beizuwohnen, und die Leitung derselben zu übernehmen.

§. 21.

Die Zusammenberufung der Mitglieder der Gemeinde-Versammlung zu derselben muß, besonders schleunige Fälle ausgenommen, mindestens 24 Stunden vor deren Beginn erfolgen, auch gleichzeitig von den zur Berathung bestimmten Gegenständen der Polizei-Obrigkeit Anzeige gemacht werden. — In Betreff der Art und Weise der Zusammenberufung bewendet es bei den deshalb bestehenden Observanzen, so lange solche nicht durch einen Beschluß der Gemeinde-Versammlung eine Abänderrng erleiden. Das ortsübliche Verfahren bei Zusammenberufung der Gemeinde-Versammlung kann in dem Orts-Statute näher bezeichnet werden.

In der über die gefaßten Beschlüsse aufzunehmenden Verhandlung ist zu bescheinigen, daß die Vorladung auf die ortsübliche Weise erfolgt sei.

§. 22.

Zur Gültigkeit eines Beschlusses ist die Gegenwart von wenigstens zwei Drittheilen der Mitglieder erforderlich, es sei denn, daß bei der Einladung zur Versammlung der Gegenstand der Berathschlagung angezeigt worden ist. Können einzelne Mitglieder der Gemeinde als persönlich betheiligt, an der Berathung nicht Theil nehmen (§. 25.), so ist die Versammlung, wenn nur zwei Drittheile der Unbetheiligten zugegen sind, doch beschlußfähig.

§. 23.

Die Beschlüsse werden nach einfacher Stimmen-Mehrheit der in der Versammlung anwesenden Stimmberechtigten gefaßt.

Bei Stimmengleichheit entscheidet die Stimme des Vorsitzenden, insofern nicht etwa die Leitung der Versammlung von der Polizei-Obrigkeit übernommen worden (§. 20.), und solche ohne eigenes Stimmrecht ist. — In Fällen der letzteren Art entscheidet bei Stimmengleichheit das Loos.

Wer nicht mitstimmt, wird zwar als anwesend betrachtet, die Stimmen-Mehrheit wird aber lediglich nach der Zahl der Stimmenden festgestellt.

§. 24.

Das Stimmrecht darf nicht schriftlich ausgeübt werden.

§. 25.

Wer bei einer Angelegenheit ein mit dem Interesse der Gemeinde in Widerspruch stehendes Interesse hat, darf an den Berathungen keinen Theil nehmen.

Diese Bestimmung findet besonders dann Anwendung, wenn Streit darüber entsteht, ob ein Gegenstand Eigenthum der Gemeinde oder einzelner Gemeinde-Mitglieder ist. Die Entscheidung darüber, welche Mitglieder der Gemeinde-Versammlung sich aus diesem Grunde der Theilnahme an derselben zu enthalten haben, steht dem, welcher die Versammlung leitet, zu.

§. 26.

Hält eine Klasse von Gemeinde-Gliedern sich durch einen Gemeinde-Beschluß in ihren Rechten verletzt, so ist sie befugt, die Entscheidung des Landraths nachzusuchen, in welchem Falle die Ausführung des Gemeindebeschlusses bis zum Eingange dieser Entscheidung ausgesetzt bleibt. — Der Landrath kann jedoch vor Ertheilung derselben durch wiederholt veranlaßte Berathung eine Vereinigung versuchen.

§. 27.

Jeder in der Gemeinde-Versammlung gefaßte Beschluß muß in ein Protokoll-Buch verzeichnet, und außer durch den Scholzen und die ihm beigeordneten Gerichtsmänner (Gerichtsgeschworenen, Schöppen) noch durch mindestens ein Mitglied aus jeder Klasse von Grundbesitzern unterschrieben werden. In diesem Protokoll-Buch ist auch solcher Gemeinde-Beschlüsse, über welche aus speziellen Gründen besondere schriftliche Verhandlungen aufzunehmen, wenigstens mit einigen Worten zu gedenken.

§. 28.

Urkunden, welche die Gemeinde verbinden sollen, müssen Namens derselben von dem Scholzen und den ihm beigeordneten Gerichtsmännern unterschrieben und durch das Gemeinde-Siegel beglaubigt werden. Die Beschlüsse der Gemeinde-Versammlung und die Genehmigung der derselben vorgesetzten Behörden sind in den geeigneten Fällen der Urkunde in beglaubigter Form beizufügen.

Zu den Vollmachten, sowohl bei gerichtlichen, wie bei außergerichtlichen Angelegenheiten, genügt ebenfalls die Unterschrift des Scholzen und der ihm beigeordneten Schöppen, unter Beglaubigung durch das Gemeinde-Siegel, wobei jedoch von diesen Personen ausdrücklich zu bescheinigen ist, daß die Vollmacht auf Grund eines ordnungsmäßigen Gemeinde-Beschlusses ausgestellt, und zu der desfallsigen Berathung sämmtliche Stimmberechtigte gehörig eingeladen worden.

Die Vorschriften in §§. 40. und 42. Th. I. Tit. III. der Allgem. Gerichts-Ordnung sind aufgehoben.

§. 29.

Der Gemeinde-Versammlung (Gemeindegebot) müssen alle Mitglieder regelmäßig beiwohnen. Ein Mitglied, welches dieselbe ohne genügende Entschuldigung versäumt, verfällt in eine von dem Scholzen festzusetzende Strafe bis 10 Sgr., welche zur Gemeindekasse fließt.

§. 30.

Hat die Gemeinde-Versammlung einen Beschluß gefaßt, welcher ihre Befugnisse überschreitet, die Gesetze oder das Gemeinde-Interesse, oder das Staatswohl verletzt, so hat der Scholz von Amtswegen oder auf Geheiß der Orts-Polizei-Behörde die Ausführung einstweilen zu beanstanden und über den Gegenstand des Beschlusses die Entscheidung des Landraths sofort einzuholen.

§. 31.

Unterläßt oder verweigert eine Gemeinde-Versammlung, die Aufbringung der Leistungen zu beschließen, welche der Gemeinde gesetzlich obliegen, so hat die Aufsichtsbehörde den Betrag dieser Leistungen festzusetzen und die Gemeinde zu deren Entrichtung nöthigenfalls im Wege der administrativen Exekution anzuhalten.

§. 32.

Gemeinde-Verordneten-Versammlung.

In Gemeinden, in welchen die Gemeinde-Versammlung (§. 17.) aus so vielen Mitgliedern besteht, daß ihre Zahl zu einer zweckmäßigen Behandlung der Geschäfte zu groß ist, kann an die Stelle der Gemeinde-Versammlung eine aus gewählten Abgeordneten aller drei Klassen der Gemeinde-Angehörigen (§. 16.) gebildete Gemeinde-Verordneten-Versammlung gesetzt werden. In welchen Gemeinden eine solche Vertretung stattzufinden hat, wird auf den Antrag der Gemeinde-Versammlung oder des Landraths durch die Regierung bestimmt, welche den Kreistag zuvor mit seinem Gutachten zu hören hat. In Gemeinden mit weniger als 36 in der Gemeinde angesessenen stimmberechtigten Mitgliedern darf jedoch eine gewählte Gemeinde-Vertretung nicht eingeführt werden. Dagegen soll dies in der Regel in solchen Gemeinden geschehen, in welchen schon nach ihrer bisherigen Verfassung eine, wenn auch unvollständige Gemeinde-Repräsentation stattgefunden hat. Jedoch können Abweichungen von dieser Regel auf Antrag der Gemeinden, nach Anhörung des Kreistages, von der Regierung genehmigt werden.

§. 33.

Wo eine Gemeinde-Verordnèten-Versammlung errichtet wird, wählt jede der im §. 16. bezeichneten Klassen unter sich die ihr zugewiesene Zahl von Gemeinde-Verordneten.

§. 34.

Das Orts-Statut hat die Gesammtzahl der Gemeinde-Verordneten zu bestimmen, doch darf dieselbe nie weniger als sechs betragen.

Auch die nähere Festsetzung über die Vertheilung der Gesammtzahl der Gemeinde-Verordneten unter die verschiedenen Klassen der Wirthe (§. 16.) bleibt dem Orts-Statut vorbehalten. In der Regel ist aus jeder der vorhandenen drei Klassen eine gleiche Anzahl von Gemeinde-Verordneten zu bestellen. Wo eine Klasse entweder durch den Umfang ihres Gesammt-Grundbesitzes oder durch die Anzahl ihrer Mitglieder die andern Klassen erheblich überwiegt, kann ihr zwar eine größere Zahl von Gemeinde-Verordneten, wie den übrigen zugebilligt werden, doch darf die Zahl der Vertreter der gar nicht oder doch mit weniger als 3 Morgen Land beackerten Häusler, einschließlich der Nichtangesessenen nur in dem Fall ein Drittheil sämmtlicher Gemeinde-Verordneten übersteigen, wenn die anderen Klassen von Wirthen nicht so viele Mitglieder zählen, als nach der obigen Regel Gemeinde-Verordnete aus ihrer Mitte zu wählen sein würden. Wenn in einer Klasse nicht mehr Mitglieder vorhanden sind, als nach der allgemeinen Regel die Anzahl der für sie zu bestellenden Verordneten erfordert, so können sämmtliche Mitglieder einer solchen Klasse zugleich der Gemeinde-Verordneten-Versammlung angehören.

§. 35.

Die Wahl der Gemeinde-Verordneten erfolgt auf sechs Jahre. Alle zwei Jahre scheidet ein Drittel derselben aus, an deren Stelle neue Mitglieder zu wählen sind. Die Ausgeschiedenen sind wieder wählbar. Die Ausscheidung erfolgt die ersten beiden Male nach dem Loose.

§. 36.

In dem Wahltermin, welcher acht Tage vorher nach der in der Gemeinde üblichen Publikations-Art bekannt gemacht werden muß, ist für jeden zu Wählenden ein besonderer Wahl-Akt vorzunehmen.

Jeder Wähler muß hierbei dem Wahlvorsteher mündlich und laut zu Protokoll erklären, wem er seine Stimme geben will.

Als gewählt ist derjenige anzusehen, welchem die absolute Stimmenmehrheit der in der Versammlung anwesenden Mitglieder seiner Klasse zu Theil geworden ist.

§. 37.

Die Gerichtsmänner, wo solche nicht als Gemeinde-Verordneten gewählt worden, sind befugt, den Gemeinde-Verordneten-Versammlungen, jedoch ohne Stimmrecht, beizuwohnen.

§. 38.

Jeder stimmberechtigte Gemeinde-Angehörige hat die Verpflichtung, eine Stelle in der Gemeinde-Vertretung anzunehmen und mindestens sechs Jahre zu versehen.

Zur Ablehnung oder früheren Niederlegung einer solchen Stelle berechtigen nur:

1) anhaltende Krankheiten;

2) Geschäfte, die längere und öftere Reisen nothwendig machen, und

3) ein Alter über 60 Jahre.

Wer sich ohne einen dieser Entschuldigungsgründe weigert, eine solche Stelle anzunehmen, oder die noch nicht sechs Jahre lang versehene Stelle ferner zu versehen, sowie derjenige, welcher sich der Verwaltung solcher Stellen thatsächlich entzieht, kann durch Beschluß der Gemeinde-Versammlung der den stimmberechtigten Gemeinde-Angehörigen in diesem Gesetze beigelegten Rechte auf drei bis sechs Jahre verlustig erklärt, oder mittelst Geldstrafen bis zum Belange von 5 Thalern zu seiner Schuldigkeit angehalten werden. Ein solcher Beschluß der Gemeinde-Versammlung bedarf der unter Beirath der Polizei-Obrigkeit zu ertheilenden Bestätigung des Landraths.

§. 39.

Stellung des Scholzen.

Der Scholze steht an der Spitze der Gemeinde-Verwaltung und hat deren Bestes überall wahrzunehmen, und in der Gemeinde auf Ordnung und Befolgung der Gesetze zu halten. In den Gemeinden, in welchen der Scholz noch kein Amtsabzeichen hat, soll ihm ein solches beschafft werden, dessen nähere Bestimmung Wir Uns Allerhöchst Selbst vorbehalten.

Die Unterbeamten der Gemeinde bestellt er auf Kündigung, nachdem die Gemeinde-Versammlung darüber gehört ist. Er ist verpflichtet, diese Beamten, so wie die Ortserheber (§. 42.), zu beaufsichtigen und befugt, denselben Warnungen und Verweise zu ertheilen, auch Ordnungsstrafen bis zum Betrage von Einem Thaler gegen sie festzusetzen.

Auch gegen andere Einwohner der Gemeinde, welche seinen amtlichen Anordnungen die gebührende Folgeleistung verweigern, kann der Scholz Geldstrafen bis zu Einem Thaler nach vorgängiger Androhung verfügen. Beiderlei Geldstrafen können nöthigenfalls exekutivisch eingezogen werden und fließen zur Gemeinde-Kasse; wenn Geldstrafen der letzteren Art nicht beizutreiben sind, so sind dieselben vom Landrath in angemessene Gefängnißhaft umzuwandeln.

Beleidigungen und Widersetzlichkeiten gegen den Scholzen ziehen dieselbe Ahndung nach sich, als wenn sie gegen einen vom Staate eingesetzten Beamten verübt wären.

Sind Personen nicht zum Dienste der Gemeinde überhaupt, sondern nur einzelner Klassen von Gemeindegliedern oder besonderen Sozietäten bestimmt, so ist es auch deren Sache, dieselben anzunehmen, zu remuneriren und zu entlassen.

Dem Scholzen steht jedoch das Recht der Bestätigung bei der Annahme solcher Diener zu.

§. 40.

Remuneration der Scholzen.

Die Remuneration der Scholzen und Gerichtsmänner wird durch die Orts-Verfassung bestimmt. Wenn dieselbe keine den Verhältnissen entsprechende ausreichende Bestimmungen an die Hand giebt, so finden folgende Grundsätze Anwendung.

Der Scholz hat Anspruch auf Ersatz seiner baaren Auslagen und auf die Gewährung einer mit seinen amtlichen Mühewaltungen im billigen Verhältniß stehenden Entschädigung, deren Betrag beim Mangel einer gütlichen Einigung von dem Landrathe unter Beirath der Polizei-Obrigkeit, nach Anhörung der Gemeinde-Versammlung, festgestellt wird.

Ueber Beschwerden entscheidet die Regierung nach Anhörung des Kreistags.

Die Gerichtsmänner haben ihr Amt in der Regel unentgeltlich zu verwalten und nur auf den Ersatz baarer Auslagen Anspruch.

Den Scholzen so wenig wie den Gerichtsmännern ist gestattet, für die Amtsgeschäfte, welche ihnen in ihrer Eigenschaft als Verwaltungs-, Polizei- und Gemeinde-Beamte obliegen, Gebühren von einzelnen Betheiligten oder aus der Gemeindekasse zu erheben, wenn nicht hierzu die Berechtigung durch ein Gesetz speziell beigelegt ist. Die Vorschriften, welche die Gebühren für die Verhandlungen der Dorfgerichte bestimmen, bleiben unberührt.

Wo ihnen solche erweislich bisher zugestanden, müssen sie für den Fortfall durch eine entsprechende Feststellung der Vergütigung entschädigt werden.

Die Scholzen erhalten keine Pension.

§. 41.

Gerichtsschreiber.

Der Gerichtsschreiber (Gemeindeschreiber) wird vom Scholzen ernannt, und, nach Anhörung der Polizei-Obrigkeit vom Landrath bestätigt und vereidigt. Seine Anstellung erfolgt, wie der der übrigen Unterbeamten der Gemeinde, auf Kündigung. Ihm liegt ob, die bei der Gemeinde-Verwaltung vorkommenden schriftlichen Arbeiten zu besorgen, also namentlich die Verhandlungen über die in den Gemeinde-Versammlungen gefaßten Beschlüsse aufzunehmen. In soweit seine Remunerirung bisher in Sporteln bestanden, treten die Vorschriften des §. 40. ein.

§. 42.

Ortserheber.

Die Gemeinde-Versammlung wählt den Ortserheber, welcher die landesherrlichen Steuern und die Ablösungs-Renten, und wenn die Versammlung es nicht anders beschließt, auch die sonstigen Steuern und Gemeinde-Abgaben zu erheben hat, und dessen Wahl von dem Landrathe zu bestätigen ist. Wird ausnahmsweise ein besonderer Erheber für die Gemeinde-Abgaben erwählt, so ist die Bestätigung der Wahl durch die Orts-Polizei-Behörde hinreichend.

Die Erhebung der Steuern und der Gemeinde-Abgaben kann sowohl dem Scholzen als einem Gerichtsmann belassen oder übertragen werden. Die Wahl des Erhebers erfolgt auf 3 Jahre, kann aber nach Ablauf dieses Zeitraums erneuert werden.

§. 43.

Gemeinde-Haushalt.

Der Gemeinde-Haushalt umfaßt die Verwaltung aller Angelegenheiten, welche sich auf Einnahmen und Ausgaben, sowie auf das Vermögen der Gemeinde, inschließlich der für Gemeindezwecke zu leistenden Natural-Prästationen, Dienste und Abgaben beziehen.

§. 44.

Die Verwaltung des Gemeinde-Haushalts steht dem Scholzen zu; der von der Gemeinde bestellte Erheber (§. 42.) steht unter dessen unmittelbarer Leitung und Aufsicht.

§. 45.

Alle Gemeinde-Einkünfte müssen zur Gemeindekasse fließen; sie dürfen zu keinem anderen Zwecke als zur Deckung der Gemeinde-Bedürfnisse verwendet werden.

§. 46.

Die Gemeinde-Versammlung beschließt über die Benutzung des Gemeinde-Vermögens; es bleiben jedoch dabei die Vorschriften der Deklaration vom 26. Juli

1847 (Gesetz-Sammlung S. 327) in Betreff des nutzbaren Gemeinde-Vermögens maaßgebend.

In Ansehung der Verwaltung und Verwendung des Vermögens der Stiftungen bewendet es bei den stiftungsmäßigen Bestimmungen.

Die Gemeinde kann jedoch unter Genehmigung des Landraths die Verwendung der Nutzungen desjenigen Gemeinde-Vermögens, welches bisher den einzelnen Gemeinde-Mitgliedern zu Gute kam, für die Gemeinde-Bedürfnisse beschließen, wenn weder die Einkünfte aus dem Gemeinde-Vermögen, noch die bisher üblichen Gemeinde-Abgaben ausreichen, um das Kommunal-Bedürfniß zu bestreiten, mithin zur Erhöhung der Abgaben geschritten werden müßte.

Hält eine ganze Klasse von Gemeinde-Mitgliedern sich durch einen solchen Beschluß in ihren Rechten verletzt, so ist sie zu einer Sonderung in Theile befugt und die Entscheidung steht alsdann der Regierung zu, mit Vorbehalt des Rechtsweges in den gesetzlich dazu geeigneten Fällen.

§. 47.

Streitigkeiten über die Theilnahme an Gemeinde-Nutzungen werden, soweit sie nicht auf einen speziellen Rechtstitel sich gründen, im Verwaltungswege durch den Landrath entschieden.

§. 48.

Durch Beschluß der Gemeinde kann für die besonderen Vortheile, welche der Aufenthalt in derselben gewährt, die Erhebung eines Einzugsgeldes angeordnet und von dessen Entrichtung die Niederlassung in der Gemeinde (§. 4. des Gesetzes vom 31. Dezember 1842 Nr. 2317) abhängig gemacht werden.

Ebenso kann von allen, welche der Gemeinde bereits angehörig sind, bei der Begründung eines selbstständigen Hausstandes eine Abgabe (Eintritts- oder Hausstandsgeld) gefordert und von deren Entrichtung die Theilnahme an dem Gemeinderecht (§. 8.) abhängig gemacht werden. Vererbungsfälle sind hiervon ausgenommen.

Die Theilnahme an den Gemeinde-Nutzungen kann außerdem von der Entrichtung einer jährlichen Abgabe und anstatt oder neben derselben von Entrichtung eines Einkaufsgeldes abhängig gemacht werden, durch deren Entrichtung aber die Ausübung des Gemeinde-Rechts niemals bedingt wird.

Alle derartige Beschlüsse der Gemeinde-Versammlung bedürfen der Genehmigung der Regierung.

Beamte, welche in Folge dienstlicher Versetzung ihren Aufenthalt in der Gemeinde nehmen, sind zur Entrichtung des Einzugsgeldes und des Hausstandsgeldes nicht verbunden.

§. 49.

In Ansehung der Theilnahme der einzelnen Gemeindeglieder oder gewisser Klassen derselben an den Nutzungen des Gemeinde-Vermögens wird, abgesehen von der im §. 46. enthaltenen Beschränkung in den bestehenden Rechtsverhältnissen durch die Bestimmungen der §§. 46—48. nichts geändert.

§. 50.

Wenn über den Maaßstab der Vertheilung der Gemeinde-Abgaben und Dienste, zu denen jedoch kunst- und handwerksmäßige Arbeiten nicht gehören, die bestehende Ortsverfassung, vorhandene Verträge, hergebrachte Gewohnheit, oder rechtsgültige Gemeinde-Beschlüsse, keinen sichern oder angemessenen Anhalt gewähren, so kann von der Gemeinde-Versammlung mit Genehmigung der Regierung ein neuer Maaßstab beschlossen, auch von der letzteren auf Anlaß von Beschwerden, und wenn ein wiederholentlich darüber herbeigeführter Gemeindebeschluß sich nicht zur Genehmigung eignet, nach Anhörung des Kreistags angeordnet werden.

Für den neu zu regulirenden Repartitions-Maaßstab soll der Grundsatz leitend sein, daß die größere Theilnahme an den Rechten der Gemeinden, insbesondere dem Stimm- und Wahlrechte, auch die größere Theilnahme an den Lasten der Gemeinden bedingt.

Bei Zuschlägen zur Staats-Einkommensteuer muß jedenfalls das Einkommen aus dem außerhalb des Gemeinde-Bezirks belegenen Grundbesitz außer Berechnung bleiben.

Gemeindeglieder, welche die ihnen obliegenden persönlichen Leistungen nicht selbst verrichten können oder wollen, sind verpflichtet, rechtzeitig taugliche Stellvertreter zu bestellen, widrigenfalls sie zur Zahlung des Geldwerthes der Dienste angehalten werden können. Ob der Vertreter als tauglich anzusehen sei, hat der Scholz zu entscheiden.

Unangesessene, nicht stimmberechtigte Einwohner sind zu solchen Gemeinde-Ausgaben, von denen sie keinen Vortheil haben, nicht beitragspflichtig, wenn zu deren Bestreitung besondere Gemeinde-Abgaben erhoben werden.

§. 51.

Nähere Bestimmungen über die Aufbringung der Gemeinde-Abgaben und die Leistung der Gemeinde-Dienste bleiben den Orts-Statuten, resp. der Ergänzung der Orts-Verfassung auf dem im §. 2. vorgeschriebenen Wege vorbehalten; dabei ist namentlich zu bestimmen, welche Gemeindeglieder Spann-Dienste und welche Hand-Dienste, oder beides zu leisten haben.

§. 52.

Zur freiwilligen Veräußerung von Gemeinde-Grundstücken und solchen Gerechtsamen, welche jenen gesetzlich gleichgestellt sind, ist erforderlich:

a) die Genehmigung der Regierung, und
b) in der Regel öffentliches Meistgebot.

Zur Veräußerung oder wesentlichen Veränderung von Sachen, welche einen besonderen wissenschaftlichen, historischen oder Kunstwerth haben, muß die Genehmigung der Regierung eingeholt werden.

Zu einer Erwerbung von Grundstücken, welche auf einem lästigen Titel beruht, zu einer Aufnahme von Anleihen, durch welche die Gemeinde mit einem Schuldenbestand belastet oder der bereits vorhandene vergrößert wird, so wie zu Veränderungen in dem Genusse von Gemeinde-Nutzungen (Weide, Haide, Torfstich u. dergl.), bedarf es der Genehmigung der Regierung.

Die Genehmigung zur Aufnahme von Anleihen soll nur dann ertheilt werden, wenn ein angemessener Verzinsungs- und Tilgungs-Plan vorgelegt wird.

Abweichungen von dem genehmigten Tilgungsplan sind gleichfalls an die Genehmigung der Regierung gebunden.

Bei allen diesen Geschäften muß vorergehender Entscheidung die Polizei-Obrigkeit mit ihrem Gutachten gehört werden.

§. 53.

Gemeinde-Waldungen sind auch fernerhin dieser Bestimmung zu erhalten. Eine Verwandlung derselben in Acker oder Wiesen, sowie außerordentliche Holzschläge können nur mit Genehmigung der Regierung vorgenommen werden.

§. 54.

In allen Gemeinden, die sich im Besitze eines nicht ganz unbedeutenden Kommunal-Vermögens befinden, ist von dem Scholzen unter Zuziehung der Gemeinde-

Versammlung ein Lagerbuch, in welches alle Bestandtheile des Gemeinde-Vermögens speziell verzeichnet werden, anzulegen und fortzuführen.

§. 55.

In wiefern für den Haushalt der Gemeinde Etats aufgestellt werden sollen, bleibt zwar im Allgemeinen deren eigenem Beschluß überlassen, doch kann die Anfertigung eines Haushalts-Etats von der Regierung angeordnet werden, wenn nach deren Ermessen Unordnungen und Verwirrungen in der Verwaltung des Gemeinde-Haushalts es nöthig machen.

Die Etats sind in der Regel auf 3 Jahre von dem Gemeinde-Vorsteher anzulegen, demnächst von der Gemeinde-Versammlung festzustellen.

§. 56.

Die Bestimmungen der §§. 19—31. und 38—55. kommen überall auch da zur Anwendung, wo eine Gemeinde-Verordneten-Versammlung (§. 32.) errichtet ist.

§. 57.

Die Anfertigung der Rechnung erfolgt durch den Scholzen unter Zuziehung des Gemeinde-Erhebers für jedes einzelne Kalenderjahr. Dieselbe wird hierauf in Gemeinden, in welchen keine Gemeinde-Verordneten-Versammlung besteht, durch einige zu diesem Behufe gewählte Gemeinde-Mitglieder (Rechnungs-Deputirte), in den übrigen Gemeinden dagegen von der Gemeinde-Verordneten-Versammlung geprüft und sobald die bei dieser Prüfung etwa erhobenen Erinnerungen erledigt sind, in dem ersten Falle von den Rechnungs-Deputirten, in dem zweiten Falle aber von sämmtlichen Mitgliedern der Gemeinde-Verordneten-Versammlung vollzogen.

In Gemeinden, wo eine Gemeinde-Verordneten-Versammlung nicht gebildet ist, wird demnächst auch noch die Rechnung in einer Gemeinde-Versammlung vorgelesen.

Bis zum 1. April muß über die Rechnung für das nächst vorhergegangene Jahr die Decharge von den Gemeinde-Verordneten oder der Gemeinde-Versammlung, welche letztere befugt ist, der Rechnungs-Deputation diese Entscheidung zu übertragen, ertheilt, und hiervon bis zum 1. Mai dem Landrathe Anzeige gemacht werden. Die Regierung kann in einzelnen Fällen, unter besonderen Umständen, eine Veränderung dieser Fristen genehmigen.

§. 58.

Für Gegenstände des Gemeinde-Haushaltes, welche eine fortlaufende Verwaltung erfordern, können beständige, aus Scholzen und Gerichtsmännern, so wie aus stimmberechtigten Mitgliedern der Gemeinde bestehende Vorstände oder Deputationen gebildet werden. Der Scholz hat in ihnen den Vorsitz zu führen; auch stehen dieselben zu ihm im Verhältniß einer Unterbehörde.

§. 59.

Die Gemeinde-Abgaben, so wie die Abgaben für die Theilnahme an Nutzungen und besonderen Vortheilen (§. 48.) und die sonstigen Gemeinde-Gefälle sind durch den Erheber einzuziehen, und werden von den Säumigen im Steuer-Exekutionswege beigetrieben.

Wenn die Leistung von Gemeinde-Diensten (§§. 50. und 51.) von dem Verpflichteten verweigert, verabsäumt oder unvollständig bewirkt wird, so kann der Scholz mit Ordnungsstrafen bis zum Betrage von Einem Thaler denselben dazu anhalten, oder auch den Dienst für dessen Rechnung leisten lassen und die hierdurch entstehenden Kosten im Steuer-Exekutionswege beitreiben.

§. 60.

Aufsicht über die Gemeinde-Verwaltung und die öffentlichen Angelegenheiten der selbstständigen Gutsbezirke.

Die unmittelbare Aufsicht über die Gemeinde-Verwaltung hat die Polizei-Obrigkeit (Gutsherrschaften, Domainen-Aemter ꝛc.) unter Leitung und Kontrole des Landraths zu führen.

Die Ober-Aufsicht des Staats über die Gemeinden und die öffentlichen Angelegenheiten der selbstständigen Gutsbezirke wird durch die Regierung, vorbehaltlich des Rekurses an den Ober-Präsidenten, ausgeübt. Gegen die Verfügungen des Ober-Präsidenten ist Beschwerde an den Minister des Innern zulässig.

§. 61.

Landgemeinden, in denen sich ein überwiegend städtisches Leben ausgebildet hat, kann auf Antrag der Gemeinde und nach Anhörung des Kreistages die Städte-Ordnung für die sechs östlichen Provinzen der Monarchie von Uns verliehen werden, nachdem die Gemeinde auf dem durch die Provinzial-Verfassung bezeichneten Wege in den Stand der Städte aufgenommen worden ist.

§. 62.

Die Bestimmungen unter Nr. 14. §. 3. des Gesetzes vom 2. März 1850 (Gesetz-Samml. S. 77.) bleiben auch fernerhin außer Anwendung.

§. 63.

Der Minister des Innern hat die zur Ausführung dieses Gesetzes erforderlichen Anordnungen und Instruktionen zu erlassen.

Urkundlich ꝛc. ꝛc.

Beglaubigt:

Der Minister des Innern.

v. Westphalen.

F.

Gesetz-Entwurf,

betreffend

die ländliche Gemeinde-Verfassung in der Provinz Sachsen mit Ausschluß der vier altmärkischen Kreise.

Ueber das Gemeindewesen der ländlichen Ortschaften der Provinz Sachsen mit Ausschluß der vier altmärkischen Kreise ergehen zur Ergänzung der bestehenden Gemeinde-Verfassungen und der im Allgem. Landrechte Th. II. Tit. 7. §§. 18—86. enthaltenen Vorschriften, nachstehende Bestimmungen.

§. 1.

Veränderung von Gemeinde- und Guts-Bezirken.

Grundstücke, welche bisher noch keinem Gemeinde- oder selbstständigen Guts-Verbande angehört haben, oder deren Angehörigkeit zu dem einen oder dem andern Verbande streitig ist, können, nach Vernehmung der Betheiligten und nach Anhörung des Kreistages, unter Genehmigung des Ober-Präsidenten mit einem Gemeinde-

oder Gutsbezirk vereinigt oder mit Unserer Genehmigung zu einem Gemeinde- oder selbstständigen Gutsbezirk erklärt werden.

Eine Vereinigung eines ländlichen Gemeinde- oder eines selbstständigen Gutsbezirks mit einem andern kann nur unter Zustimmung der Vertretungen der betheiligten Gemeinden, so wie des betheiligten Gutsbesitzers nach Anhörung des Kreistages, mit Unserer Genehmigung erfolgen.

Die Abtrennung einzelner Grundstücke von einem Gemeinde- oder selbstständigen Gutsbezirk und deren Vereinigung mit einem angrenzenden andern kann mit Genehmigung des Ober-Präsidenten, ingleichen kann die Bildung eines selbstständigen Gemeindebezirks aus solchen Trennstücken, Abbauen oder Kolonien mit Unserer Genehmigung vorgenommen werden, wenn außer den Vertretungen der betheiligten Gemeinden und den betheiligten Gutsbesitzern auch die Eigenthümer jener Grundstücke darin einwilligen, und im letzteren Falle auch der Kreistag gehört ist. In Ermangelung der Einwilligung aller Betheiligten kann eine Veränderung dieser Art in den Gemeinde- oder Gutsbezirken nur in dem Falle, wenn dieselbe im öffentlichen Interesse als nothwendiges Bedürfniß sich ergiebt, und alsdann nur mit Unserer Genehmigung nach Vernehmung der Betheiligten und nach Anhörung des Kreistages stattfinden.

Wo und soweit in Folge einer derartigen Veränderung eine Auseinandersetzung zwischen den Betheiligten sich als nothwendig ergiebt, ist solche im Verwaltungswege zu bewirken.

Wird hierbei eine Uebereinkunft der Betheiligten vermittelt, so genügt die Genehmigung der Regierung; im Falle des Widerspruchs entscheidet der Ober-Präsident.

Privatrechtliche Verhältnisse dürfen durch dergleichen Veränderungen niemals gestört werden.

Eine jede solche Veränderung ist durch das Amtsblatt bekannt zu machen.

Veränderungen, welche bei Gelegenheit einer Gemeinheitstheilung vorkommen, unterliegen diesen Bestimmungen nicht.

Die beiden Verordnungen vom 31. März 1833 wegen Einführung des Allgemeinen Landrechts in Beziehung auf die Verwaltungs-Angelegenheiten der Landgemeinden in den zum Verwaltungsverbande der Provinz Sachsen gehörigen der Westphälischen Zwischen-Regierung unterworfen gewesenen Landestheilen, und wegen Regulirung der während dieser Regierung entstandenen Verhältnisse zwischen den Dominien und Gemeinden in diesen Landestheilen werden durch vorstehende Bestimmungen nicht geändert.

§. 2.

Ortsstatuten (Dorf-Ordnungen), Ergänzung bestehender Orts-Verfassungen.

Jede Gemeinde ist befugt, ihre besondere Verfassung oder einen Theil derselben in einem Orts-Statute (Dorf-Ordnung) zu verzeichnen.

Gegenstände eines solchen Statuts können sein:

1) Aufzeichnung der zu Recht bestehenden Orts-Observanzen, unter Berücksichtigung der einschlagenden Festsetzungen in den Regulirungs-, Separations- und Parzellirungs-Rezessen;
2) Festsetzungen über solche Angelegenheiten der Gemeinde, sowie über solche Rechte und Pflichten ihrer Mitglieder, die in den bestehenden allgemeinen Vorschriften den Statuten zugewiesen, oder hinsichtlich deren durch die bestehenden Bestimmungen Verschiedenheiten gestattet oder keine ausdrücklichen Anordnungen getroffen sind;
3) Bestimmungen über sonstige eigenthümliche Verhältnisse und Einrichtungen.

Das Statut ist von der Gemeinde unter Leitung des Landraths und unter Mitwirkung der Polizei-Obrigkeit (Gutsherrschaften, Domainen-Aemter u. s. w.) aufzzustellen, und bedarf der Bestätigung der Regierung, nach vorgängiger Begutachttung durch den Kreistag.

Wo über die bestehende Orts-Verfassung Zweifel oder Streitigkeiten obwalten, oderr dieselbe in Folge veränderter Verhältnisse nicht mehr ausreicht, ist deren Ergänzzung im Wege statutarischer Anordnung von dem Landrathe unter Mitwirkung der Polizei-Obrigkeit durch ein Abkommen unter den Betheiligten, oder einen Gemeindebeschluß zu versuchen. Findet die Angelegenheit durch diese Verhandlungen ihre Erledigung nicht, so trifft nach Anhörung der Betheiligten und des Kreistags die Regierung die Entscheidung und die entsprechende statutarische Anordnung.

§. 3.

Ein Orts-Statut muß errichtet werden:

wenn ein Gut, dessen Besitz zu einer Stimme auf dem Kreistage berechtigt, oder ein Domainen-Vorwerk, oder ein großes geschlossenes Waldgrundstück in einen schon bestehenden Gemeinde-Verband eintritt (§. 1. Alinea 3.).

Das Statut enthält alsdann die näheren Festsetzungen über das Verhältniß, nach welchem der Besitzer des Guts oder des Waldes und die Bewohner dieser Grundstücke an den Rechten und Pflichten des Gemeinde-Verbandes Theil zu nehmen haben, insbesondere darüber, inwiefern hierbei dem Guts- oder Waldbesitzer nach Maaßgabe des Werths und der Größe seines Besitzthums eine größere Stimmenzahl in der Gemeinde-Versammlung (§§. 13 und 14.) und der Vorsitz in derselben bei persönlicher Anwesenheit, oder, wenn die Gemeinde durch Gemeinde-Verordnete vertreten wird, ein erhöhtes aktives Wahlrecht bei der Wahl der Gemeinde-Verordneten (§. 28.), und das selbstständige Recht, an der Gemeinde-Verordneten-Versammlung Theil zu nehmen, sowie die Befugniß, sich in beiden Versammlungen durch Pächter, Beamte oder Offizianten dieser Güter vertreten zu lassen, beizulegen ist, und in wiefern hierbei unter den allgemeinen Bedingungen des Stimm- und Wahlrechts (§. 8.) von dem Erforderniß des Wohnsitzes oder Grundbesitzes im Gemeinde-Bezirke abzusehen ist.

Ist das in den Gemeinde-Verband eingetretene Gut oder Waldgrundstück von dem Werthe, daß es ein Drittel des gesammten zur Gemeinde gehörigen Grund-Eigenthums umfaßt, so ist der Besitzer berechtigt, die Wahl des dritten Theils der Gemeinde-Verordneten allein zu vollziehen.

Dergleichen, die Verbindung zwischen einem bisher selbstständigen Guts-Bezirk oder Waldgrundstück und einer Gemeinde regulirende Orts-Statuten sind nach den Erklärungen der Betheiligten von dem Landrathe aufzustellen und unterliegen der Bestätigung des Ministers des Innern; der Kreistag und die Regierung müssen darüber zuvor mit ihrem Gutachten gehört werden.

§. 4.

Wenn Güter nicht in den Kommunal-Verband mit einer schon bestehenden Gemeinde eintreten, sondern selbstständige Guts-Bezirke bilden, so werden diejenigen Gemeinschaften zwischen den Gütern und den Gemeinden, welche für einzelne und bestimmte Zwecke im öffentlichen Interesse, z. B. für Armenpflege, Feuerlöschwesen, hinsichtlich der Verrichtungen des Schulzen u. s. w. bereits bestehen, oder später sich bilden, durch die gegenwärtigen Bestimmungen über das Gemeindewesen nicht verändert oder beschränkt.

Für den Bereich eines selbstständigen Guts-Bezirks haben die Gutsbesitzer und auf Feststellung der Regierung, nach Anhörung der Betheiligten, antheilig auch die übrigen selbstständigen Grundbesitzer des Bezirks die Lasten zu tragen, welche das Gesetz im öffentlichen Interesse den Gemeinden auferlegt.

Die Rechte der Grundbesitzer, welche mit der Befreiung von solchen Lasten angesetzt worden sind, dürfen hierdurch nicht gekränkt werden.

§. 5.

Alle Einwohner des Gemeinde- oder Guts-Bezirks, mit Ausnahme der nicht mit Grundstücken angesessenen servisberechtigten Militair-Personen des aktiven Dienststandes gehören zur Gemeinde oder zum Guts-Verbande.

Als Einwohner werden diejenigen betrachtet, welche in dem Gemeinde- oder Guts-Bezirke nach den Bestimmungen der Gesetze ihren Wohnsitz haben.

§. 6.

Alle Einwohner einer Gemeinde sind zur Mitbenutzung der öffentlichen Gemeinde-Anstalten berechtigt, und — mit Vorbehalt der weiterhin näher bestimmten Ausnahmen und Beschränkungen — zur Theilnahme an den Gemeindelasten verpflichtet.

Diese Verpflichtung erstreckt sich auf die Verzinsung und Abtragung bereits vorhandener Gemeinde-Schulden, beginnt mit dem ersten, seit der Erwerbung des Wohnsitzes eingetretenen Verfalltage und dauert beim Aufgeben dieses Wohnsitzes noch für den letzten vorher eingetretenen Verfalltag fort.

Wer in einer Gemeinde Grundbesitz hat oder ein stehendes Gewerbe betreibt, aber nicht in der Gemeinde wohnt, ist nur verpflichtet, an denjenigen Lasten Theil zu nehmen, welche auf den Grundbesitz oder auf das Gewerbe oder auf das aus diesen Quellen fließende Einkommen gelegt sind.

Zeitweilige Befreiungen von Gemeinde-Abgaben und Leistungen für neubebaute Grundstücke sind zulässig.

Mit Ausnahme dieses Falles dürfen neue persönliche oder dingliche Befreiungen von Gemeinde-Lasten und Abgaben nicht ferner von den Gemeinden verliehen werden.

Diejenigen persönlichen und dinglichen Befreiungen, welche bei Publikation der Gemeinde-Ordnung vom 11. März 1850 rechtsgültig bestanden, dauern in ihrem bisherigen Umfange fort.

Hinsichtlich der Heranziehung derjenigen Grundstücke zu Kommunal-Steuern, welchen wegen ihrer Bestimmung zu öffentlichen oder gemeinnützigen Zwecken die Befreiung von Staatssteuern zusteht, bewendet es bei den Vorschriften der Kabinets-Ordre vom 8. Juni 1834 (Gesetz-Sammlung S. 87.)

Wegen der Besteuerung des Diensteinkommens der Beamten sind die Vorschriften des Gesetzes vom 11. Juli 1822 (Gesetz-Sammlung S. 184.) und der Kabinets-Ordre vom 14. Mai 1832 (Gesetz-Sammlung S. 145.) anzuwenden.

§. 7.

Die Gemeinde ist zu allen Leistungen verpflichtet, welche das Gemeinde-Bedürfniß erfordert.

§. 8.

Allgemeine Bedingungen der Berechtigung zur Theilnahme an den öffentlichen Geschäften der Gemeinde.

Zur Theilnahme an den öffentlichen Geschäften der Gemeinde ist berechtigt, wer Preußischer Unterthan, im Vollbesitze der bürgerlichen Ehrenrechte, großjährig ist, einen eigenen Hausstand hat, außerdem seit drei Jahren Einwohner des Gemeinde-Bezirks ist und ein Wohnhaus im Gemeinde-Bezirke besitzt.

Wer ein Grundstück im Gemeinde-Bezirk ererbt, dem kommt bei Berechnung der dreijährigen Dauer des Wohnsitzes und Hausbesitzes die Besitzzeit des Erblassers zu Gute. Uebertragung unter Lebendigen an Verwandte in absteigender Linie, an Eltern, Eheleute, Geschwister und Geschwisterkinder, steht der Vererbung gleich. In einzelnen Fällen kann die Gemeinde-Versammlung von dem Erforderniß der dreijährigen Dauer des Wohnsitzes und Hausbesitzes dispensiren.

Insofern jedoch bisher mit gewissen Arten von Grundbesitz, z. B. mit bäuerlichen Grundstücken, die in den Händen des Rittergutsbesitzers oder Domainen-Fiskus sich befinden, das Recht zur Theilnahme an den öffentlichen Geschäften der Gemeinde, ohne Rücksicht darauf, ob der Besitzer Preußischer Unterthan und Einwohner des Gemeinde-Bezirks ist und ein Wohnhaus in demselben besitzt, verbunden gewesen ist, so behält es dabei für diese bereits bestehenden Fälle, mit Vorbehalt der weiteren Regelung des Verhältnisses auf dem im Art. 2. bezeichneten Wege, sein Bewenden.

Einwohner, welche ein Wohnhaus im Gemeinde-Bezirke nicht besitzen, aber ihren übrigen Verhältnissen nach zur Theilnahme an den öffentlichen Geschäften in der Gemeinde befähigt sein würden, sind dazu nur berechtigt, wenn sie Einkommensteuer oder an Klassensteuer einen Jahresbetrag von mindestens drei Thalern seit drei Jahren entrichten, und wenn dieser Klasse von Einwohnern schon nach der bisherigen Orts-Verfassung ein Theilnahmerecht an den öffentlichen Geschäften der Gemeinde zustand; sonst nur, wenn ihnen im statutarischen Wege ein Theilnahmerecht an den öffentlichen Geschäften der Gemeinde ausdrücklich beigelegt wird. Das Statut bestimmt alsdann, in welchem Verhältniß die nicht mit einem Wohnhause angesessenen Einwohner an dem Stimm- oder Wahlrechte und an den Lasten der Gemeinde Theil zu nehmen haben.

Das Bekenntniß zur christlichen Religion ist eine Bedingung für die Zulassung zu Kommunal-Aemtern.

§. 9.

Wer in Folge eines rechtskräftigen Erkenntnisses der bürgerlichen Ehre verlustig geworden (§. 12. des Strafgesetzbuches), verliert dadurch auch das Recht zur Theilnahme an den Gemeinde-Angelegenheiten und die Befähigung, dasselbe zu erwerben. Ein Gleiches findet bei dem Statt, dem das Recht, über sein Vermögen zu verfügen und dasselbe zu verwalten, durch richterliches Erkenntniß entzogen ist.

Die zeitweise Untersagung der Ausübung der bürgerlichen Ehrenrechte (§. 21. des Strafgesetzbuchs) hat die Ausschließung von der Theilnahme an den Gemeinde-Angelegenheiten für die im Straferkenntniß festgesetzte Zeit zur Folge. Ist gegen eine Gemeinde-Mitglied wegen eines Verbrechens die Versetzung in den Anklagestand, oder wegen eines Vergehens, welches die Untersagung der Ausübung der bürgerlichen Ehrenrechte nach sich ziehen muß oder kann, die Verweisung an das Strafgericht ausgesprochen, oder ist derselbe zur gerichtlichen Haft gebracht oder in Konkurs verfallen, so ruhet die Ausübung des ihm zustehenden Rechts der Theilnahme an den Gemeinde-Angelegenheiten so lange, bis die gerichtliche Untersuchung oder das Konkursverfahren beendigt ist.

Dieses Recht kann durch einen Gemeindebeschluß auch demjenigen entzogen werden, welcher sich durch einzelne Handlungen oder durch seine Lebensweise die öffentliche Verachtung zugezogen hat. Ein solcher Beschluß bedarf der Zustimmung der Polizei-Obrigkeit, sowie der Genehmigung des Landraths. Dem Betroffenen steht die Berufung an die Regierung, in höherer Instanz an den Ober-Präsidenten zu.

§. 10.

Befindet sich ein Wohnhaus im Besitze einer Frauensperson oder einer unter väterlicher Gewalt oder unter Vormundschaft stehenden Person, und würde dieselbe ihren übrigen Verhältnissen nach zum Rechte der Theilnahme an den öffentlichen Geschäften der Gemeinde befähigt sein, so ist die Ausübung dieses Rechts durch Stellvertreter mit der Maaßgabe gestattet, daß eine Ehefrau durch ihren Ehemann, eine unverheirathete oder verwittwete Frauensperson durch einen stimmberechtigten Eingesessenen, eine unter väterlicher Gewalt stehende Person durch den Vater, und eine unter Vormundschaft stehende durch den Vormund vertreten werden kann.

Der Ehemann, Vater und Vormund muß, um zu dieser Stellvertretung befugt zu sein, abgesehen von dem Erfordernisse des Hausbesitzes, die im §. 8. vorgeschriebenen Eigenschaften besitzen. Auch Besitzer größerer Bauergüter, die nach den Bestimmungen des §. 13. zur Ersten Klasse gehören, können, wenn sie nicht im Gemeinde-Bezirke ihren Wohnsitz haben, das ihnen nach ihren übrigen Verhältnissen zustehende Recht der Theilnahme an den öffentlichen Angelegenheiten der Gemeinde in Person, oder durch einen stimmberechtigten Eingesessenen ihrer, oder in deren Ermangelung der nächstfolgenden Klasse ausüben. Juristische Personen, welche im Gemeinde-Bezirke größere zur Ersten Klasse gehörige Bauergüter (§. 13.) besitzen, sind befugt, sich Behufs Theilnahme an den öffentlichen Geschäften der Gemeinde durch ihre Pächter, Verwalter oder Beamte vertreten zu lassen.

§. 11.

Die Gemeinde wird in ihren Angelegenheiten durch die Gemeinde-Versammlung und den Gemeinde-Vorstand vertreten.

Der Gemeinde-Vorstand verwaltet und beaufsichtigt die Gemeinde-Angelegenheiten, und ist in allen polizeilichen Angelegenheiten Organ und Hülfs-Behörde der Polizei-Obrigkeit.

Er besteht aus dem Schulzen (Gemeinde-Vorsteher, Richter) und zwei, oder, wo es nach dem Gutachten der Polizei-Obrigkeit und des Landraths, und nach der Entscheidung der Regierung mit Rücksicht auf die örtlichen Verhältnisse nöthig ist, aus drei oder mehreren Schöffen (Gerichtsmännern), welche den Gemeinde-Vorsteher unterstützen und in Behinderungsfällen zu vertreten haben.

§. 12.

Besondere Bestimmungen über die Ausübung des Stimmrechts (Klassenverhältnisse), Gemeinde-Versammlungen.

An der Ausübung des Stimmrechts in der Gemeinde-Versammlung, haben die zu den öffentlichen Geschäften der Gemeinde berechtigten Personen nach den Vorschriften des §. 8. und den nachstehenden Vorschriften Theil zu nehmen.

§. 13.

Die Gemeinde-Versammlung wird in der Regel nach folgenden Grundsätzen gebildet.

Es werden die nach §. 8. zur Theilnahme an den öffentlichen Geschäften der Gemeinde berechtigten Gemeinde-Angehörigen in drei Klassen getheilt.

Es gehören:

zur ersten Klasse:

die größeren bäuerlichen Wirthe, welche eine selbstständige mit Gespann versehene Ackernahrung besitzen (Bauern, Ackerleute, Ganzspänner u. s. w.);

zur zweiten Klasse:

diejenigen kleineren bäuerlichen Wirthe, welche, ohne zur Ersten Klasse gezählt werden zu können, außer einem Wohnhause noch landwirthschaftlich mit Zugvieh bearbeitete Grundstücke im Gemeinde-Bezirke besitzen (Kossäthen, Hintersättler, Halbspänner u. s. w.);

zur dritten Klasse:

alle übrigen zur Theilnahme an den öffentlichen Geschäften der Gemeinde-Berechtigten.

Entstehen Zweifel darüber, zu welcher Klasse ein Gemeinde-Mitglied gehört, so hat der Landrath mit Rücksicht auf die Lokal-Verhältnisse nach Anhörung des Gemeinde-Vorstandes die nöthige Entscheidung zu treffen.

Abweichende Bestimmungen über die Abgränzung der drei Klassen können bei Errichtung von Orts-Statuten, resp. bei Ergänzung der Ortsverfassung auf dem im §. 2. bezeichneten Wege festgesetzt werden.

§. 14.

Nur die Mitglieder der beiden ersten Klassen haben für ihre Person ein Stimmrecht in der Gemeinde-Versammlung.

Die Mitglieder der dritten Klasse werden in der Gemeinde-Versammlung durch gewählte Abgeordnete vertreten, derer Zahl mit Berücksichtigung des Gesammtbetrages der von jeder Klasse zu entrichtenden öffentlichen Abgaben festgesetzt wird. Die Zahl der Abgeordneten der dritten Klasse darf aber in keinem Falle die Hälfte der Gesammtzahl der Mitglieder der beiden ersten Klassen übersteigen.

Die Wahl dieser Abgeordneten erfolgt auf sechs Jahre, darf nur auf Mitglieder dieser Klasse gerichtet werden, und wird nach den Vorschriften für die Wahl der Gemeinde-Verordneten (§. 28.) vollzogen.

Mitglieder der ersten und zweiten Klasse, welche vermöge ihres anderweitigen Grundbesitzes zugleich der dritten Klasse angehören, nehmen an der Wahl der Abgeordneten für diese nicht Theil.

Befinden sich in einer Gemeinde Ackernahrungen, welche die übrigen Grundstücke dieser Klasse an Werth und Größe erheblich übersteigen, so kann den Besitzern derselben eine größere Anzahl von Stimmen beigelegt werden.

Hält eine Klasse von Gemeindegliedern sich durch einen Gemeinde-Beschluß in ihren Rechten verletzt, so ist sie befugt, die Entscheidung des Landraths nachzusuchen, in welchem Falle die Ausführung des Gemeinde-Beschlusses bis zum Eingange dieser Entscheidung ausgesetzt bleibt. Der Landrath kann jedoch vor Ertheilung derselben durch wiederholt veranlaßte Berathung eine Vereinigung versuchen.

§. 15.

Der Schulze führt in der Gemeinde-Versammlung den Vorsitz mit vollem Stimmrecht. Er leitet die Verhandlungen, eröffnet und schließt die Versammlungen und handhabt in denselben die Ordnung.

§. 16.

Die Gemeinde-Versammlung hat über alle Gemeinde-Angelegenheiten zu beschließen, so weit dieselben nicht ausschließlich dem Gemeinde-Vorstande überwiesen sind. Doch darf die Gemeinde-Versammlung ihre Beschlüsse niemals selbst ausführen. Die Ausführung steht dem Schulzen zu. Ueber andere als Gemeinde-Angelegenheiten darf die Gemeinde-Versammlung nur dann berathen, wenn solche durch besondere gesetzliche Vorschriften, oder in einzelnen Fällen durch Aufträge der Aufsichtsbehörde an sie gewiesen sind.

§. 17.

Die Gemeinde-Versammlung wird durch den Schulzen zusammenberufen.

Rücksichtlich der Art und Weise der Zusammenberufung bewendet es bei dem ortsüblichen Verfahren, so lange dieses nicht durch einen Beschluß der Gemeinde-Versammlung abgeändert wird.

§. 18.

Die Gemeinde-Versammlung kann nur beschließen, wenn wenigstens die Hälfte ihrer Mitglieder (§. 14.) außer dem Schulzen oder dessen Stellvertreter zugegen ist, es sei denn, daß bei der Einladung zu der Versammlung zugleich der Gegenstand der Berathschlagung angezeigt worden ist.

§. 19.

Die Beschlüsse werden nach Stimmen-Mehrheit gefaßt.

Bei Stimmen-Gleichheit entscheidet die Stimme des Vorsitzenden. Wer nicht mitstimmt, wird zwar als anwesend betrachtet, die Stimmen-Mehrheit wird aber lediglich nach der Zahl der Stimmenden festgestellt.

§. 20.

An Verhandlungen über Rechte und Verpflichtungen der Gemeinde darf derjenige nicht Theil nehmen, dessen Interesse mit dem der Gemeinde in Widerspruch steht. Kann wegen dieser Ausschließung eine beschlußfähige Versammlung nicht gehalten werden, so hat der Gemeinde-Vorsteher, oder wenn auch dieser aus dem vorgedachten Grunde betheiligt ist, die Aufsichts-Behörde für die Wahrung des Gemeinde-Interesses zu sorgen, und nöthigenfalls einen besonderen Vertreter für die Gemeinde zu bestellen.

§. 21.

Hat die Gemeinde-Versammlung einen Beschluß gefaßt, welcher ihre Befugnisse überschreitet, die Gesetze oder das Gemeinde-Interesse, oder das Staatswohl verletzt, so hat der Schulze von Amtswegen oder auf Geheiß der Aufsichts-Behörde die Ausführung einstweilen zu beanstanden und über den Gegenstand des Beschlusses die Entscheidung der Aufsichts-Behörde sofort einzuholen.

§. 22.

Unterläßt oder verweigert eine Gemeinde-Versammlung, die Aufbringung der Leistungen zu beschließen, welche der Gemeinde gesetzlich obliegen, so hat die Aufsichtsbehörde den Betrag dieser Leistungen festzusetzen und die Gemeinde zu deren Entrichtung nöthigenfalls im Wege der administrativen Exekution anzuhalten.

§. 23.

Gemeinde-Einnehmer, Ortssteuer-Erheber.

Die Gemeinde-Versammlung wählt den Gemeinde-Einnehmer und Orts-Steuer-Erheber. Beide Aemter können von einer und derselben Person versehen, oder auf verschiedene Personen übertragen, dürfen jedoch von dem Schulzen oder einem Schöffen nur mit Genehmigung der Polizei-Obrigkeit und des Landraths übernommen werden.

§. 24.

Form der Gemeinde-Urkunden und insbesondere der Vollmachten.

Urkunden, welche die Gemeinde verbinden sollen, müssen Namens derselben von dem Schulzen und den ihm beigeordneten Schöffen (Gerichtsmännern) unterschrieben und durch das Gemeinde-Siegel beglaubigt werden. Die Beschlüsse der Gemeinde-Versammlung und die Genehmigung der derselben vorgesetzten Behörden sind in den geeigneten Fällen der Urkunde in beglaubigter Form beizufügen.

§. 25.

Die Gemeinde-Versammlung ist berechtigt, in allen Fällen, wo die Gemeinde durch einen oder mehrere Bevollmächtigte vertreten werden muß, und zu allen Geschäften der Gemeinde, deren Ausführung durch Bevollmächtigte zweckmäßig erscheint, die Bevollmächtigten zu erwählen, und letzteren die Vollmacht zur Vertretung der Gemeinde zu ertheilen.

Zu den Vollmachten, sowohl bei gerichtlichen, wie bei außergerichtlichen Angelegenheiten, genügt ebenfalls die Unterschrift des Schulzen und der ihm beigeordneten Schöffen, unter Beglaubigung durch das Gemeinde-Siegel, wobei jedoch von diesen Personen ausdrücklich zu bescheinigen ist, daß die Vollmacht auf Grund eines ordnungsmäßigen Gemeinde-Beschlusses ausgestellt, und zu der desfallsigen Berathung sämmtliche Stimmberechtigte gehörig eingeladen worden.

Die Vorschriften in §§. 40. bis 42. Th. I. Tit. III. der Allgem. Gerichts-Ordnung sind aufgehoben.

§. 26.

Gemeinde-Verordneten-Versammlung.

In solchen Gemeinden, für welche dies wegen ihrer Größe und ihrer sonstigen Verhältnisse von der Regierung nach Anhörung der Gemeinde für angemessen erachtet wird, kann an die Stelle der Gemeinde-Versammlung eine aus gewählten Abgeordneten aller drei Klassen der Gemeinde-Angehörigen (§. 13.) gebildete Gemeinde-Verordneten-Versammlung gesetzt werden.

Dies soll in der Regel in denjenigen Gemeinden geschehen, in welchen schon nach ihrer bisherigen Verfassung eine, wenn auch unvollständige Gemeinde-Repräsentation unter dem Namen von Vormundschaften u. s. w. statt gefunden hat. Jedoch können Abweichungen von dieser Regel auf Antrag der Gemeinden von der Regierung genehmigt werden.

§. 27.

Wo eine Gemeinde-Verordneten-Versammlung errichtet wird (§. 26.), soll dieselbe in der Regel aus sechs gewählten Mitgliedern und eben so vielen Stellvertretern bestehen.

Diese Zahl kann jedoch nach Anhörung der Gemeinde durch Beschluß der Regierung bis auf zwölf vermehrt werden.

Die Gemeinde-Verordneten und deren Stellvertreter werden auf je sechs Jahre gewählt.

§. 28.

Die Wahl der Gemeinde-Verordneten und Stellvertreter erfolgt nach den im §. 13. bezeichneten drei Klassen.

Die Vertheilung der Zahl der Abgeordneten auf die einzelnen Klassen erfolgt nach Anhörung der Gemeinde und der Polizei-Obrigkeit durch den Landrath unter Berücksichtigung der im §. 14. aufgestellten Grundsätze. Jede Klasse wählt in der Regel aus ihrer Mitte die ihr zugewiesene Zahl von Gemeinde-Verordneten und Stellvertretern. Auch in der dritten Klasse nehmen alle Mitglieder derselben an dieser Wahl persönlich Theil.

§. 29.

Für einen behinderten oder abgegangenen Gemeinde-Verordneten wird durch den Schulzen ein Stellvertreter derjenigen Klasse einberufen, welcher der behinderte oder abgegangene Gemeinde-Verordnete angehört.

§. 30.

In dem Wahltermine, welcher acht Tage vorher auf die in der Gemeinde übliche Weise bekannt gemacht wird, muß jeder Wähler dem Wahlvorsteher mündlich und laut zu Protokoll erklären, wem er seine Stimme geben will. Die Einsendung schriftlicher Stimmzettel ist unzulässig.

Die Wahl wird von dem Schulzen geleitet.

§. 31.

Jeder stimmberechtigte Gemeinde-Angehörige hat die Verpflichtung, eine Stelle in der Gemeinde-Vertretung anzunehmen und mindestens sechs Jahre lang zu versehen.

Zur Ablehnung oder früheren Niederlegung einer solchen Stelle berechtigen nur:

1) anhaltende Krankheiten;

2) Geschäfte, die längere und öftere Reisen nothwendig machen, und

3) ein Alter über 60 Jahre.

Wer sich ohne einen dieser Entschuldigungsgründe weigert, eine solche Stelle anzunehmen, oder die noch nicht sechs Jahre lang versehene Stelle ferner zu versehen, sowie derjenige, welcher sich der Verwaltung solcher Stellen thatsächlich entzieht, kann durch Beschluß der Gemeinde-Versammlung der den stimmberechtigten Gemeinde-Angehörigen in diesem Gesetze beigelegten Rechte auf drei bis sechs Jahre verlustig erklärt, oder mittelst in die Gemeindekasse fließender Geldstrafen bis zum Betrage von 5 Thalern zu seiner Schuldigkeit angehalten werden. Ein solcher Beschluß der Gemeinde-Versammlung bedarf der unter Beirath der Polizei-Obrigkeit zu ertheilenden Bestätigung des Landraths.

§. 32.

Stellung des Schulzen.

Der Schulze steht an der Spitze der Gemeinde-Verwaltung und hat deren Bestes überall wahrzunehmen, und in der Gemeinde auf Ordnung und Befolgung der Gesetze zu halten. In den Gemeinden, in welchen der Schulze noch kein Amtsabzeichen hat, soll ihm ein solches beschafft werden, dessen nähere Bestimmung Wir Uns Allerhöchst Selbst vorbehalten.

Die Unterbeamten der Gemeinde bestellt er auf Kündigung, nachdem die Gemeinde-Versammlung darüber gehört ist. Er ist verpflichtet, diese Beamten, so wie den Gemeinde-Einnehmer und Orts-Steuererheber (§. 23.), zu beaufsichtigen und befugt, denselben Warnungen und Verweise zu ertheilen, auch Ordnungsstrafen bis zum Betrage von Einem Thaler gegen sie festzusetzen.

Auch gegen andere Einwohner der Gemeinde, welche seinen amtlichen Anordnungen die gebührende Folgeleistung verweigern, kann der Schulze Geldstrafen bis zu Einem Thaler nach vorgängiger Androhung verfügen. Beiderlei Geldstrafen können nöthigenfalls exekutivisch eingezogen werden und fließen zur Gemeinde-Kasse.

Beleidigungen und Widersetzlichkeiten gegen den Schulzen ziehen dieselbe Ahndung nach sich, als wenn sie gegen einen unmittelbar vom Staate eingesetzten Beamten verübt wären.

§. 33.

Gemeinde-Schreiberei.

Wo das Institut der Gemeinde-Schreiberei bisher nach rechtsgültigem Herkommen bestanden hat, kann dasselbe auf den Antrag der Gemeinde-Versammlung mit Genehmigung der Regierung auch ferner beibehalten werden.

§. 34.

Remuneration der Schulzen.

Die Remuneration der Schulzen und Schöffen wird durch die Orts-Verfassung bestimmt. Wenn dieselbe keine den Verhältnissen entsprechenden ausreichenden Bestimmungen an die Hand giebt, so finden folgende Grundsätze Anwendung.

Der Schulze hat Anspruch auf Ersatz seiner baaren Auslagen und auf Gewährung einer mit seiner amtlichen Mühewaltung im billigen Verhältniß stehenden Entschädigung, deren Betrag in Ermangelung einer gütlichen Einigung von dem Landrathe unter Beirath der Polizei-Obrigkeit, nach Anhörung der Gemeinde-Versammlung, festgestellt wird. Ueber Beschwerden entscheidet die Regierung.

Wo dem Schulzen nach dem bisherigen Herkommen eine Entschädigung statt in baarem Gelde in anderer Weise gewährt worden ist, beispielsweise durch Nutzung von Gemeindegrundstücken, durch Befreiung der zur Ausstattung des Schulzenamts bestimmten Grundstücke, oder durch persönliche Befreiung der Schulzen von Gemeindelasten und Abgaben, oder durch Natural-Deputate und anderweitige Emolumente, ist diese Einrichtung beizubehalten.

Den Schulzen und Schöffen ist es nicht gestattet, für die Amtsgeschäfte, welche ihnen in ihrer Eigenschaft als Verwaltungs-, Polizei- und Gemeinde-Beamte obliegen, Gebühren von einzelnen Betheiligten oder aus der Gemeindekasse zu erheben, wenn nicht hierzu die Berechtigung durch ein Gesetz speziell beigelegt ist. Die Vorschriften, welche die Gebühren für die Verhandlungen der Dorfgerichte bestimmen, bleiben unberührt. Die Schulzen erhalten keine Pension.

Die Schöffen haben, wo nicht etwas Anderes hergebracht ist, nur Anspruch auf Erstattung baarer Auslagen.

§. 35.

Gemeinde-Haushalt.

Alle Gemeinde-Einkünfte müssen zur Gemeindekasse fließen; sie dürfen zu keinem anderen Zwecke als zur Deckung der Gemeinde-Bedürfnisse verwendet werden.

§. 36.

Die Gemeinde-Versammlung beschließt über die Benutzung des Gemeinde-Vermögens; es bleiben jedoch dabei die Vorschriften der Deklaration vom 26. Juli 1847 (Gesetz-Sammlung S. 327) in Betreff des nutzbaren Gemeinde-Vermögens maaßgebend.

In Ansehung der Verwaltung und Verwendung des Vermögens der Stiftungen bewendet es bei den stiftungsmäßigen Bestimmungen.

Die Gemeinde-Versammlung kann mit Genehmigung des Landraths die Verwendung der Nutzungen des Gemeindeglieder-Vermögens zur Deckung der Gemeinde-Bedürfnisse jederzeit beschließen. Eine gleiche Befugniß steht der Regierung dann zu, wenn von der Gemeinde Leistungen gefordert werden, zu welchen die Einkünfte des Gemeinde-Vermögens im engeren Sinne nicht hinreichen und deren Beschaffung durch Umlagen auf die Gemeinde-Mitglieder unthunlich erscheint.

Ueber Gegenstände, welche ein von dem Interesse der Gemeinde als Korporation verschiedenes gemeinsames (Sozietäts-) Interesse betreffen, gebührt die Beschlußnahme nicht der Gemeinde-Versammlung, sondern den Interessenten (Sozietäts-Genossen).

§. 37.

Durch Beschluß der Gemeinde kann für die besonderen Vortheile, welche der Aufenthalt in derselben gewährt, die Erhebung eines Einzugsgeldes angeordnet und von dessen Entrichtung die Niederlassung in der Gemeinde (§. 4. des Gesetzes vom 31. Dezember 1842 Nr. 2317) abhängig gemacht werden.

Ebenso kann von allen, welche der Gemeinde bereits angehörig sind, bei der Begründung eines selbstständigen Hausstandes eine Abgabe (Eintritts- oder Hausstandsgeld) gefordert und von deren Entrichtung das Recht der Theilnahme an den öffentlichen Geschäften der Gemeinde abhängig gemacht werden. Vererbungsfälle sind hiervon ausgenommen.

Die Theilnahme an den Gemeinde-Nutzungen kann außerdem von der Entrichtung einer jährlichen Abgabe und anstatt oder neben derselben von Entrichtung eines Einkaufsgeldes abhängig gemacht werden, durch deren Entrichtung aber die Ausübung des Rechts der Theilnahme an den öffentlichen Geschäften der Gemeinde niemals bedingt wird.

Alle derartige Beschlüsse der Gemeinde-Versammlung bedürfen der Genehmigung der Regierung.

Beamte, welche in Folge dienstlicher Versetzung ihren Aufenthalt in der Gemeinde nehmen, sind zur Entrichtung des Einzugsgeldes und des Hausstandsgeldes nicht verbunden.

§. 38.

In Ansehung der Theilnahme der einzelnen Gemeindeglieder oder gewisser Klassen derselben an den Nutzungen des Gemeinde-Vermögens wird, abgesehen von der im §. 36. enthaltenen Beschränkung in den bestehenden Rechtsverhältnissen durch die Bestimmungen der §§. 35—37 nichts geändert.

Neuanbauer und neu anziehende nicht angesessene Gemeinde-Angehörige erlangen, insofern nicht durch das Herkommen ein Anderes festgesetzt ist, diese Theilnahme an den Nutzungen des Gemeinde-Vermögens nur, wenn ihnen solche bei der Aufnahme ausdrücklich bewilligt ist.

§. 39.

Um die durch das Bedürfniß oder die Verpflichtung der Gemeinde erforderten Geldmittel zu beschaffen, können, bei dem Mangel hinreichender Einkünfte aus dem Gemeinde-Vermögen, von der Gemeinde-Versammlung Umlagen beschlossen werden.

Wenn über den Maaßstab der Vertheilung der Gemeinde-Umlagen die bestehende Ortsverfassung, vorhandene Verträge, hergebrachte Gewohnheit, oder rechtsgültige Gemeinde-Beschlüsse, keinen sichern oder angemessenen Anhalt gewähren, so kann von der Gemeinde-Versammlung mit Genehmigung der Regierung ein neuer Maaßstab beschlossen, auch von der letzteren auf Anlaß von Beschwerden, und wenn ein wiederholentlich darüber herbeigeführter Gemeindebeschluß sich nicht zur Genehmigung eignet, angeordnet werden.

Für diesen Maaßstab soll neben der Leistungsfähigkeit auch der Grundsatz leitend bleiben, daß die größere Theilnahme an den Rechten der Gemeinde, insbesondere an dem Stimm- und Wahlrechte, auch die größere Theilnahme an den Lasten bedingt.

Bei Zuschlägen zur Staats-Einkommensteuer muß jedenfalls das Einkommen aus dem außerhalb des Gemeinde-Bezirks belegenen Grundbesitz außer Berechnung bleiben.

Bedürfnisse, welche nur im Interesse einzelner Klassen nothwendig werden, sind nur von diesen aufzubringen und gehören nicht in den Gemeinde-Haushalt.

Unangesessene, nicht stimmberechtigte Einwohner sind zu solchen Gemeinde-Ausgaben, von denen sie keinen Vortheil haben, nicht beitragspflichtig, wenn zu deren Bestreitung besondere Gemeinde-Abgaben erhoben werden.

§. 40.

Durch Beschluß der Gemeinde-Versammlung oder Anordnung der Regierung nach Anleitung der Bestimmung im 2. Alinea des §. 39. kann den Gemeinde-Angehörigen die Leistung für das Gemeinde-Bedürfniß nöthiger Dienste (Hand- und

Spanndienste), zu denen jedoch kunst- und handwerksmäßige Arbeiten nicht gehören, aufgelegt werden.

Die Dienste können durch taugliche Stellvertreter geleistet werden.

Wo bisher schon Hand- und Spanndienste üblich waren, müssen sie ferner unentgeltlich geleistet werden, auch wenn der Fall der Unzulänglichkeit des Gemeinde-Vermögens (§. 39) nicht vorliegt.

Spanndienste werden in allen Fällen, wo sie nicht erweislich auf dem Grund und Boden haften, nur von denjenigen Gemeinde-Angehörigen geleistet, welche Gespann (Pferde, Ochsen, Zugkühe) halten. Handdienste müssen, wenn ihr Bedürfniß mit Spanndiensten zugleich eintritt, von den Nichtspannhaltenden allein, entgegengesetzten Falls aber von allen Gemeinde-Angehörigen geleistet werden.

§. 41.

Nähere Bestimmungen über die Aufbringung der Gemeinde-Abgaben und die Leistung der Gemeinde-Dienste bleiben den Orts-Statuten, resp. der Ergänzung der Orts-Verfassung auf dem im §. 2. vorgeschriebenen Wege vorbehalten.

§. 42.

Zur freiwilligen Veräußerung von Gemeinde-Grundstücken und solchen Gerechtsamen, welche jenen gesetzlich gleichgestellt sind, ist erforderlich:

a) die Genehmigung der Regierung, und

b) in der Regel öffentliches Meistgebot.

Nur in einzelnen Fällen und aus besonderen Gründen kann die Regierung von dem öffentlichen Meistgebot dispensiren.

Zu einer Erwerbung von Grundstücken, welche auf einem lästigen Titel beruht, zu einer Verpfändung von Immobilien, zur Aufnahme von Anleihen, durch welche die Gemeinde mit einem Schuldenbestande belastet oder der bereits vorhandene vergrößert wird, sowie zu Veränderungen in dem Genusse von Gemeinde-Nutzungen (Wald, Weide, Obstbaum-Pflanzungen, Torfstich u. dergl.), kann unter Beirath der Polizei-Obrigkeit der Landrath die Genehmigung ertheilen.

Die Aufnahme von Anleihen darf der Landrath nur dann genehmigen, wenn für einen sicheren Verzinsungs- und Tilgungs-Fonds gesorgt ist.

§. 43.

Wegen Behandlung der Gemeinde-Waldungen kommen, Behufs deren Konservation, die Bestimmungen der Verordnung vom 24. Dezember 1816 zur Anwendung.

§. 44.

Ueber alle Ausgaben und Einnahmen, welche sich im Voraus bestimmen lassen, entwirft der Schulze alle drei Jahre einen Haushalts-Etat, welcher von der Gemeinde-Versammlung festgestellt wird. Ausnahmsweise kann in Gemeinden, welche kein Vermögen besitzen, und in denen bisher ein förmlicher Haushalts-Etat nicht aufgestellt worden ist, die Gemeinde-Versammlung mit Genehmigung des Landraths beschließen, daß es hierbei auch fernerhin bewenden soll. Die Regulirung des Gemeinde-Rechnungswesens bleibt einer Instruktion des Ober-Präsidenten vorbehalten.

§. 45.

Die Bestimmungen der §§. 15. bis 25. und 31. bis 44. kommen überall auch da zur Anwendung, wo eine Gemeinde-Verordneten-Versammlung (§. 26.) errichtet ist.

§. 46.

Die Gemeinde-Abgaben, so wie die Abgaben für die Theilnahme an Nutzungen und besonderen Vortheilen (§. 37.) und die sonstigen Gemeinde-Gefälle sind durch die Einnehmer zu erheben, und werden von den Säumigen im Steuer-Exekutionswege beigetrieben.

Wenn die Leistung von Gemeinde-Diensten (§. 40.) von dem Verpflichteten verweigert, verabsäumt oder unvollständig bewirkt wird, so kann der Schulze mit Ordnungsstrafen bis zum Betrage von Einem Thaler denselben dazu anhalten, oder auch den Dienst für dessen Rechnung leisten lassen und die hierdurch entstehendeu Kosten im Steuer-Exekutionswege beitreiben.

§. 47.

Aufsicht über die Gemeinde-Verwaltung und die öffentlichen Angelegenheiten der selbstständigen Gutsbezirke.

Die Aufsicht über die Gemeinden und über die öffentlichen Angelegenheiten der selbstständigen Guts-Bezirke wird zunächst, unter Mitwirkung der Polizei-Obrigkeit (Gutsherrschaften, Domainen-Aemter ꝛc.), durch den Landrath und in höherer Instanz durch die Regierung ausgeübt, vorbehaltlich des Rekurses an den Ober-Präsidenten. Gegen die Verfügungen des Ober-Präsidenten ist Beschwerde an den Minister des Innern zulässig.

§. 48.

Landgemeinden, in denen sich ein überwiegend städtisches Leben ausgebildet hat, kann auf Antrag der Gemeinde und nach Anhörung des Kreistages die Städte-Ordnung für die sechs östlichen Provinzen der Monarchie von Uns verliehen werden, nachdem die Gemeinde auf dem in der Provinzial-Verfassung bezeichneten Wege in den Stand der Städte aufgenommen worden ist.

§. 49.

Die Bestimmungen unter Nr. 14. §. 3. des Gesetzes vom 2. März 1850 (Gesetz-Samml. S. 77.) bleiben auch fernerhin außer Anwendung.

§. 50.

Die zur Ausführung dieses Gesetzes erforderlichen Anordnungen und Instruktionen hat der Minister des Innern zu erlassen.

Urkundlich ꝛc. ꝛc.

Beglaubigt:
(L. S.)
Der Minister des Innern.
v. Westphalen.

G.

Gesetz-Entwurf,

betreffend

die ländliche Polizei-Verfassung in den sechs östlichen Provinzen der Preußischen Monarchie.

Zur Ergänzung der bestehenden ländlichen Polizei-Verfassung in den sechs östlichen Provinzen, sowie der hierüber in dem Allgemeinen Landrecht Th. II. Tit. 7. §§. 46—86., der Verordnung vom 31. März 1833 (Gesetz-Sammlung S. 61), dem Gesetz vom 8. Mai 1837 (Gesetz-Sammlung S. 99), der Verordnung vom 31. März 1838 (Gesetz-Sammlung S. 253), dem Gesetz vom 24. April 1846 (Gesetz-Sammlung S. 167) und dem Gesetz vom 23. Juli 1847 (Gesetz-Sammlung S. 279) enthaltenen Vorschriften ergehen nachstehende Bestimmungen.

§. 1.

Die polizei-obrigkeitliche Gewalt kann, nach Anhörung des Inhabers und des Kreistages mit Unserer Genehmigung auf den Staat übernommen werden:

1) wenn ein Gut, auf dessen Besitz sie gegründet ist, durch Zerstückelung die Eigenschaft eines selbstständigen Gutsbezirks verloren hat,
2) wenn die Substanz eines solchen Gutes, sofern dasselbe nicht Zubehör eines anderen zur Ausübung der Polizeigewalt berechtigten Gutes ist, in Folge von Ablösungen völlig aufgehört hat,
3) wenn ein solches Gut in den Besitz einer Landgemeinde oder in den Besitz mehrerer Mitglieder derjenigen Landgemeinde, über welche die Polizeigewalt des Guts sich erstreckt, übergegangen ist.

§. 2.

Ist die polizei-obrigkeitliche Gewalt im Falle der Anwendung des §. 1. auf den Staat übergegangen, so kann entweder dieselbe durch Unsere Verleihung und nach Maaßgabe derselben mit dem Besitze eines Guts verbunden, oder die Polizei-Verwaltung einem angesehenen und vorzugsweise aus den größeren Grundbesitzern auszuwählenden Eingesessenen als ein unentgeltlich zu verwaltendes Ehrenamt von der Regierung unter Bestätigung des Ministers des Innern übertragen werden. Einem solchen Verwalter der polizei-obrigkeitlichen Gewalt kann eine Entschädigung für Dienst-Unkosten gewährt werden.

Ist kein solcher Eingesessener vorhanden, welcher die Polizei-Verwaltung als ein unentgeltlich zu verwaltendes Ehrenamt zu übernehmen geeignet und bereit ist, so hat die Regierung, bis sich ein solcher findet, einen kommissarischen Verwalter zu bestellen, welchem außer der Entschädigung für Dienst-Unkosten auch noch eine angemessene Remuneration gewährt werden kann.

§. 3.

Die Vorschriften des §. 2. finden auch da Anwendung, wo der Staats-Regierung die Polizei-Gewalt über ländliche Gemeinde- oder Guts-Bezirke jetzt bereits unmittelbar zusteht, oder künftig auf sie übergeht.

§. 4.

Ist ein Theil des Polizei-Bezirks von dem Gute, mit welchem die Polizei-Gewalt darüber verknüpft ist, für eine ordnungsmäßige Polizei-Verwaltung zu entfernt belegen, so kann dieselbe nach Einigung mit deren Inhaber entweder mit dem Besitze eines andern Guts, falls dessen Eigenthümer zu deren Uebernahme bereit ist, mit Unserer Genehmigung verbunden oder auf den Staat übernommen und nach §. 2. behandelt werden.

Der Kreistag ist jedoch über solche Einrichtungen vorher zu hören.

§. 5.

Bei Anwendung des §. 1. werden die Kosten der Polizei-Verwaltung, so lange dieselbe dem Staate verbleibt, und zwar in den zu Nr. 1. erwähnten Fällen von sämmtlichen Besitzern derjenigen Parzellen, durch deren Veräußerung das Gut die Eigenschaft eines selbstständigen Guts-Bezirks verloren hat, in Verbindung mit dem Besitzer des Restguts gleich andern öffentlichen Lasten (§. 7. u. ff. des Gesetzes vom 3. Januar 1845, Gesetz-Sammlung S. 25), in den Fällen zu Nr. 2 und 3. von den Besitzern des Guts bestritten.

§. 6.

Die Inhaber der polizei-obrigkeitlichen Gewalt sind verpflichtet, zu deren Ausübung in Gemäßheit der Verordnung vom 31. März 1838 und des Gesetzes vom 24. April 1846 einen Stellvertreter zu ernennen, wenn die Ausdehnung des Polizeibezirks hierzu ein Bedürfniß ergiebt, oder wenn sie aus einem in ihrer Person liegenden Grunde an ordnungsmäßiger Ausübung der Polizei-Verwaltung behindert sind.

Ueber die Nothwendigkeit und Dauer dieser Stellvertretung steht die Entscheidung der Aufsichts-Behörde, nach vorgängiger Vernehmung des Inhabers und des Kreistags zu.

Ausländer, die ein mit den obrigkeitlichen Rechten und Pflichten verbundenes Gut besitzen, sind verbunden, Behufs Ausübung derselben Stellvertreter, welche Inländer sind, zu bestellen.

§. 7.

Für Ortschaften, deren einzelne Theile verschiedenen Polizei-Obrigkeiten unterworfen sind, können die Inhaber der Polizei-Gewalt, insofern sie sich nicht gütlich über die ungetheilte Verwaltung der Polizei durch einen der Inhaber einigen, von der Aufsichts-Behörde zur Bestellung eines gemeinschaftlichen Stellvertreters angewiesen werden.

§. 8.

Versäumen die Inhaber der Polizei-Gewalt, den ihnen von der Aufsichts-Behörde in Gemäßheit der §§. 6 und 7. gemachten Auflagen nachzukommen, so kann bis zu deren Erfüllung eine kommissarische Verwaltung der Polizei auf Kosten der Inhaber angeordnet werden.

§. 9.

Wenn mit dem Besitze eines Gutes, welchem die Eigenschaft eines Rittergutes beigelegt werden soll, die Polizei-Obrigkeit bisher nicht, oder doch nicht über alle zu dem Gute gehörigen Grundstücke verbunden war, so kann sie dem Gute mit Unserer Genehmigung und in dem durch die letztere zu bestimmenden Umfange beigelegt werden, nachdem

1) entweder eine gütliche Einigung zwischen dem Besitzer des Gutes und dem bisherigen Inhaber erfolgt ist,
2) oder in Ermangelung einer solchen Einigung, in Ansehung der zu dem Gute gehörigen Grundstücke, die Anhörung des bisherigen Inhabers der Polizei-Gewalt, sowie des Kreistags, und die vorgängige, mit Ausschluß

des Rechtsweges durch Schiedsrichter festzustellende Entschädigung des bisherigen Inhabers stattgefunden hat.

Behufs des schiedsrichterlichen Verfahrens wird aus der Zahl der Mitglieder des Kreistags von jedem der beiden Betheiligten ein Schiedsrichter, und, bei einer Meinungsverschiedenheit derselben, von dem Kreistage ein Obmann ernannt.

§. 10.

Tritt nach den gesetzlichen Bestimmungen über die ländliche Gemeinde-Verfassung die Veränderung eines bestehenden Gemeinde- oder Guts-Bezirks ein, so kann dieselbe in Ansehung der dadurch berührten Grundstücke, soweit sich hierzu nach den örtlichen Verhältnissen ein Bedürfniß ergiebt, mit einer zweckmäßigen Abgrenzung der Polizei-Bezirke in dem für die Veränderung eines Gemeinde- oder Guts-Bezirks vorgeschriebenen Verfahren in geeignete Verbindung gebracht werden. Die Feststellung der Entschädigung unter den betheiligten Inhabern der Polizei-Gewalt erfolgt in dem §. 9. gedachten Verfahren.

§. 11.

Hinsichtlich der Entziehung des Rechts zur Ausübung der Polizei-Gewalt und der Befugniß solche durch Stellvertreter verwalten zu lassen, im Falle des Verlustes der Standschaft, kommen die Vorschriften des Gesetzes vom 8. Mai 1837 über die persönliche Fähigkeit und Ausübung der Rechte der Standschaft, der Gerichtsbarkeit und des Patronats, sowie des Gesetzes vom 23. Juli 1847 über die Entziehung oder Suspension ständischer Rechte wegen bescholtenen oder angefochtenen Rufs in Verindung mit den Bestimmungen der §§. 12., 21. und 22. des Strafgesetzbuchs zur Anwendung.

§. 12.

Besitzt der Inhaber der Polizei-Gewalt nicht auch Standschaft, so soll außer den Fällen des §. 6. des Gesetzes vom 8. Mai 1837 in Verbindung mit den Bestimmungen der §§. 12., 21. und 22. des Strafgesetzbuchs die Unfähigkeit zur Ausübung der Polizei-Gewalt und der Befugniß, solche im eigenen Namen ausüben zu lassen, eintreten, sobald der Inhaber durch sein Benehmen sich des erforderlichen Ansehens oder Vertrauens verlustig macht. Die Entscheidung darüber erfolgt nach Vernehmung des Betheiligten und Anhörung des Kreistags durch einen Plenar-Beschluß der Regierung.

Die Regierung ist auch befugt, die Ausübung des Rechts der Polizei-Verwaltung vorläufig zu suspendiren.

§. 13.

Tritt nach §§. 11. und 12. der Verlust des Rechts der Polizei-Gewalt und der Befugniß, solche im eigenen Namen ausüben zu lassen, gegen den Inhaber ein, so kommen wegen Verwaltung der Polizei auf die Dauer seines Besitzes die Bestimmungen der §§. 4. und 9. bis 11. des Gesetzes vom 8. Mai 1837 in Verbindung mit den Vorschriften des §. 2. des gegenwärtigen Gesetzes zur Anwendung.

§. 14.

Ist die Polizei-Verwaltung einem Eingesessenen als ein unentgeltlich zu verwaltendes Ehrenamt übertragen (§§. 2., 3. und 4.), so kann derselbe durch Plenar-Beschluß der Regierung von seinem Amte entbunden werden.

§. 15.

Gegen die Plenar-Beschlüsse der Regierung findet in allen Fällen Rekurs an den Minister des Innern Statt. Der Rekurs hält jedoch die Ausführung des Beschlusses der Regierung nur dann auf, wenn er innerhalb 6 Wochen, vom Tage der erfolgten Zustellung desselben an gerechnet, bei dem Ober-Präsidenten angebracht worden ist.

§. 16.

Die Bestimmungen des Gesetzes vom 13. Februar 1854, betreffend die Konflikte bei gerichtlichen Verfolgungen wegen Amts- und Diensthandlungen finden auch Anwendung auf die Inhaber der gutsherrlichen Polizei und deren Stellvertreter.

§. 17.

Die Schulzen und Schöffen, imgleichen die Stellvertreter für nicht qualifizirte Lehn- oder Erb-Schulzen, werden von der Polizei-Obrigkeit nach Anhörung der Gemeinde ernannt, und durch den Landrath bestätigt.

§. 18.

Die in Gemäßheit der §§. 2., 3., 4. und 13. bestellten Polizei-Verwalter, sowie die Stellvertreter der Inhaber der Polizei-Gewalt, imgleichen die Schulzen und Schöffen und die Stellvertreter für nicht qualifizirte Lehn- und Erb-Schulzen, werden von dem Landrathe vereidet.

Die über die Eidesleistnng aufzunehmende Verhandlung ist sportel- und stempelfrei.

§. 19.

Der ganze Inhalt dieses Gesetzes findet auch auf die ehemals mittelbaren Städte und Flecken Anwendung, über welche sich die polizei-obrigkeitlichen Rechte und Pflichten eines Guts zur Zeit des Erlasses der Gemeinde-Ordnung vom 11. März 1850 erstrecken.

§. 20.

Alle den Bestimmungen des gegenwärtigen Gesetzes entgegenstehenden Vorschriften treten außer Kraft.

§. 21.

Die zur Ausführung dieses Gesetzes erforderlichen Anordnungen und Instruktionen hat der Minister des Innern zu erlassen.

Beglaubigt:

(L. S.)

Der Präsident der Ersten Kammer.

(gez.) Graf v. Rittberg.

FSC
www.fsc.org
MIX
Papier | Fördert gute Waldnutzung
FSC® C083411

Kolibri 360 GmbH
Ferdinand-Jühlke-Straße 7
99095 Erfurt, Deutschland
produktsicherheit@kolibri360.de